跨境电商 VR 大数据制作

高金岭　李桂春　田野　主编

山东大学出版社
SHANDONG UNIVERSITY PRESS
·济南·

图书在版编目(CIP)数据

跨境电商 VR 大数据制作 / 高金岭，李桂春，田野主编. -- 济南 ：山东大学出版社，2024. 11. -- ISBN 978-7-5607-7891-4

Ⅰ. F713.36-39

中国国家版本馆 CIP 数据核字(2024)第 2024E38Z21 号

责任编辑　曲文蕾
封面设计　杜　婕

跨境电商 VR 大数据制作
KUAJING DIANSHANG VR DASHUJU ZHIZUO

出版发行　山东大学出版社
社　　址　山东省济南市山大南路 20 号
邮政编码　250100
发行热线　(0531)88363008
经　　销　新华书店
印　　刷　济南巨丰印刷有限公司
规　　格　787 毫米×1092 毫米　1/16
　　　　　12.25 印张　230 千字
版　　次　2024 年 11 月第 1 版
印　　次　2024 年 11 月第 1 次印刷
定　　价　46.00 元

《跨境电商 VR 大数据制作》

编 委 会

主　编　高金岭　李桂春　田　野

副主编　付铭铭　许　鲲　石萍萍

编　委　孙江腾　刘建刚　刘秀美　董贤惠

前　言

随着数字化科技的不断发展，虚拟现实（VR）技术和大数据技术已成为当代社会数字化发展的重要推动力，在跨境电商领域，这两项技术的融合应用逐渐展现出无限潜力。

跨境电商与VR的融合，诞生出了VR全景展示环节，从商品的发布、营销转化到客户对接等场景，均有所涉及。不少企业在相关领域不断探索研发，推动VR功能的更新换代，也推出了多种“跨境电商＋VR”的创新方案，赋能内容生产与过程管理，实现企业成本的降低和效益的提升。通过VR全景展示，实体店铺可以呈现出更丰富、更立体的产品形象，满足用户的好奇心并提升体验效果。总之，VR技术为跨境电商带来了革命性的改变。借助VR技术，消费者在家中就能“观看”真实的产品，并“置身”逼真的购物环境，提高购物满意度，为跨境电商平台运营提供新的模式。

大数据技术通过特定技术处理难以用传统手段分析梳理的海量数据，能够帮助企业挖掘数据中的价值，提升决策水平。在跨境电商中，大数据技术可用于用户行为分析、市场趋势预测等方面，帮助企业制定精准营销策略和实施风险管理。大数据技术能帮助企业分析用户行为数据，了解消费者的需求和偏好，从而制定更有针对性的营销策略，是跨境电商运营的必要技术手段之一。

VR与大数据的融合，为跨境电商行业注入了新的活力，具有精准锁定客户、提升商品体验、优化购物体验、提高品牌形象和信誉、拓展市场空间等多方面的潜力。跨境电商行业借助VR和大数据可以实现三维可视化数字展示，开启数字化转型的新篇章。

本教材以3D技术为主线，针对跨境电商专业与外语专业的大学生，介绍VR与大数据相关基础概念与发展历程、三维场景效果实现、平台的引擎开发、Web展示技术等内容，通过应用案例的形式引导学生掌握相关领域专业知识与技能；同时拓展数据可视化技术，帮助学生更好地理解大数据、提高动手能力、提高行业就业竞争力。

本教材中涉及诸多国外新术语、新概念，汉语中尚无对等语，对于初次出现的新名词，编者尽量提供汉语对等语，对某些特殊情况（各类各级标题中，汉语翻译反而更难理解）直接保留英语术语，待以后有了约定俗成的对等语后，再版时予以补充。

本教材在梳理跨境电商VR数据可视化相关发展历程与现状基础上，突出实用性，聚焦实操技术的介绍与大学生动手能力的培养。由于跨境电商目前尚处于快速发展迭代阶段，新业态、新技术、新理念与新概念层出不穷，而教材出版周期较长，难免有过时之处。同时由于编者水平有限，不当之处在所难免，请读者与专家批评指正，我们将根据跨境电商发展状况与学生实际需求，再版时予以改正或更新。

编　者

2024年5月

目　录

第一章 跨境电商

学习目标

1.了解跨境电商的概念。
2.熟悉跨境电商的分类。
3.熟悉跨境电商主流平台。
4.了解虚拟现实软硬件设备及功能。

能力目标

1.熟悉跨境电商基本概念,奠定开设(经营)跨境店铺的基础。
2.了解跨境电商各大主流平台,能够合理地为自己的产品选择平台。

思政目标

了解目前我国经济政策导向,把握住跨境电商崛起的时代风口。

学习重点

1.跨境电商平台种类。
2.跨境电商发展现状。

1.1 跨境电商简介

近年来,跨境电商一直是比较热门的话题。尤其是各类跨境电商平台在我国外贸企业中被大规模应用，我国步入了跨境电商的时代。随后，伴随着互联网技术的发展与我国国际经济政策的逐步完善与推行，跨境电商也逐步进入快车道，成为热门行业。

1.1.1 跨境电商概念界定

跨境电子商务（Cross Border E-commerce），简称“跨境电商”，是指分属不同关境的交易主体，通过电子商务平台达成交易、进行支付结算，并通过跨境物流送达商品、完成交易的一种国际商业活动。

1.1.2 跨境电商的主要特征

与传统的电子商务相比，跨境电商具有如下六大显著特征。

一是全球性。商家依托全球网络进行跨境销售，交易主体分属于不同关境区域，使得跨境销售具有明显的全球性特征，呈现非中心化发展趋势。

二是数字化。产品的信息、资金全程通过网络搭建的平台流通，数据、图像和声音在网络中主要是以数据代码的形式存在，是无形的数字。

三是匿名性。由于跨境电商全球性和数字化的特征，买卖双方可以通过网络寻找适合自己的合作伙伴，买家身份和具体的地理位置很难辨识。虽然在线上交易时买家一般不会显示自己的具体位置和身份信息，但是这并不影响交易的进行，而且法律法规也允许买家网络匿名。

四是及时性。由于通过互联网传输信息，信息发出地与接收地的距离几乎不影响传输速度。传统的交易模式主要以信函、传真、电报等方式传输信息，在信息发送与接收之间存在或长或短的时间差，使得交易存在一定的不确定性。此外，传统国际贸易受地域环境的影响也较大。而在电子商务中，这些弊端大大减少，信息交流过程非常便捷，发送信息与接收信息几乎同步，如同面对面交流。

五是无纸化。由于电子商务主要采用数字化方式进行交易，无纸化是跨境电商的一个显著特点。在网络交易过程中，电子计算机会记录一系列的纸面交易信息和数据，保证了整个数据信息的发送和接收过程可以实现无纸化的交易。

六是迭代快。跨境电商是一种新的交易活动，现阶段仍处于快速发展阶段，其网络设施和相应协议软件以及交易规则等势必会以前所未有的速度和难以预知的方式不断地进行更新升级，其发展前景具有很大的不确定性，政策制定者与行业从业者需要做到未雨绸缪。

1.1.3 跨境电商的发展历史

1.跨境电商 1.0 阶段(1999—2003 年)

1999 年阿里巴巴集团控股有限公司(简称“阿里巴巴”)成立,拉开了中国跨境电商发展的序幕。阿里巴巴最初的交易模式是中国供应商在互联网黄页上将中国企业的产品信息、图片、参数以及联系方式向全球客户展示,主要定位在企业对企业(B2B)的大宗贸易上。国外的买家通过阿里巴巴平台可以了解到供应商及其产品信息,然后双方再通过线下贸易洽谈磋商最终成交订单。当时的大部分交易是在线下完成的,线上平台只具备基本的信息展示功能。

2000 年前后,有部分中国卖家着手在跨境电商平台易贝(eBay)和亚马逊(Amazon)等国外平台上开店铺货,尝试跨境电商交易,但体量都不大,并未形成规模。此阶段主要采用“网上展示、线下交易”的外贸信息服务模式,其主要功能是为企业及其产品提供网络展示平台,网络上并不涉及具体的交易环节。

2.跨境电商 2.0 阶段(2004—2012 年)

2004 年,进入跨境电商 2.0 阶段。在这个阶段,跨境电商平台逐渐脱离纯信息的黄页展示模式,实现了线下交易、支付、物流等流程电子化,搭建了在线交易平台。

相较于第一阶段,跨境电商 2.0 阶段更能体现电子商务的本质特征,即借助搭建的跨境电子商务平台实现服务、资源整合,有效打通上、下游供应链,包括平台对企业小额交易(B2B)、平台对用户(B2C)两种平台模式。在此阶段,B2B 的平台交易模式成为跨境电商的主要模式,通过直接对接中小企业商户实现产业链的进一步缩短,减少中间商差价,提高了商品销售利润。

3.跨境电商 3.0 阶段(2013 年至今)

2013 年是跨境电商的转型之年,跨境电商全产业链都出现了商业模式的巨大转变。随着跨境电商模式的转型,跨境电商 3.0“大时代”正式到来。

2015 年我国不断出台跨境电商的利好政策,跨境电商已经站到了资本市场的风口上,“互联网+”时代全面到来。中国政府在 2015 年连续出台多个文件支持跨境电商,并在全国各地设跨境电子商务综合试验区,同时也设立了多个贸易自由试验区,积极主动地探索跨境电商的管理制度;而各地也开辟了多个跨境电商保税区,这些都极大地推动了跨境电商的发展。

近年来,特别是 2020 年以来,受疫情的影响,欧美地区很多消费者逐渐聚集线上的市场,越来越倾向于选择线上购物模式。这进一步挤压了传统外贸的市场份额,增加了跨境电商的市场份额。依托于互联网技术的出口外贸逐渐成了主流交易模式。

如今，人们生活节奏越来越快，消费购物常常是即时性的，这就使得对外贸易的订单类型逐渐向碎片化发展。国内的制造业生产厂商也已经意识到了这一市场变化，开始接受出口少量商品的订单，以适应现阶段的外贸形势变化。

1.1.4 跨境电商面临的问题与挑战

从跨境电商行业的现状来看，由于很多相关企业只专注于提升产品质量、拓展销售渠道，却忽略了客户服务水平，因此难以留住固定客户。此外，在品牌的发展和提升方面也比较欠缺。综合来看，当前中国的跨境电商行业存在以下四个方面的问题：

1.跨境电商专业人才缺乏

专业人才尤其是精通外语的跨境电商人才严重不足。流利地道的外语沟通是跨境电商卖家的必备技能之一。但是很多跨境电商卖家的外语水平不足以与海外客户进行无障碍交流。外国消费者在进行售前产品咨询的过程中经常难以得到更多有效的产品信息，商家客服也无法根据买家的需求提供相应的售后服务，这就很容易导致客户流失。因此专业的外语客服人才是跨境电商卖家目前的人才必选项。若没有专业的外语客服，卖家便很难留住外国客户。

2.时差导致的回复延迟问题

对中国的跨境电商卖家来说，只与东亚地区时区相近，与欧美市场是存在较大的时差问题的。欧美地区消费者活跃的时间段正处于中国的深夜，这使得大部分的跨境电商客服难以及时有效地回复消费者产品咨询和售后服务等方面的问题。

3.本土个性化客服匮乏

若想让中国生产的商品在全球热销，跨境电商企业必须对自己的品牌和产品进行本土化的个性包装。各个国家之间在民族文化、宗教和产品偏爱方面各有不同，导致消费者对相同品牌的产品在包装、客服等方面的需求有所不同。针对不同国家的消费者，采用不同的沟通方式，无疑能大大提高沟通效率，提升客户体验，从而提升店铺的转化率。

4.跨境电商的物流瓶颈在短期内难以突破

跨境物流作为跨境电商的重要环节，与跨境电子商务关系紧密。一方面，跨境物流对跨境电商的发展起推动作用；另一方面，跨境电商的发展又为跨境物流的建设提供了更多的机遇。我国跨境物流的主要模式为国际邮政小包和商业快递，虽然也有集货转运的模式，但是占比相对较小。整体来看，我国目前跨境物流的发展落后于跨境电商行业发展，成为跨境电商发展的瓶颈。

当前，国际商业快递主要以联邦快递(Fed Ex)、美国联合包裹(UPS)、敦豪快递公司(DHL)、荷兰邮政速递公司(TNT)为代表，这些公司占据了大部分的国际快递物流市场。国际快递相对于国际邮政小包来说，具有时效快、安全性高的优势，可以及时获取物流跟踪信息，但是费用偏高，对于跨境电商的中小企业来说成本太高，压缩了小企业的利润空间。出于成本考虑，我国大部分从事跨境电商的卖家以国际邮政小包为主，这种方式虽然费用和成本较低，但是物流周期却比较长，退换货相对麻烦，导致客户体验差、投诉率高、产品销量有限等一系列问题。

为解决目前我国跨境物流的问题，很多企业开始使用海外仓。海外仓的使用，使得物流成本有所降低，商品配送时效提高，销售商品的品类也得以扩大，同时还能带动整个跨境电商行业的优化升级。

1.2 跨境电商平台简介

当前，我国跨境电商从交易模式上来说，可以分为 B2B 模式、B2C 模式。

B2B 即企业对企业，是企业运用电子商务以广告和信息发布为主，成交和通关流程基本在线下完成。这本质上仍属于传统贸易，是已纳入海关一般贸易统计的一种交易模式。

B2C 即企业对消费者，是企业直接面对消费者，以销售个人消费品为主的一种贸易模式。物流上主要采用航空小包、邮寄、快递等方式，其报关主体是跨境电商境内代理人或其委托的报关企业，多是邮政或快递公司。

跨境电商可分为出口跨境电商和进口跨境电商，目前主流的跨境电商平台分为国际跨境电商平台、国内跨境电商平台、跨境电商自建站三大类。

1.2.1 国内跨境电商平台

1.敦煌网(DHgate)

敦煌网是全球领先的在线外贸交易平台。敦煌网的首席执行官(CEO)王树彤是中国最早的电子商务行动者之一。1999 年她参与创立卓越网并出任第一任 CEO，于 2004 年创立敦煌网。敦煌网致力于帮助中国中小企业通过跨境电子商务平台走向全球市场，开辟了一条全新的国际贸易通道，让在线交易变得更加简单、更加安全、更加高效。

敦煌网是国内首个为中小企业提供 B2B 网上交易的网站。网站采取佣金制，免注册费，只在买卖双方交易成功后收取费用。

2.天猫国际(Tmall Global)

天猫国际隶属阿里巴巴集团，于2014年2月19日正式上线，为国内消费者直供海外原装商品。天猫国际在跨境电子商务方面通过与自贸区合作，分别在全国各地保税物流中心建立了跨境商品物流仓，既规避了基本法律风险又获得了法律保障。这一举措缩短了消费者从下单到收货的时间，海外直邮14个工作日到货，保税直邮仅需5个工作日到货，在很大程度上满足了消费者对于商品时效性的需求。

3.京东全球购(JD Worldwide)

京东全球购成立于2015年，分别建设了法国馆、韩国馆、日本馆、澳大利亚馆、美国馆等区域特色馆。京东全球购针对全球重点上游资源做布局，通过合作或自营等方式建设京东全球化的仓储、物流体系。京东全球购是京东海淘业务的主要方向。

1.2.2 跨境电商自建站

跨境电商自建站是商家根据各自的要求建立的网站，或者是在第三方独立平台帮助下建立的网站。跨境电商自建站又称"外贸自建站"，商家通过建立一个外贸网站，在网站上介绍品牌、展示或者销售自己的产品、与客户在线沟通等。自建站模式可以免受各种规则的限制，商家可以有更大的发挥空间。

一般来说，自建站的建设需要以下流程(见图1-2-1)：

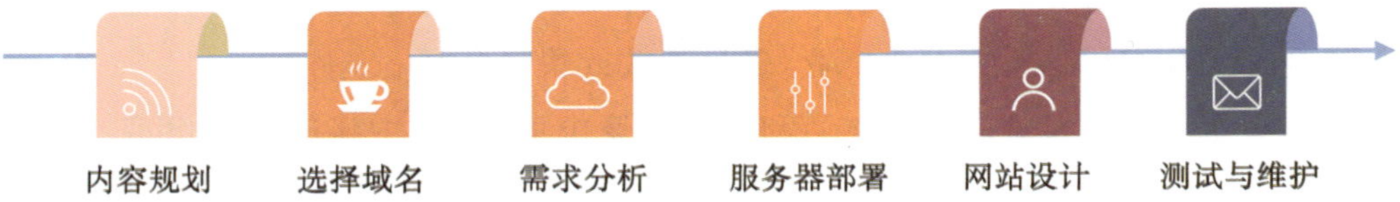

图1-2-1 跨境电商自建站创建流程

(1)内容规划：在确定网站的主题后，需要根据网站的要求细化每个链接，然后确定网站设置的板块和栏目。

(2)选择域名：选择并注册域名。这一步非常重要，因为网站的域名是唯一的。一旦注册成功，其他组织将无法再注册相同的域名。

(3)需求分析：想做好一个网站，首先要深入分析竞争对手，了解目标群体的需求和营销推广的要求，并根据这些需求合理布局自建站网页。

(4)服务器部署：自建站需要有自己的网站空间，要选择合适的服务器，其空间大小应根据网站大小和自建站的内容进行选择。

（5）网站设计：网站设计原则应为先设计大的结构线，然后再设计一些小的结构线；先设计简单的内容，然后再设计复杂的内容。这样在制作网页的过程中，模块设计将更加灵活。

（6）测试与维护：为了避免在网站项目上线之后出现各种问题，帮助客户体验网站的稳定性和安全性，测试网站并及时修复可能出现的问题是极其重要的。自建站的维护主要是对网站的运行状态进行监控，对网站的数据进行故障排查和备份，对服务器进行升级维护和一些紧急恢复，而网站内容的维护主要是对网站的产品和文章进行更新和发布，反馈用户评论和消息。

对于现有平台卖家而言，自建站有机会成为新的营销突破口。对于原本就专攻自建站的卖家，也可借助平台的相对低门槛和高市场占有率，将二者的优势最大化。在自建站建设与运营过程中，商家可以根据自身的情况选择不同的软件或平台。

1.少批凡（Shopify）

Shopify 是由托比亚斯 • 卢克（Tobias Lütke）创办的加拿大电子商务软件开发商，总部位于加拿大首都渥太华，2015 年在纽约和多伦多两地证券交易所上市。Shopify 是一站式 SaaS 模式的电商服务平台，为电商卖家提供搭建网店的技术和模板，管理全渠道的营销、售卖、支付、物流等服务。降低小型商户在网店经营上的技术门槛，是 Shopify 最基础的业务。商户注册账户，选择网站模板，上传商品并添加描述文字，设置价格和物流选项，添加收款方式，短时间内就能生成一个美观且可靠的独立站。

2.少批凡（增强版）（Shopify Plus）

Shopify Plus 主要面向 Shopify 中的企业电商，专为那些已经超越其原始 Shopify 设置并需要更多高级功能和定制选项的卖家量身定制。与 Shopify 不同，Shopify Plus 还允许卖家创建定制的、快速响应的结账体验，其定价取决于多种因素，包括订单量、技术、设计和定制要求等。Shopify Plus 还提供专门的客户经理，对于设置更复杂的卖家来说这是一个巨大的优势。

3.Salesforce

Salesforce 是一家成立于 1999 年 3 月的客户关系管理（CRM）软件服务提供商，其总部位于美国旧金山。该公司提供按需应用的 CRM 平台，使客户能够与独立软件供应商合作，定制并整合其产品，从而构建符合各自需求的应用软件。作为 Salesforce 产品套件的一部分，Commerce Cloud（电商云平台）集成了一系列其他客户关系管理和营销服务，使其成为依赖 Salesforce 其他产品的企业级企业的绝佳选择。其他功能包括订单管理、AI和个性化以及国际业务的全球化选项。Commerce Cloud可以处理大量的流量和销售,但是价格昂贵且技术要求复杂。

4.大卡特尔(Big Cartel)

Big Cartel是专门为出售个人作品的艺术家量身定制的一个电商平台。卖家可以自定义Big Cartel的免费主题或编写自己独特的设计。其他功能包括使用自定义域、库存跟踪、实时销售统计,还包括为某些项目添加促销和折扣的选项。

1.3 跨境电商平台技术

1.3.1 虚拟现实技术

虚拟现实(visual reality,简称VR),是20世纪发展起来的一项全新的实用技术。虚拟现实技术囊括了计算机、电子信息、仿真技术,其基本实现方式是通过计算机模拟虚拟环境,从而给人以环境沉浸感。随着社会生产力和科学技术的不断进步,各行各业对虚拟现实技术的需求日益旺盛。虚拟现实技术也取得了巨大进步,并逐步成为一个新的科学技术领域。其中,可视化展示是利用计算机图形学和图像处理技术,将数据转换成图形或图像在屏幕上显示出来,并进行交互处理的理论、方法和技术。它涉及计算机图形学、图像处理、计算机视觉、计算机辅助设计等多个领域,成为研究数据表示、数据处理、决策分析等一系列问题的综合技术。

目前正在发展的虚拟现实技术,能使人进入一个三维的、多媒体的虚拟世界,人们可以游历远古时代的城堡,也可以遨游浩瀚的太空。所有这些都依赖于计算机图形学、计算机可视化技术的发展。

1.3.2 Web展现技术

Web展现技术是指利用互联网技术,将信息以图像、声音、文字等多种方式,通过特定的技术手段和工具,呈现在网页上,使用户能够通过浏览器随时随地访问和获取这些信息的技术。

Web的本意是“蜘蛛网”或者“网”,现广泛译作“网络”“互联网”等。Web技术指的是开发互联网应用的技术总称,一般包括Web服务端技术和Web客户端技术。Web是因特网上最流行的应用之一,因特网为Web提供了网络运行环境。Web的出现极大地推动了因特网的普及和推广。

一般来说，Web 主要由两大部分组成：本地计算机和远程服务器、静态页面和动态页面。本地计算机是指用户自己浏览站点的本地机器；远程服务器是指为客户端（用户）计算机提供各种服务的高性能计算机，主要功能是接受客户浏览器发送的请求、分析请求、给予响应，并将相应的结果发送给客户端浏览器。静态页面是指 HTML 页面文件，所有的代码都在网页中，不需要执行动态程序（访问数据库）来生成客户想要的网页；动态页面中的页面内容是交互的，可以根据系统的设置显示不同的页面。

1.3.3 数据可视化技术

数据可视化是一个复合概念，包含数据和可视化两个方面。数据指的是在获取、存储、管理、分析方面的数据集合，这大大超出了传统数据库软件工具的能力范围，具有高度多样性（即数据种类、来源、形式的多样化）、大体量和高速性（数据增速快且具有时效性，需要高规格的处理和响应速度）三个特点。可视化指的是通过图表、图形、图像、动画等形式，将数据转换为视觉信息，从而使复杂数据更易于理解和分析的技术。

虽然数据资源极具研究价值，但是要想快速精准地汲取数据精华，还需要对数据进行精准化处理，从而为决策提供良好的数据背书，提高决策效率和准确性。数据可视化是通过图形、图表等可视元素，提供一种便于观察和理解数据内在的异常值、趋势、规律、模式的手法。总的来说，数据可视化就是通过对数据进行获取、清洗和分析，将分析结果用图形、图表等形式展示出来的一个过程。

数据可视化具有很重要的价值，相比于千篇一律的数字表格，人们的目光和注意力更容易被各色图案吸引，比如从蓝色中快速识别出红色，从圆形中快速识别出方形。因此，数据可视化可以更加科学地从视觉角度对海量数据进行诠释，进而引发观看者的兴趣，并通过不同的表现形式和突出手段将观看者的注意力集中在某一点上，令其获取更有价值的和易于内化的信息。

随着 5G 和 VR 技术的快速发展，VR 海外购已经确定会成为未来的一股潮流。Web 展现技术在跨境电商中也得到了应用，比如跨境电商平台可以创建逼真的虚拟商品展示环境。利用 3D 建模和渲染技术，用户可以全方位地观察商品细节，甚至进行虚拟试用，如虚拟试穿、试妆等。数据可视化技术可以有效分析用户行为，帮助跨境电商平台直观了解用户的购买习惯、偏好以及浏览路径等信息。这有助于跨境电商平台更好地了解用户需求，优化产品推荐算法，提高营销精准度。同时，数据可视化技术还可以实时监控销售数据，包括库存量、销售量、订单状态等，帮助跨境电商平台及时调整销售策略，优化库存管理。对于开启跨境电商的平台而言，其可以与海外的代购商直接合作，利用辅助传感器、计算机图形系统，在本地生成可以交互的三维购物环境。虽然不在购物现场，但是借助购物现场画面的传输技术，消费者只需要佩戴 VR 眼镜，就能一步迈进海外店面，自由选择自己所需要的产品。

章节练习

1.简述跨境电商主流平台并描述其各自的特征。

2.简述新媒体技术对跨境电商行业的具体影响。

第二章

虚拟现实在跨境电商中的应用

学习目标

1.掌握虚拟现实的基本概念。

2.了解虚拟现实发展的历史、现状及发展趋势。

3.了解虚拟现实在跨境电商中的应用。

4.了解虚拟现实软硬件设备及作用。

能力目标

1.掌握 Unity 3D 软件的基本使用技巧。

2.掌握虚拟现实硬件的基本使用技巧。

3.掌握虚拟现实技术的基本原理、设计方法及流程。

思政目标

提升计算思维,学习工匠精神。

学习重点

虚拟现实与跨境电商结合的必要性和可行性。

2.1 虚拟现实简介

2.1.1 虚拟现实的基本概念

虚拟现实即 Virtual Reality(简称 VR),是指利用计算机图形系统和各种现实及控制等接口设备,在计算机上生成的、可交互的三维环境中,提供沉浸感觉的技术。简单来说,就是能够利用计算机设备构建一个虚拟的“眼见为实”的三维现实场景。比如,用户想要在家试穿一双鞋子,用 VR 眼镜就可以将选好的鞋子“穿”到模特身上,甚至还可以投射到用户的脚上,让用户体验上脚效果。

2.1.2 虚拟现实的发展阶段

第一阶段:虚拟现实技术的探索阶段。

早在 20 世纪 50 年代到 70 年代,莫顿·海里格(Morton Heilig)开发出名为 Sensorama 的摩托车仿真器,仿真器具有三维显示及立体声效果,能产生设备振动和风感。美国计算机图形学之父、虚拟现实技术之父伊凡·苏泽兰特(Ivan Sutherland)组织并开发出第一个计算机图形驱动的头盔显示器(HMD)及头部位置跟踪系统。

第二阶段:虚拟现实技术的实际应用阶段。

20 世纪 80 年代,美国的杰伦·拉尼尔(Jaron Lanier)正式提出了“Virtual Reality”这一概念。在这一时期也出现了迈伦·克鲁格(Myron W. Krueger)设计的“VIDEOPLACE”和 NASA Ames 实验中心研制的“VIEW”两个较为典型的虚拟现实系统,它们能实时投影并响应体验者的交互性,让人获得“真实体验”感。

第三阶段:虚拟现实技术的全面发展阶段。

2000～2022 年,虚拟现实技术的理论不断完善,技术的应用与开拓全面发展。虚拟现实技术广泛应用于教学、科研、军事、医疗等领域。各种 VR 设备层出不穷,如 Oculus、谷歌、三星以及 HTC 等公司相继上市发布了新研制的 VR 头盔,其价格并不高,从而使得虚拟现实技术进一步走入大众视野。

从 VR 元年(即 2016 年)开始,全世界越来越多的公司投入到了虚拟现实这一新兴的产业之中。随着计算机系统工程以及图形学等技术的高速发展,我国相继出台了一系列政策,支持 VR 技术研究的力度越来越大,并将其发展应用列入国家重点研究领域。

2.1.3 虚拟现实的机遇与挑战

根据中国电子信息产业发展研究院和虚拟现实产业联盟等联合发布的《虚拟现实产业发展白皮书(2021年)》,虚拟现实技术在我国赋能千行百业落地开花,在制造业、教育、医疗、娱乐等领域不断推出新的场景和新的商业形式。据介绍,2021年1—9月,全球虚拟现实产业累计投融资金额达407.09亿元。虚拟现实头盔的卖货总量同比增长28.9%,市场规模超过300亿元。

那么,为什么近年来我国虚拟现实产业能够迎来复苏,并成为热门行业呢?概括来说有两大机遇。一个是5G技术的助力。5G基站的建设、5G网络的覆盖及5G商业的开启,为虚拟现实产业的复兴和爆发带来了机会。截至2023年年底,我国已建成330多万个5G基站;5G网络也基本覆盖主要省市,5G用户超过8亿户。5G相关应用也在加速探索,中国广阔的5G需求和市场,结合虚拟现实技术形成了关键优势,推动了虚拟现实产业的快速发展。业界普遍认为虚拟现实是5G时代的核心应用场景之一,5G商业化将推动虚拟现实产业走向成熟。随着5G商业应用的深入,虚拟现实产业也将步入一个新的发展阶段。

另一个机遇是元宇宙①概念的爆炸性发展。虚拟现实被认为是元宇宙最重要的入口和“门票”技术,在元宇宙的推动下,虚拟现实产业也在经历着一次行业大爆发。到2022年10月为止,Facebook、微软、英伟达、腾讯、字节跳动、华为及其他公司都已经对元宇宙进行了大规模的收购。

虽然上述机遇的出现促进了我国虚拟现实产业的复苏和爆发,但如果存在的问题不能得到解决,其发展仍将受到诸多掣肘。当前,我国虚拟现实产业面临着来自内部和外部的挑战。其中,外部挑战主要是美国企业等国外企业的竞争和影响。在虚拟现实产业的发展中,国外企业在技术创新和内容生态方面具有较大的优势。与这些国外同行相比,中国企业面临着巨大的竞争压力。而内部挑战则是行业“洗牌”即将到来,我国虚拟现实产业发展面临严峻考验。目前,本土虚拟现实公司可以分为三类:初创企业、互联网内容公司和智能手机巨头,包括腾讯、华为、乐视、小米、爱奇艺和优酷等。这些参与者都具有很强的实力,在未来行业高度集中的趋势下,激烈的竞争在所难免。

此外,虚拟现实技术发展还面临人才缺乏的挑战。任何行业的发展都离不开人才,作为一个前沿技术领域,虚拟现实更是如此。目前,国内虚拟现实行业人才缺口较大,人才素质不高,复合型人才短缺已成为行业加速发展的“绊脚石”。在

① 元宇宙:指具有沉浸式体验、虚拟化、开放式创造、强大社交属性和稳定化系统等特征的虚拟空间。

这种背景下，今后国家需要加快人才的培养和引进，建立科学合理的人才体系和评价机制。我国虚拟现实行业内企业也需要不断增强自身实力，抓住机遇，迎接挑战。

2.2 虚拟现实软硬件技术

虚拟现实是多媒体技术的终极应用形式，它由软件和硬件组成，具体包含计算机软硬件技术、传感技术、机器人技术、人工智能及行为心理学等科学领域飞速发展的结晶，主要依赖于三维实时图形显示、三维定位跟踪、触觉及嗅觉传感技术、人工智能技术、高速计算与并行计算技术以及人的行为学研究等多项关键技术的发展。随着虚拟现实技术的发展，真正实现虚拟现实，将引起整个人类生活与发展的极大变革。

2.2.1 虚拟现实软件技术

VR 软件技术，是仿真技术与计算机图形学人机接口技术、多媒体技术、传感技术、网络技术等多种技术的集合，是一门富有挑战性的交叉技术前沿学科和研究领域。VR 软件技术主要包括三维建模技术、虚拟声音技术、人机交互技术和 VR 引擎等。

1.三维建模技术

三维建模技术在虚拟现实场景中的应用决定了系统的整体质量和真实性。一般来说，三维建模是通过场景还原的真实性、可视化速度、准确性和操作效率来形成的。三维建模的基础是物理建模和几何建模，随后发展出行为建模，它们在虚拟现实环境中共同应用。首先，作为虚拟现实技术的基础，几何建模利用计算机控制输出的几何实体，描述物体的属性，确定真实图像的质量。其次，物理建模以抽象和简化的方式处理复杂的生活问题，使用物理和计算机知识进行设计。在应用过程中，物理建模能够对静态视图进行分析，允许对动态对象进行建模。最后，行为建模主要用于将动作和行为赋予无生命的物体，并赋予化身行为能力。行为建模也是虚拟现实场景搭建的关键。如果没有行为建模，虚拟现实场景就会变成固态图像，无法达到仿真效果。

目前该领域最有代表性的软件是 3D Max，其具有强大的建模功能，可以广泛应用于游戏开发中。3D Max 软件有自己独特的设计理念，该软件可以在三维建模中快速确定设计逻辑，从而提高设计质量。3D Max 模型用于处理动画人物，可与脚本、连线等工具配合使用。虚拟现实模型作为一种重要的求解器,可以提高设计的互动性,成为一种灵活实用的动画系统。模型节点可以在三维空间中自由移动。虚拟现实建模语言(VRML)是一种虚拟现实语言,也是一种文件格式,可实现三维模型表面颜色、纹理、透明度等特性。统一资源定位符(URL)可以与图形化组件相关联,用户可以很容易地单击组件。网络服务器可以从网络中获取 VRML 文件。在虚拟现实空间中,人们可以通过动画、灯光和声音进行交互体验。VRML 文件为纯文本格式,可以压缩为.zip 格式,便于在网络上传输,3D 建模程序可以使用 VRML 格式保存对象和场景。

2.虚拟声音技术

三维虚拟声音不同于人们熟悉的立体声音。对于立体声,人们可以调整左右声道,但总的来说,人们感知到的立体声来自听者的一个平面。而在 3D 虚拟声音体验中,听者可以感知来自各个方向的声音,整个音响系统就像是一个环绕在听者耳朵周围的球形空间,听者在整个球形空间的任何地方都能感受到声音。

3.人机交互技术

人机交互(human-computer interaction, HCI)是指人与计算机之间使用某种对话语言,以一定的交互方式,为完成确定任务的人与计算机之间的信息交换过程。狭义的人机交互技术主要是研究人与计算机之间的信息交换,包括人与机、机与人的信息交换。在键盘、鼠标、操纵杆、数据衣、眼动仪、位置追踪器、数据手套、压力笔等设备的帮助下,人们可以用手、脚、声音、姿势或身体动作、眼睛甚至脑电波将信息传递给计算机。同时,计算机通过诸如打印机、绘图仪、显示器、头盔式显示器和音箱等输出或显示设备为人们提供信息。

人机交互与计算机科学、人机工程学、多媒体技术与虚拟现实技术、心理学、认知科学、社会学与人类学等诸多学科紧密相连,其中,认知心理学与人机工程学是人机交互技术、多媒体技术与虚拟现实技术的理论基础,它们之间相互重叠和渗透。作为信息技术的重要组成部分,人机交互将继续推动信息技术的发展。

4.VR 引擎

VR 引擎的本质是一个基于底层编程语言的通用开发平台,包括各种交互硬件接口、图形数据管理和绘图模块、功能设计模块、消息响应机制、网络接口等。基于该平台,程序员只需要关注虚拟现实系统的功能设计和开发,而不需要考虑程序的底层细节。

作为虚拟现实的核心,VR 引擎系统处于中心位置,组织和协调各个部分的运行。

目前,已有许多 VR 引擎软件运行,其实现机制、功能特点、应用领域各不相同。但总的来说，一个完整的VR引擎软件应该具备以下特征：

(1)可视化管理界面。基于可视化管理界面，程序员可以通过“可视化”方法来设计和调整虚拟场景。例如，在数字城市系统中，开发人员可以通过可视化管理界面添加建筑，同时更新图形数据库系统中的位置、面积、高度和其他数据。

(2)二次开发能力。二次开发是指引擎系统必须能够提供一个程序接口来管理系统中的所有资源。通过这些程序接口，开发人员可以开发特定的功能。由于虚拟现实引擎是普遍通用的，而虚拟现实应用系统是面向特定需求的，所以VR引擎的功能并不能满足所有应用的需求。这就要求它提供一定的程序接口，允许开发人员针对特定的需求设计和添加功能模块。没有二次开发能力的系统，其应用将有很大的局限性。

(3)数据兼容性。数据兼容性是指虚拟现实引擎对来自各种媒体的数据进行管理的能力。数据兼容性对虚拟现实引擎来说至关重要，因为虚拟现实系统涉及图形、图像、视频、音频等媒体数据，而这些数据可能以各种文件格式存在。这就要求虚拟现实引擎能够支持这些文件格式。

(4)更强的数据处理功能。VR引擎首先读取依赖于任务的用户输入，然后访问依赖于任务的数据库并计算相应的帧。由于不可能预测用户的所有动作，也不可能在内存中存储所有对应的帧(有研究表明，低于12帧/s的图片刷新率会让用户感到不舒服)，为了进行流畅的模拟，每秒应该显示24～30帧。因此，虚拟世界的生命周期只有33 ms(从生成到删除)，这导致VR引擎需要处理更多的计算量。VR交互性最重要的方面是整体模拟延迟(用户的工作和VR引擎的反馈之间的时间差)。总延迟包括传感器处理延迟、传输延迟、计算和显示一帧的时间延迟。如果整体延迟超过100 ms，模拟质量会急剧恶化，使用户感觉不舒服。低延迟和快速刷新率就需要VR引擎中的快速CPU和强大的图像加速。

2.2.2 虚拟现实硬件设备

VR硬件设备是指与虚拟现实技术领域相关的硬件产品。现阶段的VR硬件设备大致可以分为以下几类：

1.VR生成设备

VR生成设备主要是指创建虚拟场景，实时响应用户各种操作的计算机设备。计算机是虚拟现实系统的心脏，也被称为虚拟世界的“引擎”。虚拟现实系统的性能很大程度上取决于计算机设备的性能。由于虚拟世界本身的复杂性和实时计算的要求，产生虚拟环境的计算量是极其巨大的，这就要求计算机必须具有高速的CPU和强大的图形处理能力。

根据 CPU 速度和图形处理能力的不同,虚拟现实生成设备可分为高性能个人计算机、图形工作站、主机计算机和分布式网络计算机。

2.传统手柄

传统手柄是利用传统的震动和惯性传感器技术进行操控的设备。与按钮、摇杆操作一样,传统手柄是 VR 技术最为古老和传统的设备之一。

(1)VR 手柄。VR 手柄是 VR 早期输入设备的改良,目前 VR 手柄是最大规模使用的 VR 输入设备。

(2)VR 手套。VR 手套一般装有许多传感器,能感知关节的状态,并将状态信息转换成电信号,经过处理器处理后再输送给计算机。VR 手套不仅能将信息准确传递给计算机,而且也能让用户体验它带来的 VR 虚拟现实感觉。

(3)计算机视觉的手势输入设备。基于计算机视觉的手势识别是通过单摄像头来采集手势,从而进行传递操作。这种方法速度较快,但是对计算机要求较高,容易出现识别错误。

3.跟踪定位

跟踪定位技术通常采用 6 自由度(6DOF)来表征跟踪对象在三维空间中的位置和方向。这 6 个不同的运动方向包括沿 x、y、z 轴的平移和沿 x、y、z 轴的旋转。常用的跟踪定位技术主要有电磁波、超声波、机械、光学、惯性和图像提取等。跟踪定位设备的工作原理通常是由固定的发射器发出信号,该信号将被附着在用户头部或身体上的移动传感器拦截,传感器接收到信号后进行解码,并传输到计算部件进行处理,最后确定发射机与接收机之间的相对位置和方位角,将数据传输到运行系统,再传给 3D 图形环境处理系统。

目前常用的跟踪定位技术分为由外向内追踪技术(outside-in)和由内向外追踪技术(inside-out)两种。①

outside-in 追踪是指由外向内的追踪。该追踪方法的特点是追踪主传感器外部的平移运动传感器。通过将摄像机或其他传感器放置在固定位置并朝向被追踪对象(如耳机),该对象可以在摄像机相交的可视范围所定义的指定区域内自由移动。目前有 culus RIFT CV1 星座系统、V 社和 HTC 的灯塔系统、PSVR 的单摄像头光球系统。

inside-out 追踪是指由内向外的追踪。它与由外而内的追踪的不同之处在于,摄像机或其他用于确定物体在空间中传感器的位置不一样。在由内向外的位置追踪中,摄像机或传感器位于被追踪的设备上(如头盔显示器);在由外向内的位

① 参见邵伟,李晔. Unity VR 虚拟现实完全自学教程[M]. 北京:电子工业出版社,2019.

置追踪中，传感器被放置在一个固定的位置上。

目前，随着 VR 一体机的繁荣，inside-out 追踪是现在的主流方向，因为它的追踪摄像头放在使用者的头盔上，使用时不需要烦琐的基站布局，而且其定位范围几乎是无限的，对游戏玩家来说非常友好。但这也给跟踪算法带来了一个问题，因为摄像头在头盔上，所以使用者后面和其他地方都有死角，而且 inside-out 追踪处理芯片的性能比一体机相对较弱，这给制造商的追踪算法带来了很大的压力。

4.人机交互设备

(1)头盔式显示器：

头盔式显示器(head mount display，HMD)用于显示虚拟现实场景图像。它通常由两个液晶显示器(LCD)或阴极射线管(CRT)显示器组成，一个用于左眼，另一个用于右眼。左、右眼分别由计算机驱动，左、右眼看到的两幅图像之间有细微的差别，类似于“双目视差”。这两种图像被大脑融合以获得深度感知，从而产生三维图像。HMD 可以将参与者与外界完全或部分隔离，在军事训练、虚拟驾驶、虚拟城市等项目中得到了广泛的应用。

(2)双目全方位显示器：

双目全方位显示器(BOOM)是一种移动显示器。它由两个垂直的机械臂支撑，不仅允许用户在半径约为 2 m 的球形空间内自由移动，还能平衡显示器的重量，使其始终处于水平状态，不受平台移动的影响。在支撑臂的每个节点上都有位置跟踪器，BOOM 具有与头盔上的显示器相同的实时观察和交互能力。

(3)CRT(阴极射线管)终端-液晶光闸眼镜：

CRT 终端-液晶光闸眼镜立体视觉系统的工作原理是由计算机分别产生左眼和右眼两幅图像，经过综合处理后，采用分时交替的方式显示在 CRT 显示器上。如果使用者戴上一副与电脑相连的液晶光闸眼镜，在驱动信号的作用下，晶状体会以与图像显示同步的速度交替打开和关闭。当计算机显示左眼图像时，右眼晶状体被屏蔽；当计算机显示右眼图像时，左眼晶状体被屏蔽。根据双目检测与深度距离的关系，人体视觉生理系统可以自动将两种检测图像组合成立体图像。

(4)大屏幕投影-液晶光闸眼镜：

大屏幕投影-液晶光闸眼镜立体视觉系统原理与 CRT 显示器相同，只是将 CRT 显示器的分时图像改为大屏幕显示，对于 CRT 或数字投影仪的投影在亮度和分辨率上要求极高，适合在大空间产生投影图像的应用要求。

洞穴虚拟现实系统是一种基于投影和围屏的洞穴自动虚拟环境。一个人被置于计算机生成的世界中，可以在其中走动，从不同的角度观察它、触摸它、改变它的形状。该系统设计复杂，价格高，适合博物馆、美术馆、娱乐中心、研究中心等场所使用。

(5)3D 显示器：

3D 显示器不需要用户佩戴特殊的眼镜就可以看到三维图像。这种技术不同于普通的发射反射式显示器，其工作原理是光从显示器内由下向上照射，通过显示器内部的发射和折射，用户可以看到三维图像。这种技术是一项新发明，其显著优点是对显示器周围的环境没有严格的要求，有望成为未来三维可视化的理想显示工具。目前这种显示器的主要问题是制造成本过高，商业化难度大。

(6)VR 智能眼镜：

VR 智能眼镜配合自然交互界面，相当于目前手持终端的图像界面。与 VR 智能眼镜进行交互，不需要点击，只需要利用人的本能行为，如摇头、说话、眨眼等。因此，这种方法操作更加自然，提升了用户体验效果。

5.快速建模设备

(1)三维模型数字化仪：

三维模型数字化仪，又称“三维扫描仪”或“三维扫描数字化仪”，是一种先进的三维模型建立设备，利用电荷耦合装置(CCD)成像、激光扫描等手段实现物体模型的取样，同时通过配套的矢量化软件对三维模型数据进行数字化操作。三维模型数字化仪的工作原理是由三维模型数字化仪向被扫描的物体发射激光，通过摄像机从每个角度扫描并记录下物体各个面的轮廓信息，安装在其上的空间位置跟踪定位设备也同步记录下三维模型数字化仪的位置及方向的变换信息，将这些数据输入计算机中，再采用相应的软件进行处理，得到与物体对应的三维模型。

(2)3D 扫描仪：

3D 扫描仪，也称“三维立体扫描仪”，是融合光、机、电和计算机技术于一体的高新科技产品，主要用于获取物体外表面的三维坐标及物体的三维数字化模型。3D 扫描仪分为接触式和非接触式两类。通过三维扫描仪非接触扫描实物模型，得到实物表面精确的三维点云(point cloud)数据，最终生成实物的数字模型，不仅速度快，而且精度高，几乎可以完美地复制现实世界中的任何物体，以数字化的形式逼真地重现现实世界。

(3)3D 摄像机：

3D 摄像机是利用 3D 镜头制造的摄像机，通常具有两个以上摄像镜头，间距与人眼间距相近，能够拍摄出类似人眼所见的针对同一场景的不同图像。全息 3D 通过圆点光栅成像或菱形光栅全息成像全方位观看同一图像，犹如亲临其境。

(4)VR 全景相机：

VR 全景相机拥有多个超广角镜头，每个镜头对应独立的互补金属氧化物半导体(CMOS)感光元件、独立的像素点以及机内处理元件,通过精确的调校,整合到一起进行集中的图像及视频输出。通过整合的机内存储器进行图像处理,输出到全景处理服务器中做接片缝合,可形成星球状全景以及中心轴状全景。VR设备使用的全景实景影像部分就是通过全景相机拍摄,经过一系列的处理后,转换成VR设备可直接观看的影像,给用户带来身临其境的感受。

VR工厂在2016年6月29日发布的微爱拍全景相机是一款VR普及型全景相机,采用高清摄像技术,360°全景捕捉、360°×360°全景拍摄,通过独有的影像增强(image enhancement, IE)技术,提高了视频品质,可用于微电影、微视频、现场节目录制、户外运动、旅游、聚会等全景拍摄。

6.VR输出设备

移动端VR:在市场或网店经营中,比较受欢迎的是风暴魔镜、千魔墨镜和爱奇艺VR。风暴魔镜和爱奇艺都支持VR应用,这意味着它们不仅有设备,还有VR资源。用手机下载VR应用,然后把手机放进VR眼镜里,就可以开始观看了。

桌面端VR(电脑端VR):即外部连接器穿戴设备,需要连接电脑等外部设备进行交互,在体验一些可操作的游戏时会被数据线绑定,同时对于所连接的主机配置要求比较高。当前,HTC Vive和Oculus Rift在市场上较为常见,当然还有很多其他产品可供选择。

一体机VR:一体化设备是真正意义上独立的VR产品,不受空间等外界影响。但目前VR一体化设备存在的问题是技术门槛过高、成本过高、制作难度仍然较大。

7.视觉感知设备

视觉是虚拟现实提供的最重要的感官通道。它是沉浸感、存在感(“穿越到另一个世界”的体验)的主要贡献者——将眼睛看到的东西变为另一种东西会让人感觉自己仿佛身处另一个世界。目前,主要有两种类型的视觉替代:头戴式显示器(HMD)和洞穴。

(1)头戴显示器:造价低、便携度高,商业化程度较高,大众认知度较高。

(2)洞穴:把人放进一个空间里,空间墙壁上显示虚拟画面。一般有投影式和显示器两种方式。

8.听觉感知设备

听觉感知设备主要有耳机和扬声器两种。其中,扬声器又称“喇叭”,是一种十分常用的电声转换器件,属于位置固定的听觉感知设备。大多数情况下,扬声器能很好地给一组人提供声音,也可以在基于头部的视觉现实设备中使用。

9.触觉感知设备

触觉输出较为常见，如手柄。高端 VR 手柄现在有“震动”的效果。当用户在虚拟世界中“触摸”一个对象时，或控制器会在特定时间提供“震动”反馈，这是一种自然的交互。

触觉也可以通过“飞行”实现。飞行 VR 设备（如 Birdly）可以根据飞行速度调整风速，创造动态。

2.2.3 Unity 3D 软件

Unity 游戏引擎一般指 Unity 3D，是一款由 Unity Technologies 研发的跨平台 2D/3D 游戏引擎。历经多年的发展，Unity 3D 现在已经成为游戏圈不可或缺的游戏制作工具。其支持平台包括手机、平板电脑、电脑、游戏主机、增强现实和虚拟现实设备等，尤其在移动端手机游戏（简称“手游”）方面，具有易上手、前期开发快速的显著优势。除制作游戏以外，在 AR、VR、虚拟仿真、影视、建筑等很多方面也有广泛应用，是一款综合型创作工具。

基于 Unity 开发的游戏和体验月均下载量高达 30 亿次，并且其在 2019 年的安装量已超过 370 亿次。全平台（包括 PC、主机、移动设备）所有游戏中有超过一半都是使用 Unity 创作的；据统计，在 Apple Store 应用商店和 Google Play 排名最靠前的 1000 款游戏中，53% 都是用 Unity 创作的。Unity 提供易用实时平台，开发者可以在平台上构建各种 AR 和 VR 互动体验。

2022 年 8 月 9 日，Unity 宣布已与合作伙伴达成协议并成立合资企业——Unity 中国，阿里巴巴、中国移动、佳都科技以及抖音集团等将参与投资该合资公司，Unity 中国的投后估值为 10 亿美元。

2.3 跨境电商 VR 开发案例

VR 跨境电子商务体验购物本质上是一种虚拟购物形式。也就是说，实体店面利用虚拟现实技术创造出一个类似于国际购物的虚拟场景，让消费者沉浸其中，仿佛他们真的是在国际购物中心和街道中间行走。显然，这种形式的体验效果远远好于使用各种视频、图像或语言文字所进行的深入描述和渲染。

国际代购最大的问题是消费者和商品之间的距离太远。售后服务和产品质量自然是消费者心中难以消除的疑虑，但虚拟现实可以让消费者从视觉、听觉和触觉三个方面获得较好的购物体验，增加购物的真实性，提高消费者的信任度。

如果消费者担心他们不会使用购买的产品，就可以通过虚拟现实技术观看“现场直播”。

随着5G和虚拟现实技术的飞速发展，虚拟现实海外采购已成为未来的发展趋势。在跨境电子商贸平台方面，卖家可直接与海外代理商合作，利用辅助传感器和计算机图形学系统，在本地创造一个互动的三维购物环境。此时，消费者只需要戴上虚拟现实眼镜，就可以走进海外商店，选择他们想要的产品。

当前，淘宝平台已经推出了全新的购物方式Buy＋。Buy＋使用虚拟现实技术突破时间和空间的限制，真正做到了随时随地去购物。例如，用户想买一个沙发，借助VR眼镜，可虚拟把沙发放在家里的情境，沙发的大小和颜色一目了然，不再需要担心商品属性不合适的问题。阿里巴巴工程师现在已经完成了数百个非常详细的大宗商品模型，下一步将开发标准化工具，为企业实现快速批量3D建模，敢于尝试的新企业很快就能够为用户提供虚拟现实购物选项。

虚拟现实技术可以降低消费者的“挫折率”，大大减少退货频率。同时，丰富的虚拟现实产品库可以满足跨境消费者对更高的产品的需求，弥补线下实体店的空间和时间不匹配的缺陷。

章节练习

1.简述虚拟现实的定义及其发展历程。

2.列出虚拟现实的硬件设备。

3.简述虚拟现实在跨境电商里面的价值与表现。

第三章
跨境电商产品建模技术

学习目标

1.熟悉 3Ds Max 软件各工具的使用。
2.了解 3Ds Max 软件的建模方式。
3.掌握跨境电商产品三维模型的制作方法与流程。

能力目标

1.掌握虚拟仿真三维模型的制作技术与技巧。
2.掌握 3Ds Max 软件中各工具在建模中的运用。
3.掌握产品案例模型结构的制作方法。

思政目标

1.了解相关领域现状，培养敢于创新、善于创造的精神。
2.提高技能水平和职业素养。
3.培养严谨细致、诚恳敬业的职业道德品质。

学习重点

1.对 3Ds Max 软件的认识与使用。
2.跨境产品虚拟仿真初级建模技术。
3.运用 3Ds Max 软件中各工具进行产品模型结构的制作。

随着现代科技的不断进步与发展，二维信息的展示方式已经不能满足人们的日常信息展示需求，三维展示方式已经成为信息展示的主流，而虚拟仿真技术作为三维展示方式中的一门新兴技术，也已受到人们的广泛关注。对于跨境电商平台而言，虚拟仿真技术创造出来的三维“虚拟产品”更能够让人们足不出户就获得身临其境的购物体验。

3.1 3Ds Max 软件简介

虚拟仿真技术主要是通过三维建模技术来呈现的，在三维建模中最常用的软件是 3Ds Max。3D studio Max 简称 3D Max 或 3Ds Max，是基于电脑系统的三维建模、动画及渲染等制作软件。虚拟现实跨境电商商城是采用虚拟现实建模技术生成可交互的三维购物环境。消费者戴上虚拟现实设备就能“看到”3D 真实场景中的商铺和商品，实现各处商场随便逛、各类商品随便试用的目的。而虚拟现实跨境电商商城和商城里面的商品在生成交互之前基本都需要首先通过 3Ds Max 制作出来。

3.1.1 3Ds Max 的应用

3Ds Max 广泛应用于建筑设计、室内设计、影视动画、广告设计、游戏设计等领域，是三维设计师在工作中不可或缺的一款软件。

随着技术的发展，3Ds Max 现已出现了多个版本，本书采用了现阶段应用最广泛的 3Ds Max 2016，如图 3-1-1 所示。

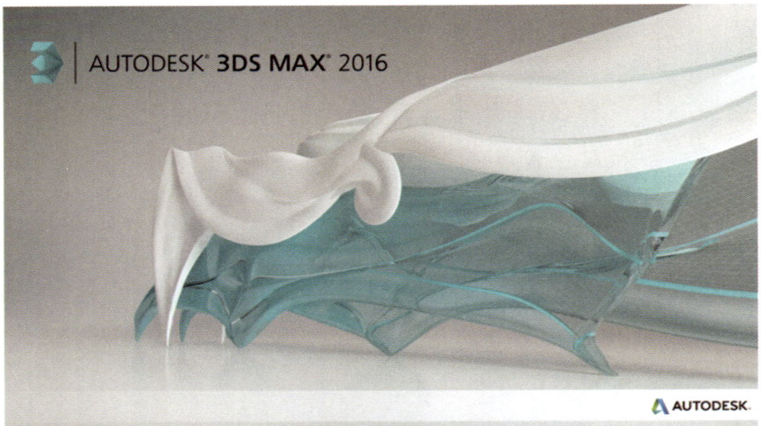

图 3-1-1　3Ds Max 2016 的欢迎界面

3.1.2 3Ds Max 的工作界面

3Ds Max 的工作界面由标题栏、快速工具栏、菜单栏、工作视图、命令面板、动画面板、视图控制区、工具图标栏、辅助信息栏等组成，如图 3-1-2 所示。

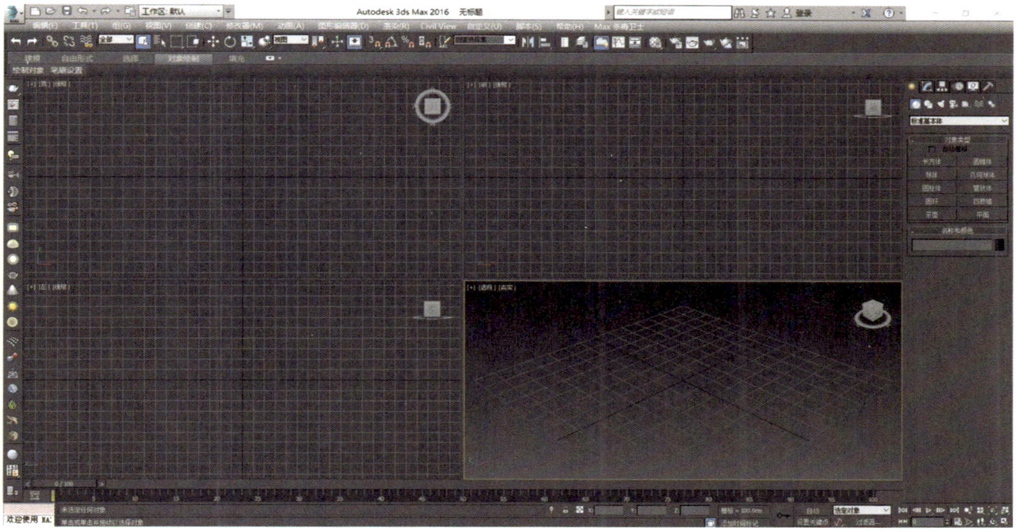

图 3-1-2 3Ds Max 的工作界面

3.1.3 3Ds Max 的功能

1.标题栏

标题栏可以展示当前创建场景文件的名字，如图 3-1-3 所示。

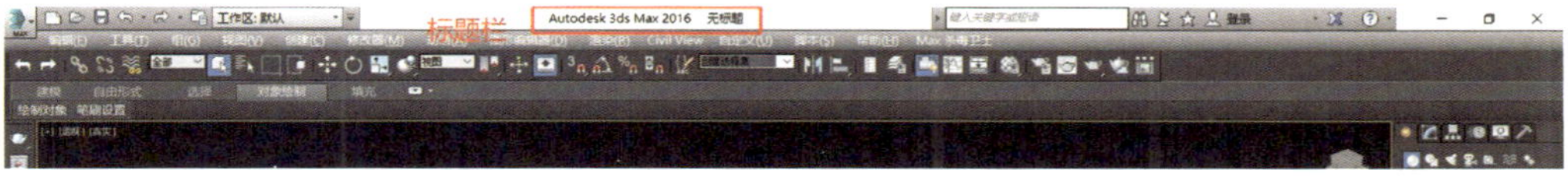

图 3-1-3 标题栏

2.快速工具栏

快速工具栏包含打开、新建、保存文件、重做、撤销等按钮，如图 3-1-4 所示。

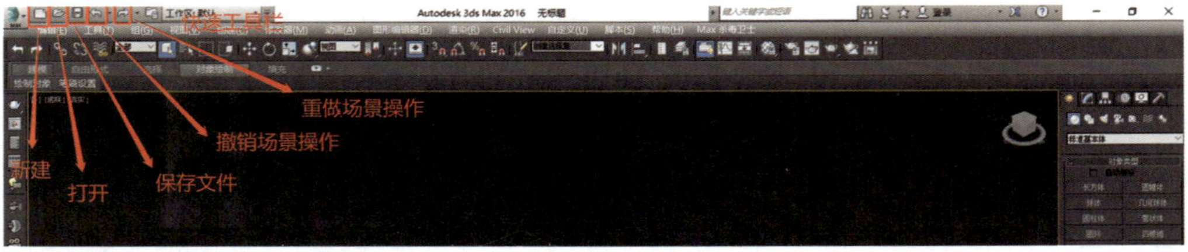

图 3-1-4　快速工具栏

3.菜单栏

菜单栏主要包含以下几个菜单选项卡(见图 3-1-5 至图 3-1-7):

(1)编辑:用于编辑场景对象,可以进行复制、删除、选定、临时保存等功能操作。

(2)工具:主要操作场景对象,包括常用的制作工具。

(3)组:将多个物体合为一个组,或者将一个组分解为多个物体。

(4)视图:用于控制视图的显示方式,设置视图的相关参数。

(5)创建:用于创建几何体、图形、灯光、摄像机、骨骼等。

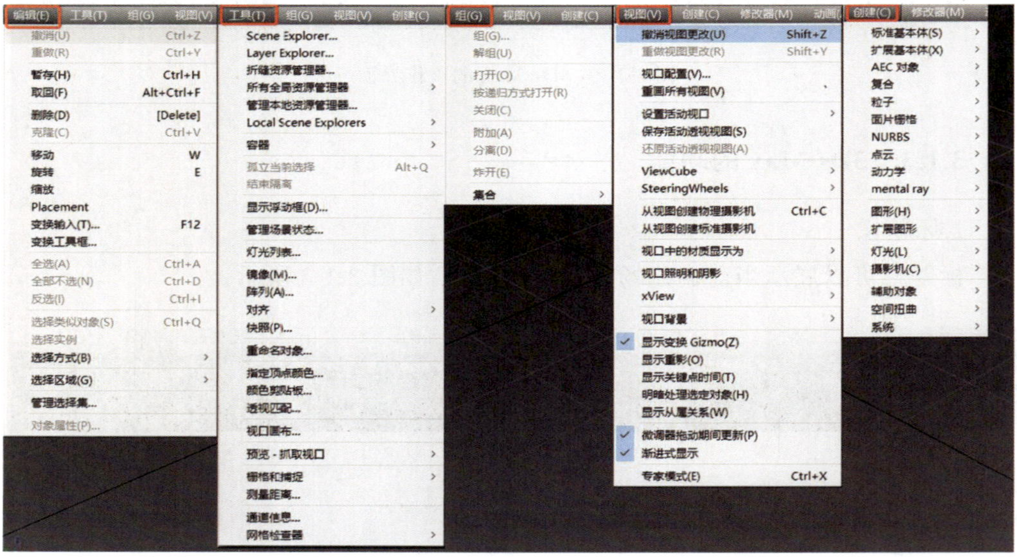

图 3-1-5　菜单栏(1)

(6)修改器:用于场景对象加载修改。

(7)动画:用于制作动画。

(8)图形编辑器:用图形化轨迹视图等方式表达场景对象的关系。

(9)渲染:用于设置渲染参数及场景的环境效果。

(10)Civil View:内置插件。

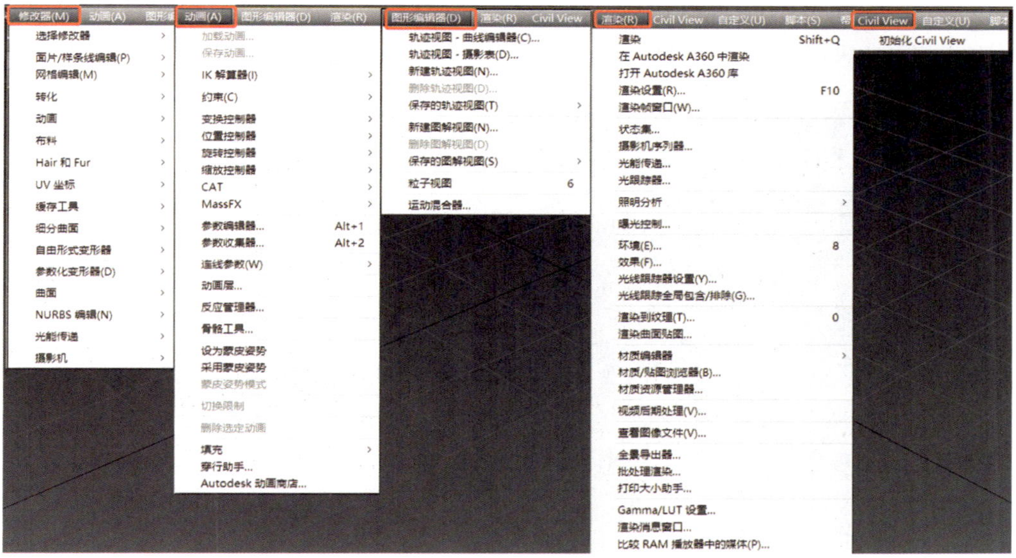

图 3-1-6　菜单栏(2)

(11)自定义:用于更改用户界面及设置 3Ds Max 的首选项。

(12)脚本:创建、打开和运行脚本。

(13)帮助:提供帮助信息、学习途径与资源。

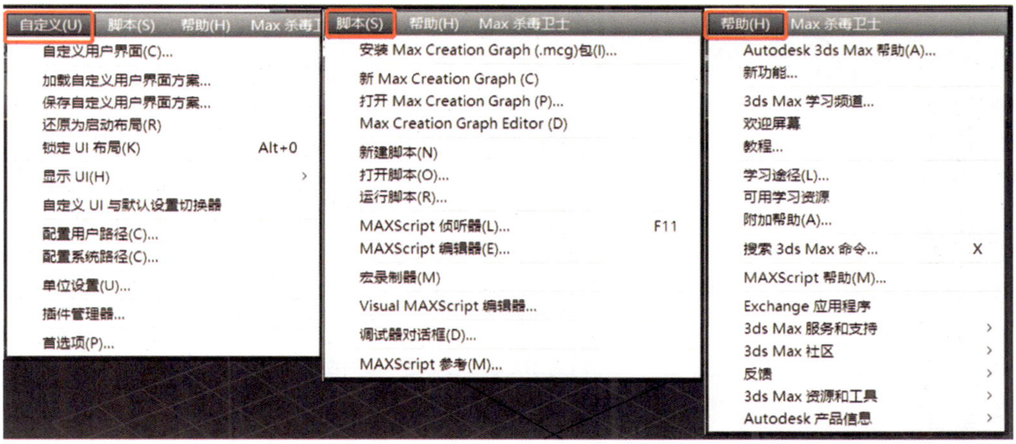

图 3-1-7　菜单栏(3)

4.工作视图

工作视图即工作界面，默认视图窗口有前视图（快捷键：F）、顶视图（快捷键：T）、左视图（快捷键：L）和透视图（快捷键：P），如图 3-1-8 所示。

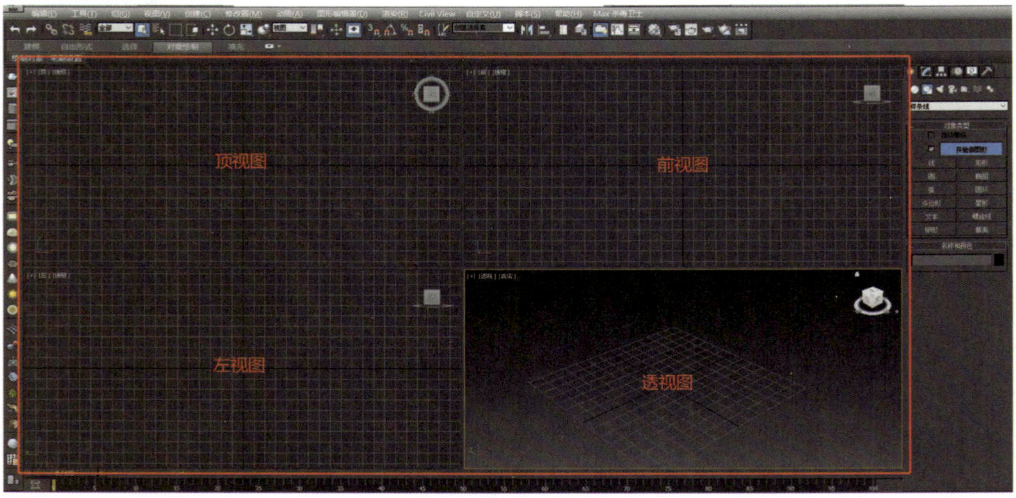

图 3-1-8　工作视图中的默认视图

除此之外，视图窗口还包括底视图、后视图、右视图和正交视图，每个视图都可以进行自由切换，方便操作与观察，如图 3-1-9 所示。

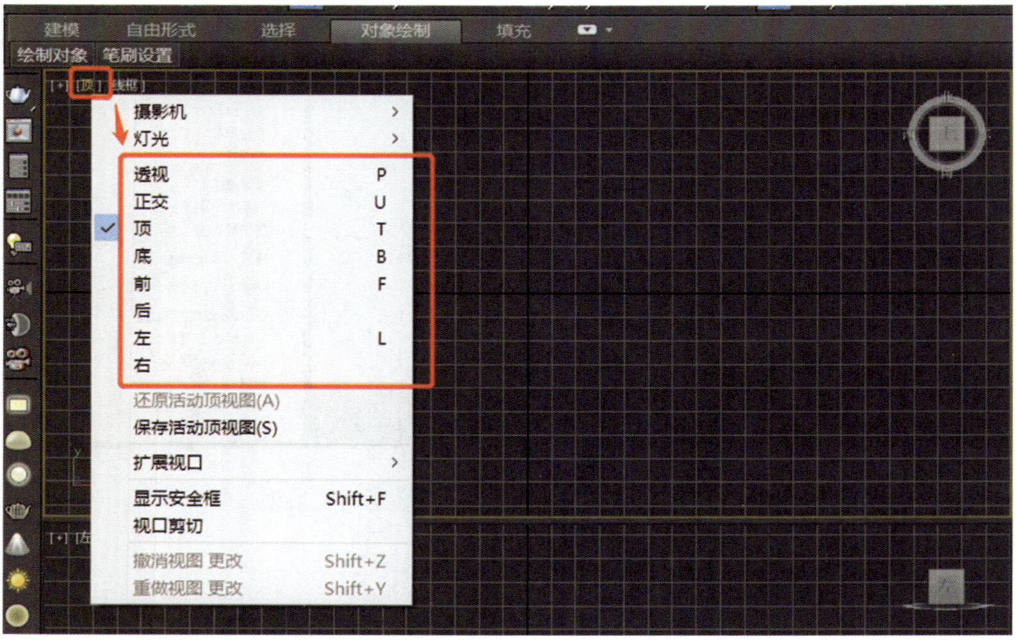

图 3-1-9　工作视图中的其他视图

在 3Ds Max 中切换到单一视图进行操作，可以单击视图右下角的“最大化视图”按钮，或者按组合快捷键 Alt+W 放大选择窗口，如图 3-1-10 所示。

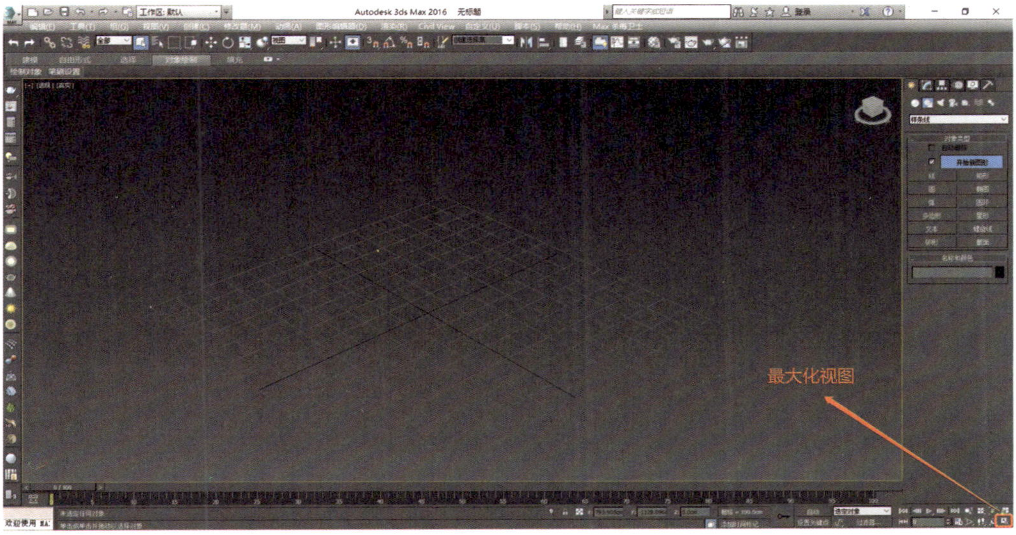

图 3-1-10　最大化视图

5.命令面板

3Ds Max 中常用的命令面板有创建、修改、层次、运动、显示、实用程序等，如图 3-1-11 所示。

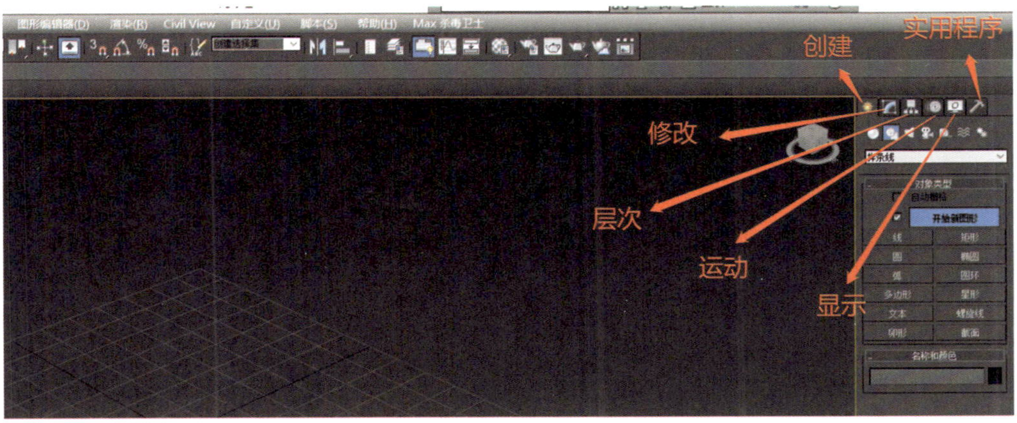

图 3-1-11　命令面板

6.动画控制区

动画控制区可以进行动画制作，控制动画帧数，如图 3-1-12 所示。

图 3-1-12　动画控制区

7.状态栏

在设计模型时，状态栏会显示鼠标所在的当前坐标。

8.视图控制区

在设计模型时，可以用视图控制区中的视图控制按钮控制物体，便于观察，如图 3-1-13 所示。

图 3-1-13　视图控制区

3.1.4　3Ds Max 的建模方式

所谓“建模”，是指将二维空间中制作的效果图作为参考转换为三维立体效果图，即将照片中的物体制作成三维效果图进行展示。建模是 3Ds Max 软件工具运用中最主要、最有难度的部分，熟练掌握建模方式以及常用工具，是建模者必备的基本技能。

3Ds Max 软件中的建模工具和建模方式有很多，建模方式可以分为基础建模和高级建模两大类。其中，基础建模包括几何体建模、2D 图形建模和复合物体建模等，高级建模主要包括多边形建模、曲面/面片建模（Surface/Patch 建模）和非均匀有理 B 样条（NURBS）建模等。在实际操作中，建模方式都是相辅相成、综合运用的。

1.基础建模

（1）几何体建模。基本几何体建模包括长方体、球体、圆柱体、圆环、圆锥体等，可以迅速搭建简单的场景，用途非常广泛，一些形状比较标准的物体可以直接采用几何体建模生成，建模示例如图 3-1-14 所示。

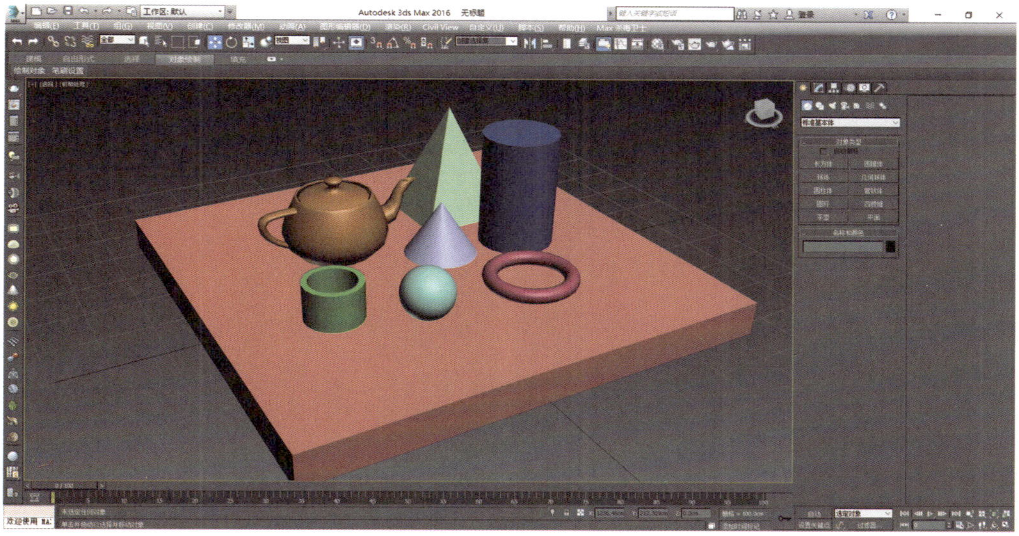

图 3-1-14　几何体建模示例

(2)2D 图形建模。2D 图形建模主要包括样条线、矩形、圆、椭圆和多边形等二维图形。创建二维图形后,可以通过编辑修改器中的修改命令对二维图形进行修改,从而创建出所需的三维模型。在操作的过程中常用的修改器工具有挤出、车削和放样等,建模示例如图 3-1-15 所示。

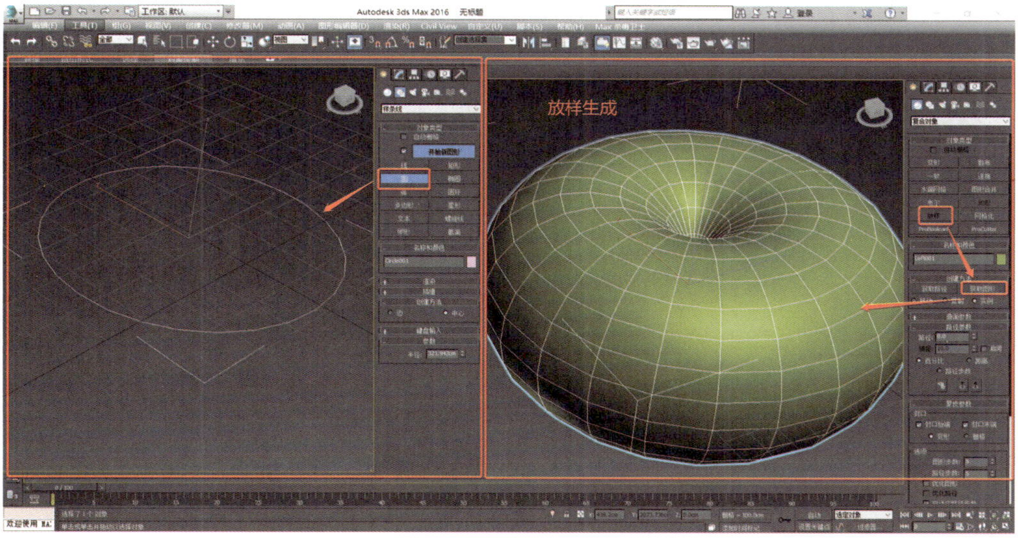

图 3-1-15　图形建模示例

(3)复合物体建模。复合几何体建模是一种很高效的建模方式,可以用一个或两个及以上的三维几何体或者二维几何体,创建出另外一个三维几何体,常用的工具有放样和布尔运算，建模示例如图 3-1-16 所示。

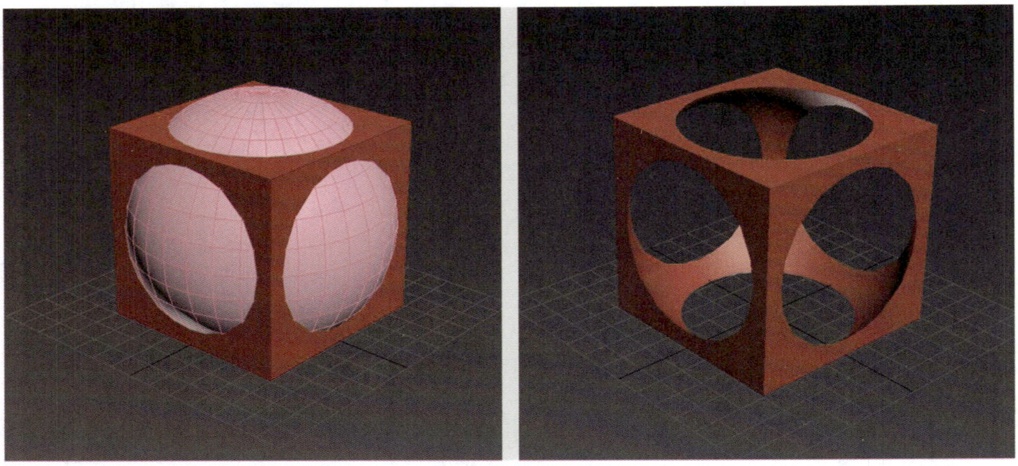

图 3-1-16　复合几何体建模示例

2.高级建模

(1)多边形建模。多边形建模是建模方式中一种传统的建模方式，是将几何体转换为可编辑多边形后再进行编辑制作的方式。多边形建模通过修改点、线、面建出更加复杂的三维模型，建模示例如图 3-1-17 所示。

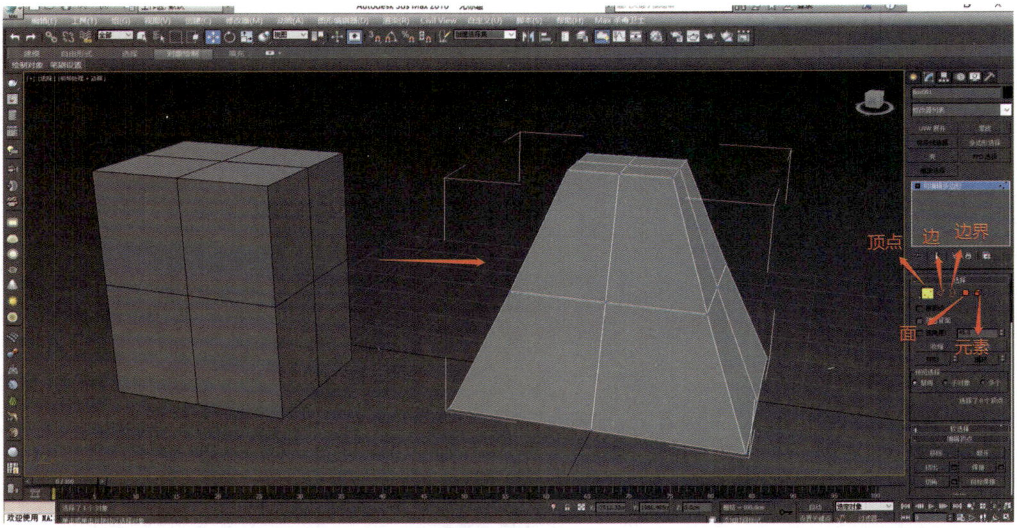

图 3-1-17　多边形建模示例

(2)Surface/Patch 建模。曲面建模是介于多边形建模和面片建模之间的一种表面建模方式。面片建模是将图形转换成面片再进行编辑制作，从而生成不同模型的方式。

(3)NURBS 建模。NURBS 是非均匀有理 B 样条(Non-Uniform Rational B-Splines)的缩写,此建模方式应用比较广泛,可以通过控制点来调节表面的曲度,自动计算出光滑的表面精度,多适用于一些表面比较光滑的物体建模,如汽车、动物等。NURBS 建模需要先创建若干 NURBS 曲线,然后将这些曲线连接成所需的曲面物体或者利用相应的工具进行修改,创建出较为复杂的曲面物体,建模示例如图 3-1-18 所示。

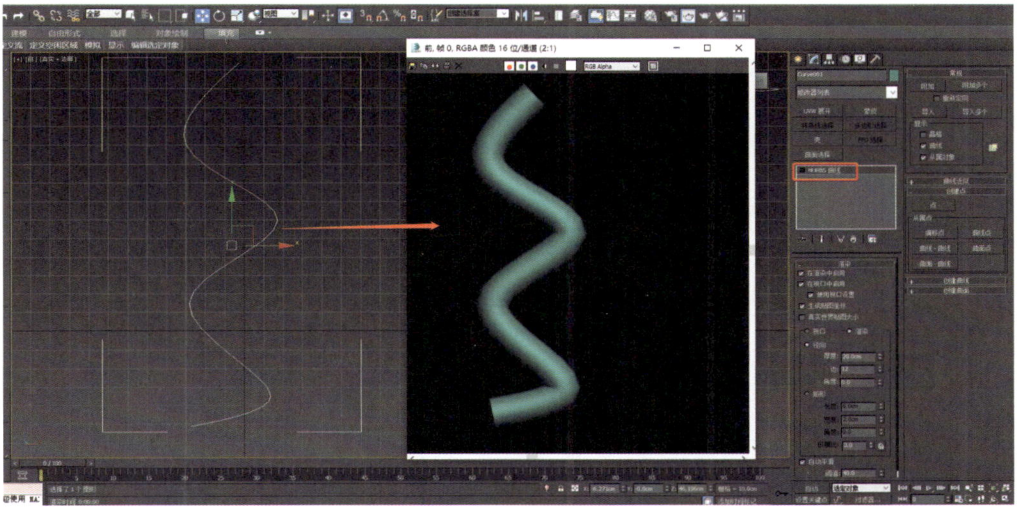

图 3-1-18 NURBS 建模示例

在 3Ds Max 中,建模方式有很多,每种建模方式都有其独有的特点和优势,在建模时,人们可以根据创建模型的特点选择最合适的建模方式,达到完美的建模效果。

3.2 3Ds Max 初级建模

3.2.1 建模案例描述

口红在跨境电商产品中是相对比较常见的产品,本节主要以仿真口红制作为主要内容,展示产品的三维效果,其中包含了口红主体模型制作和口红盖模型制作。

口红案例参考图如图 3-2-1 所示,具体的建模步骤流程将在下面的章节中进行详细的介绍。

图 3-2-1　口红案例参考图

3.2.2　主体结构建模

主体结构即 BODY，下面主要从基础结构、细节结构两方面介绍模型的制作方法和过程。

1.基础结构模型制作

在进行模型制作之前，先对软件中的单位进行设置，单击“自定义”→“单位设置”，进入“系统单位设置”界面，将单位调整为“厘米”，并查看精度，然后单击“确定”，如图 3-2-2 所示。

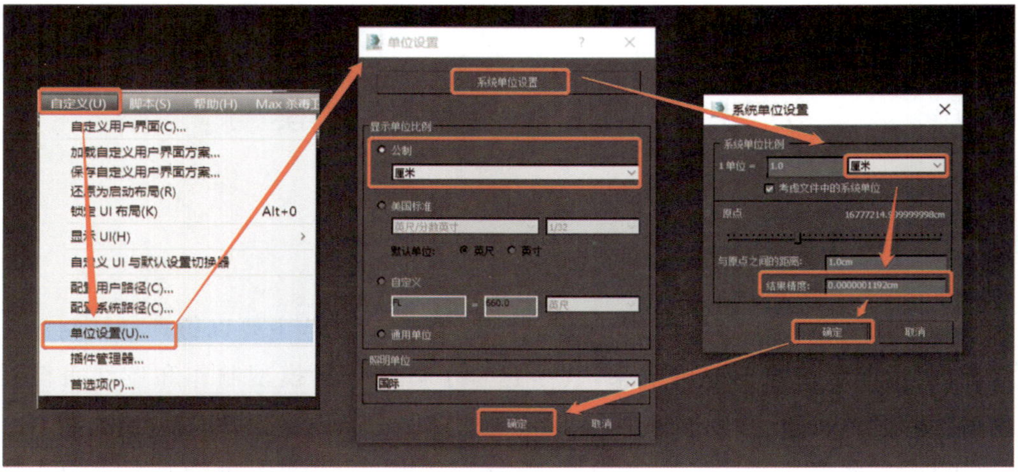

图 3-2-2　单位设置

将参考图放在旁边作参考，仔细观察参考图中口红的大体形状，根据对参考图中口红结构的分析进行模型制作。

第一步：新建一个圆柱体，高度分段为 3，并且将其轴心点（x，y，z）设为（0，0，0），如图 3-2-3 所示。

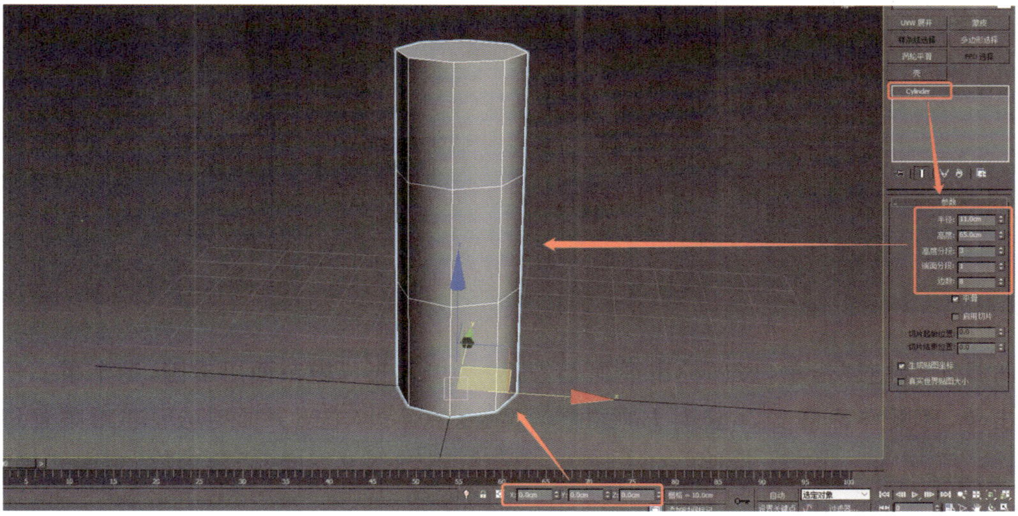

图 3-2-3　x、y、z 的参数设置

第二步：将圆柱体转换为可编辑的多边形，根据口红大体形状对圆柱体进行结构调整，如图 3-2-4 所示。

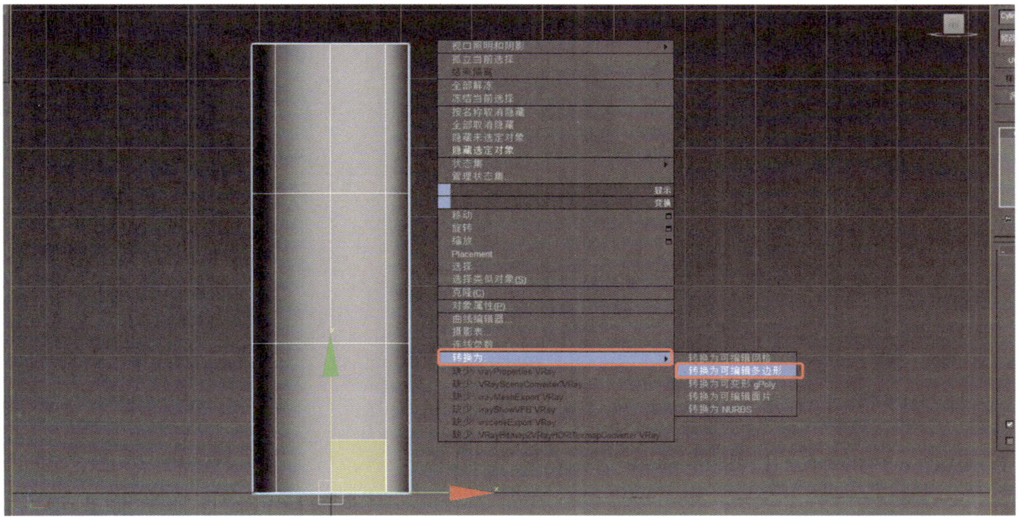

图 3-2-4　对圆柱体进行结构调整

按快捷键 F 进入前视图，选择模型，进入顶点层级，选择相应的顶点用“缩放”工具进行调整，如图 3-2-5 所示。

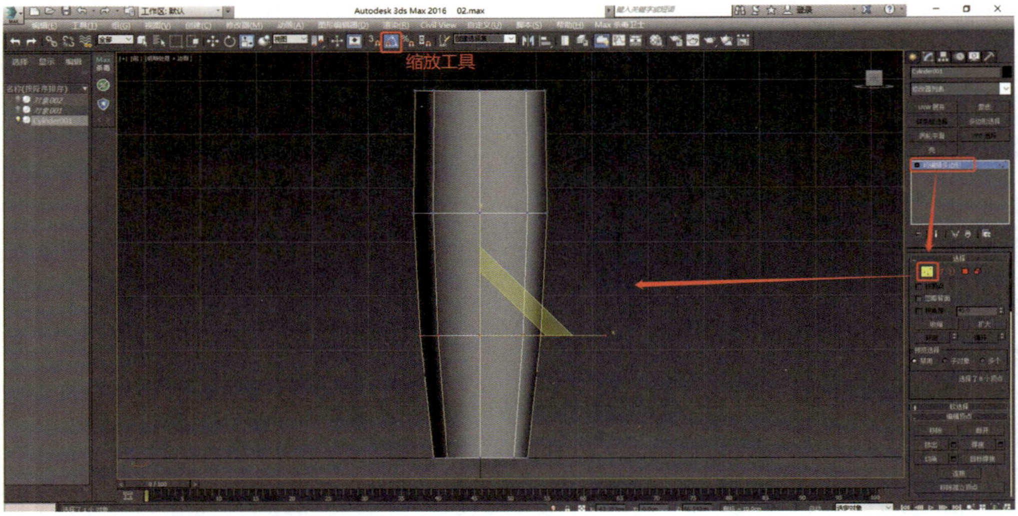

图 3-2-5 结构缩放(1)

除了底部为圆形以外，口红的其他外部结构稍有些棱角，可以在相应的点用“缩放”工具进行缩放调整，如图 3-2-6 所示。

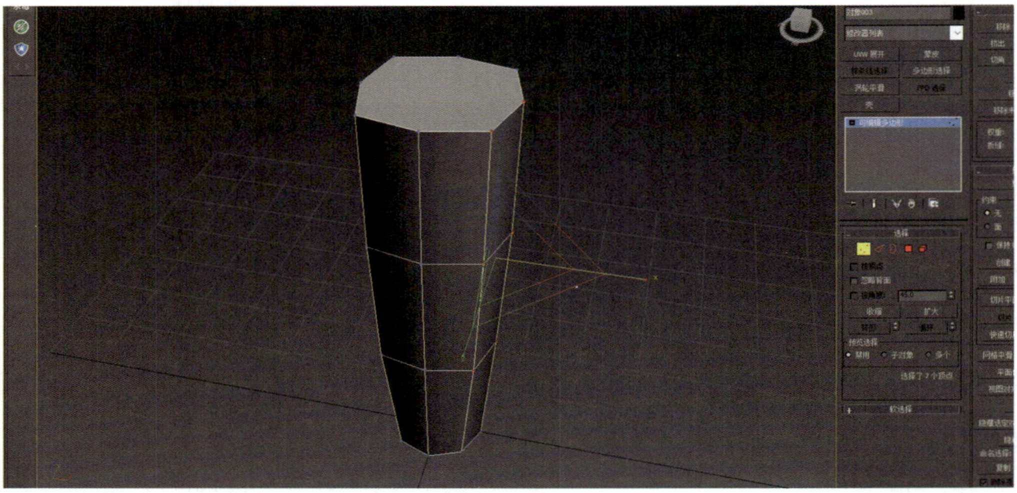

图 3-2-6 结构缩放(2)

2.细节结构模型制作

进入多边形层级，选择顶部面，按 Delete 键将其删除，效果如图 3-2-7 所示。

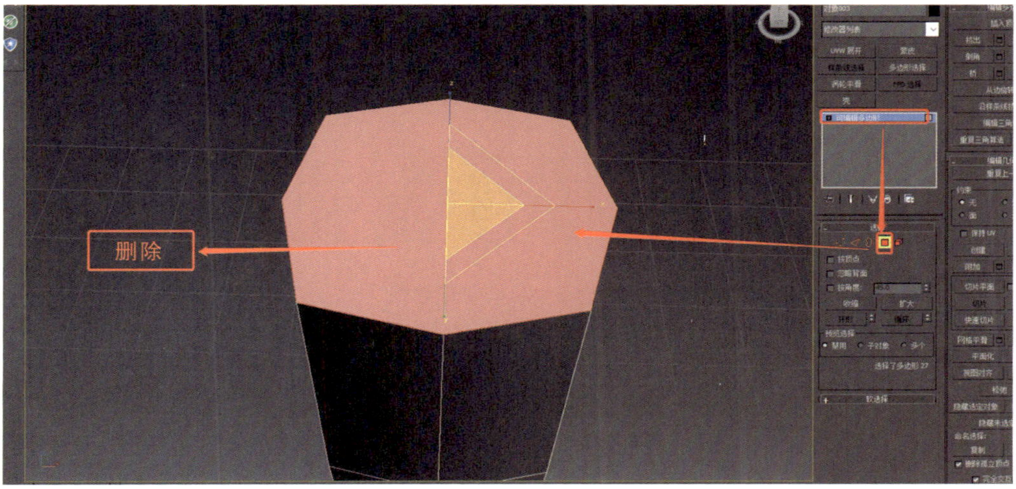

图 3-2-7 顶部面删除

进入边界层级，选择顶部边界线，用“挤出”工具进行制作（或者使用“移动”工具，同时按住 Shift 键进行结构挤出），在结构挤出的同时用“缩放”工具进行结构粗细调整，如图 3-2-8 所示。

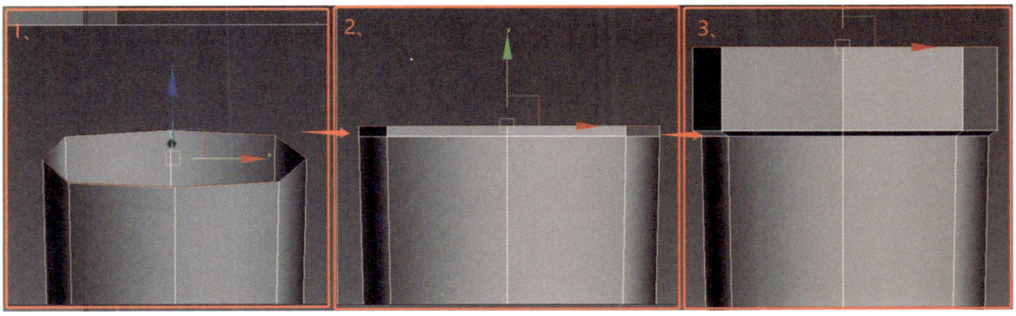

图 3-2-8 口红盖边界调整

在边层级下，继续进行结构挤出，并用“缩放”工具进行结构调整，如图 3-2-9 所示。

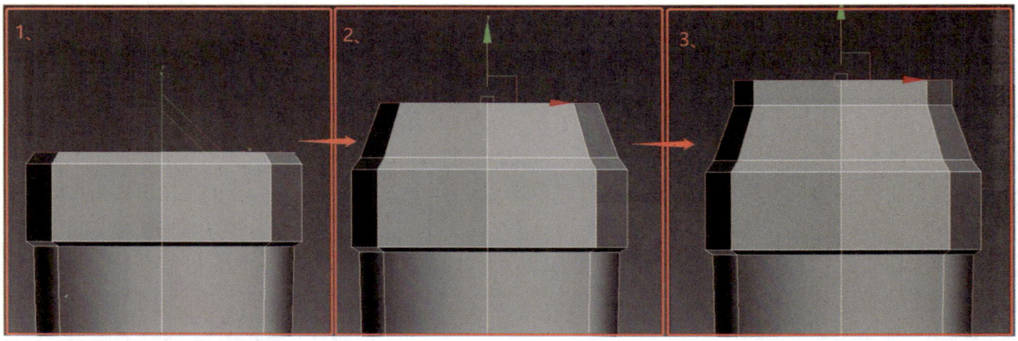

图 3-2-9　口红盖边调整

通过“挤出”工具的操作，整个帽子部分的结构形状如图 3-2-10 所示。

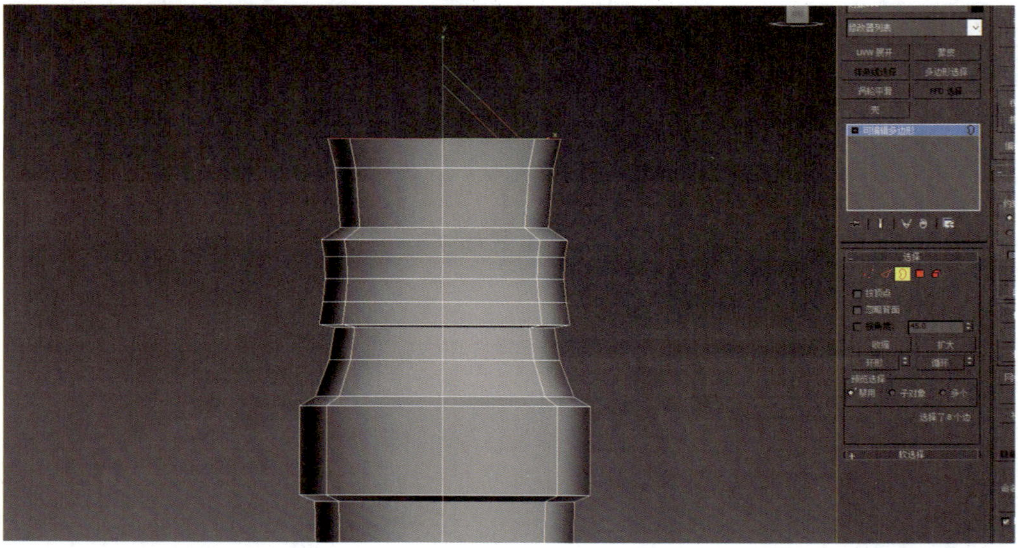

图 3-2-10　口红盖整体结构展示

口红顶部结构制作：首先进入边界层级，选择顶部的边，用“挤出”工具向内侧挤出结构，再单击“塌陷”工具对内侧边进行结构塌陷操作，如图 3-2-11 所示。

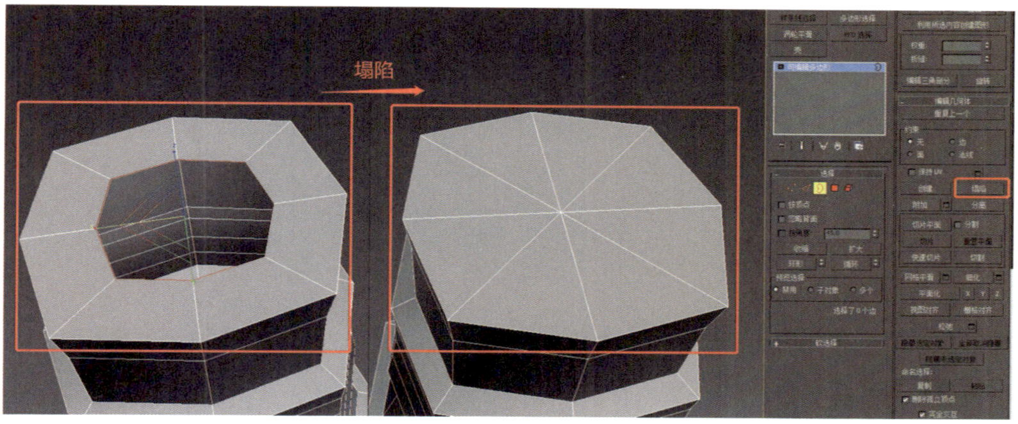

图 3-2-11　口红盖顶面结构制作

口红底部结构制作：由于在创建圆柱体时底部没有进行线条连接，这里可以采用“切割”工具添加边线。也可以采用以下制作方法：进入多边形层级，选择底部面，按 Delete 键将其删除；进入边界层级，选择边，用“挤出”工具向内侧挤出结构，最后用“塌陷”工具进行结构塌陷操作，效果如图 3-2-12 所示。

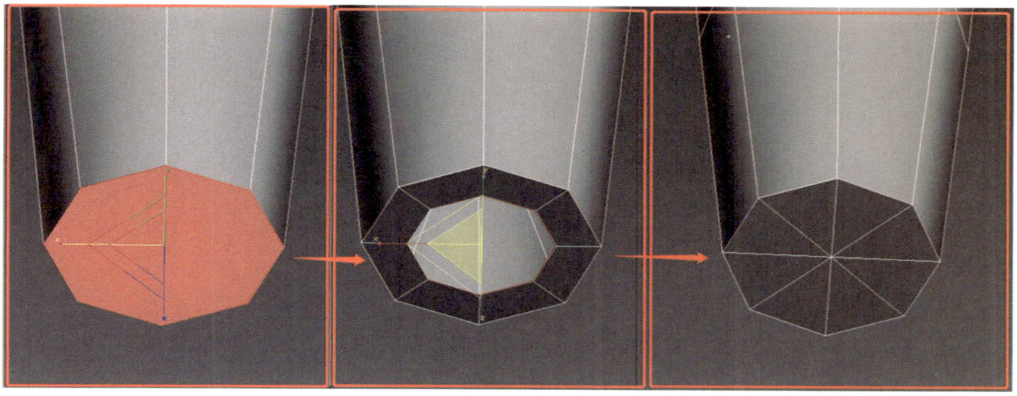

图 3-2-12　口红底部结构制作

3.2.3　口红盖结构建模

1.基础结构模型制作

根据对参考图的分析，口红顶部的结构为一个圆环，可采用样条线的方法进行制作。创建“圆”样条线，在设置中选择“在渲染中启用”与“在视口中启用”，这样圆形就会显示为一个实体模型，再选择“矩形”，并在设置中进行相应调整，适当调节数值来体现模型的长度、宽度以及半径，如图 3-2-13 所示。

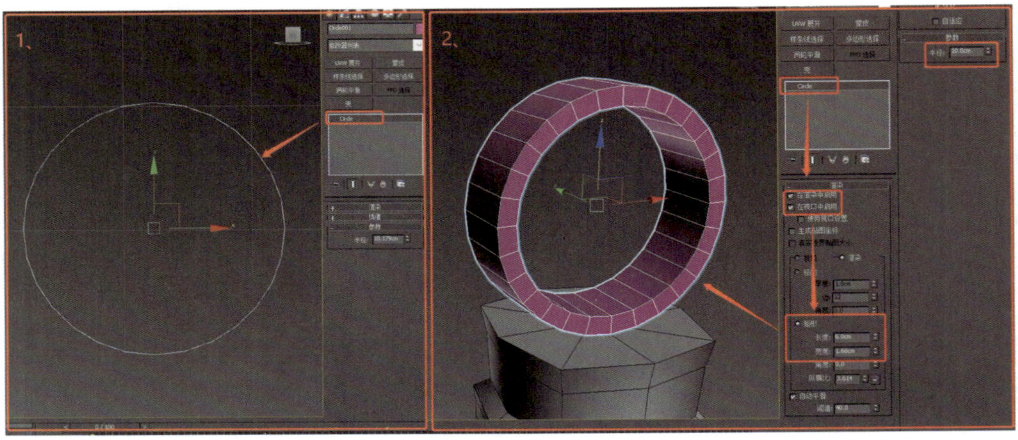

图 3-2-13　圆环结构的创建

选择模型，右击鼠标→选择“转换为”→“转换为可编辑多边形”，对模型进行结构制作。由于口红模型为左右对称，因此可以将其制作为镜像模型，再进行模型制作。进入多边形层级，选择模型的一半结构，按 Delete 键进行面删除，保留另一半的结构，方便后期镜像，如图 3-2-14 所示。

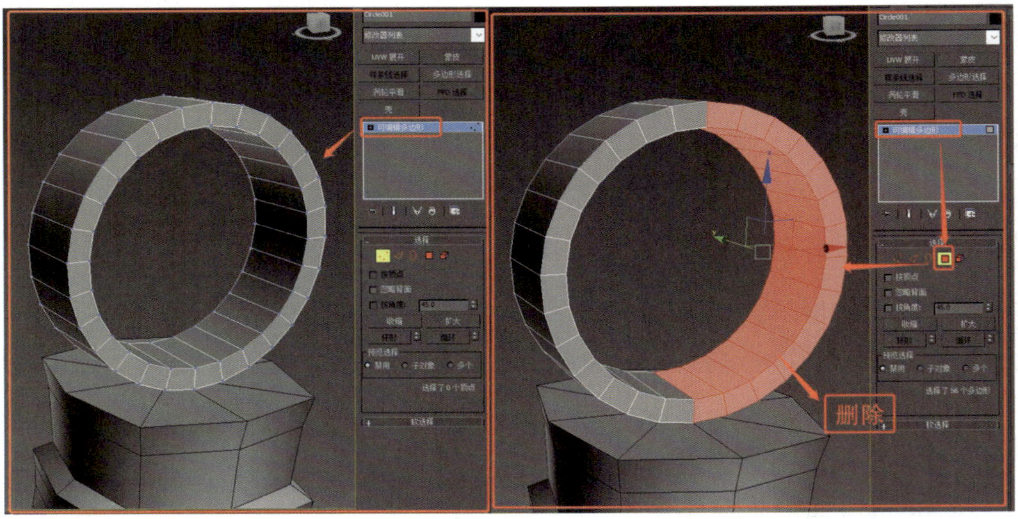

图 3-2-14　圆环模型结构删除

选择模型，在视图窗口下方将模型轴心点的 x、y 坐标调整为 0、0，将模型放在视图正中间。进入“镜像：屏幕坐标”，选择“实例”→单击“确定”，这样在调整一半模型结构的同时，另一半也会同时得到调整，效果如图 3-2-15 所示。

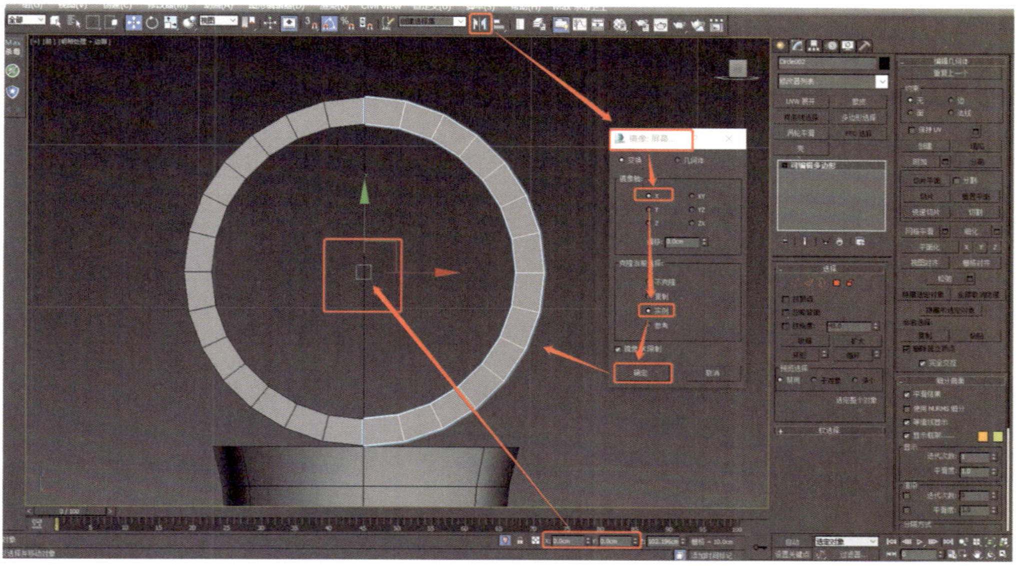

图 3-2-15　圆环模型镜像操作

2.细节结构模型制作

根据圆环模型上下结构粗细的不同，进入顶点层级，选择相应的顶点，用“移动”工具进行结构调整，这样口红顶部的圆环模型就制作完成了，效果如图 3-2-16 所示。

图 3-2-16　圆环的完整模型结构展示

开始整体模型的平滑组设置，进入元素层级，选择所有的多边形，单击“多边形：平滑组”，数值设置为3（此数值可随机设置），将整个模型给到同一个平滑组；接下来，进入多边形层级，选择模型中不相邻的转折面，再单击“多边形：平滑组”，数值设置为2（此数值可随机设置），这样相邻的两个结构面就会出现转折，结构也相对比较明确，如图3-2-17所示。

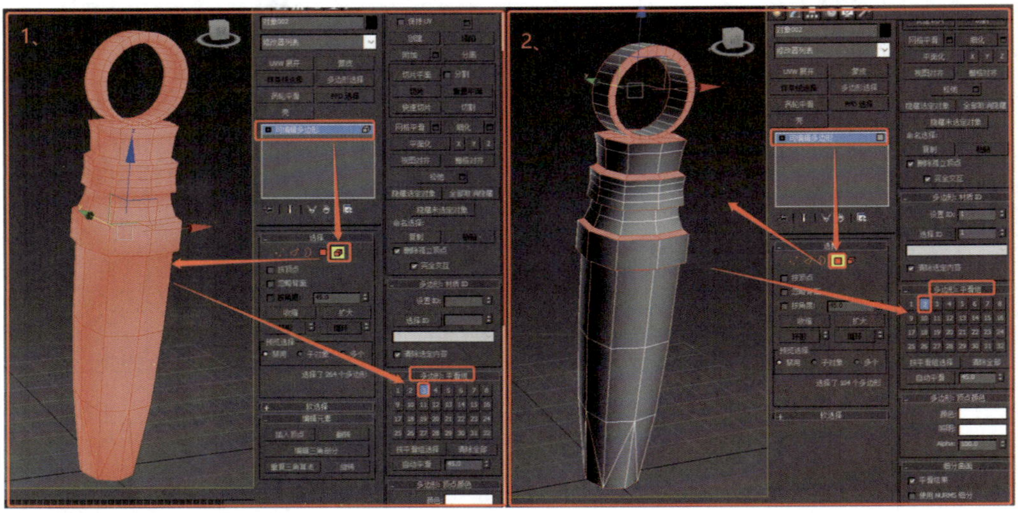

图3-2-17　平滑组的调整与使用

最终，整个口红的模型效果如图3-2-18所示。

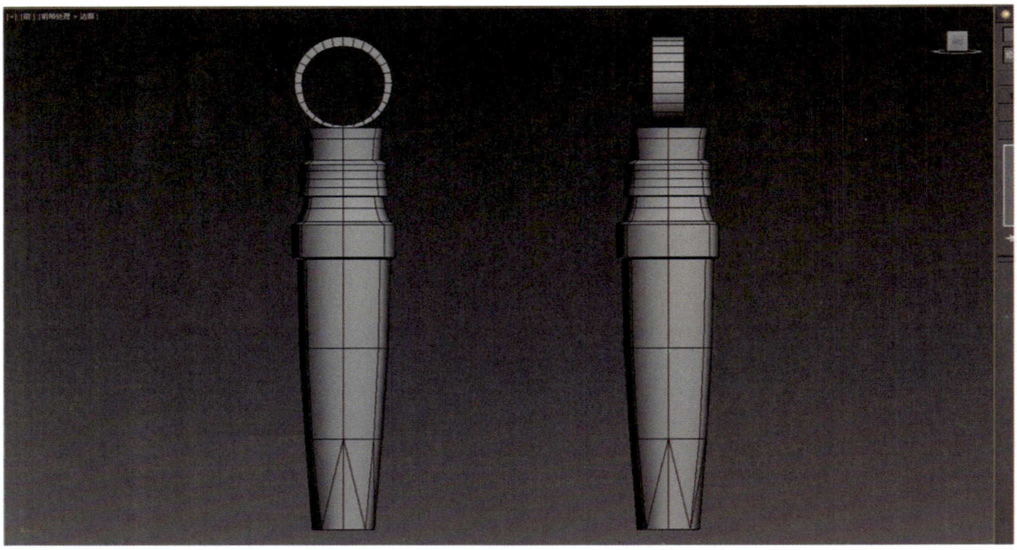

图3-2-18　口红模型最终完成效果展示

3.3 产品案例素材制作

本节将通过跨境电商产品女士手提包的三维模型制作来介绍具体的虚拟现实产品的模型制作方法与技巧,参考图如图 3-3-1 所示。

图 3-3-1 手提包案例参考图

3.3.1 产品主体模型制作

跨境产品手提包的主体包含包身结构、包盖结构两部分。

1.手提包包身结构制作

第一步,打开 3Ds Max,同时将手提包的参考图放在一侧作为参考,方便对照观察;单击菜单栏中的“自定义”→“单位设置”→“系统单位设置”,将系统单位设置为“厘米”,最后单击“确定”,如图 3-3-2 所示。

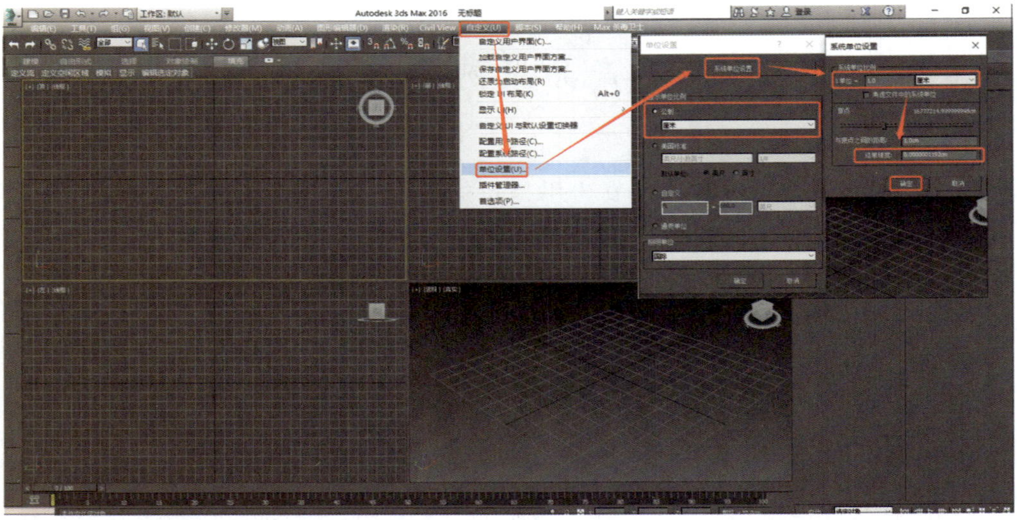

图 3-3-2 单位设置

第二步，选择透视图，按快捷键 Alt+W，将视图切换到 3Ds Max 透视图，单击"创建"命令面板上的"长方体"按钮，在透视图中拖动创建一个长方体，并修改参数，长度为 20cm，宽度为 60cm，高度为 40cm，长度分段为 2，宽度分段为 2，高度分段为 1，如图 3-3-3 所示。

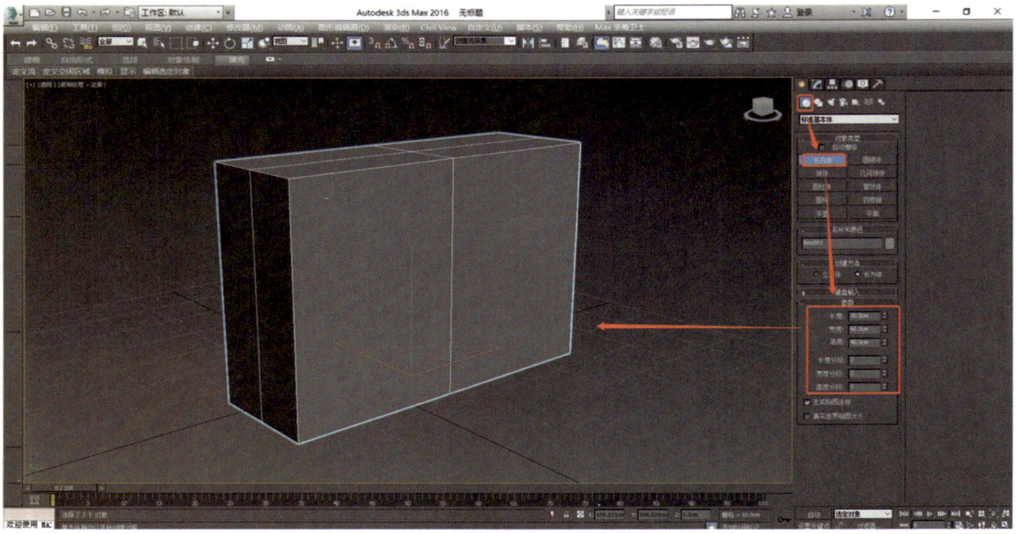

图 3-3-3 长方体的创建

第三步，选择模型，右击鼠标，把模型转换为可编辑多边形，以方便对模型结构进行编辑操作，如图 3-3-4 所示。

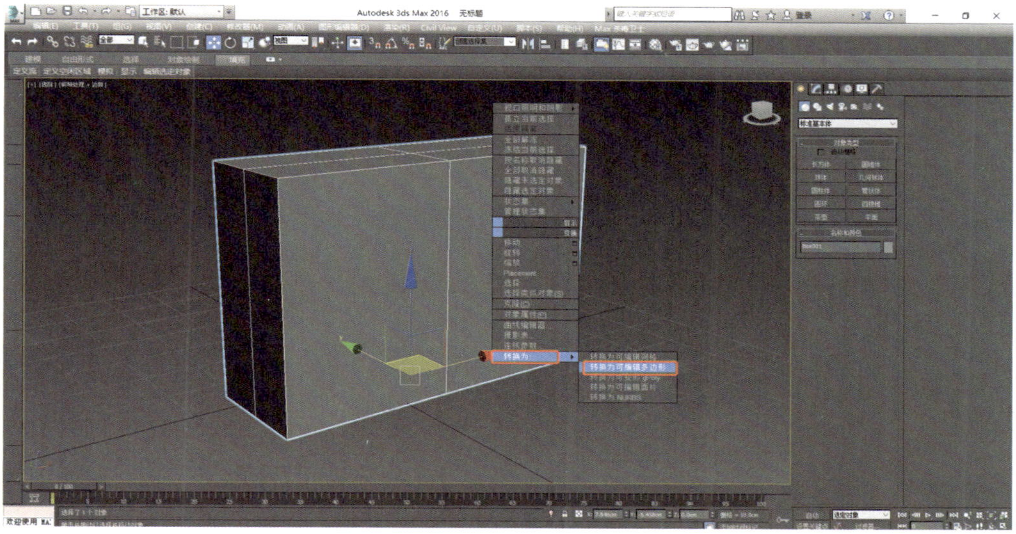

图 3-3-4　可编辑多边形转换

第四步，单击“移动”工具，将模型轴心点的 x、y、z 坐标分别设置为 0、0、0，这样模型就放在了视图的中央，方便模型制作[可将模型显示设为半透明(按快捷键 Alt+X)，方便观察]，如图 3-3-5 所示。

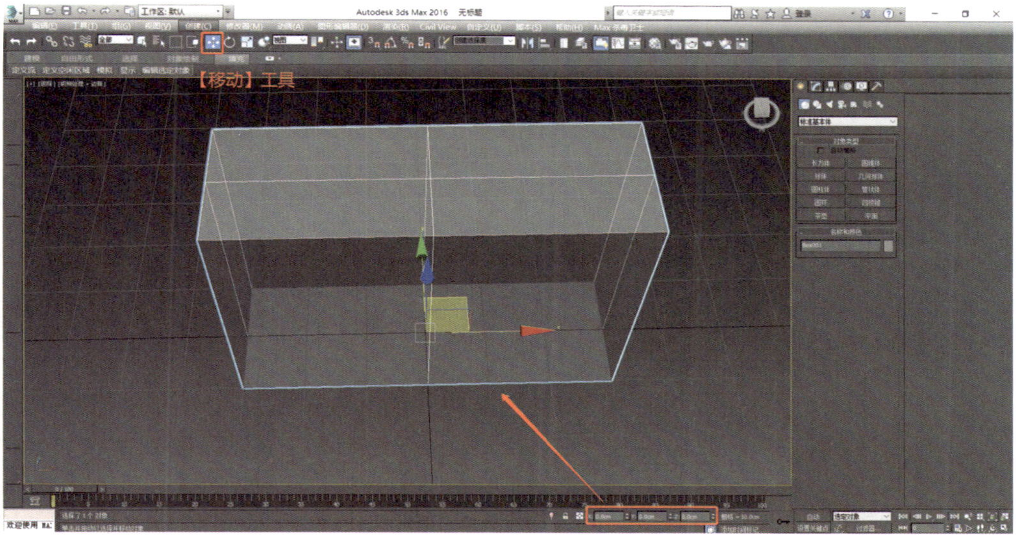

图 3-3-5　模型半透明显示

第五步，进入可编辑多边形的顶点层级，根据手提包的侧面大体结构进行结构调整，选择底端的所有顶点，进入左视图，用“缩放”工具，在 x 轴方向进行放大，左视图与透视图的效果如图 3-3-6 所示。

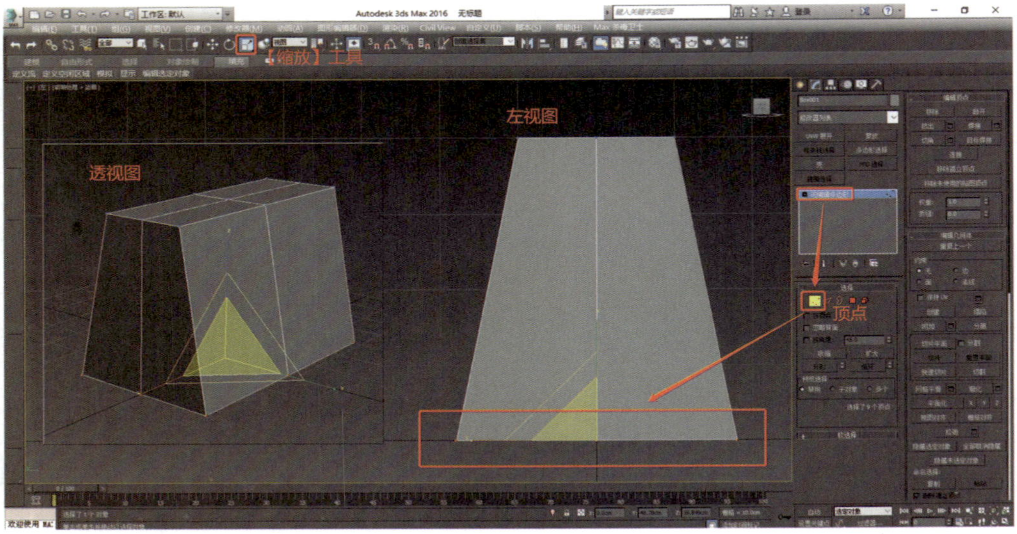

图 3-3-6　包身大体结构调整

第六步，根据对参考图中手提包主体结构的分析，发现其结构左右相同、前后也相同，这样就可以采用镜像的方式进行结构制作。

首先进入可编辑多边形的多边形层级，并进入前视图，单击并拖动鼠标，选择模型中的一半，再按 Delete 键进行删除，如图 3-3-7 所示。

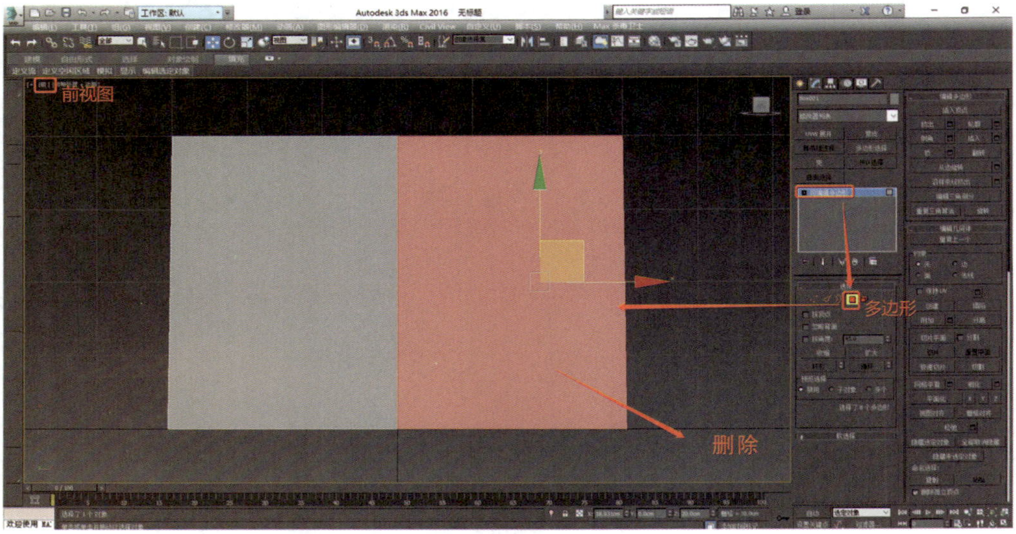

图 3-3-7　包身结构模型删除(1)

再进入左视图，选择可编辑多边形的多边形层级，单击并拖动鼠标，选择模型中的一半，再按 Delete 键进行删除，如图 3-3-8 所示。

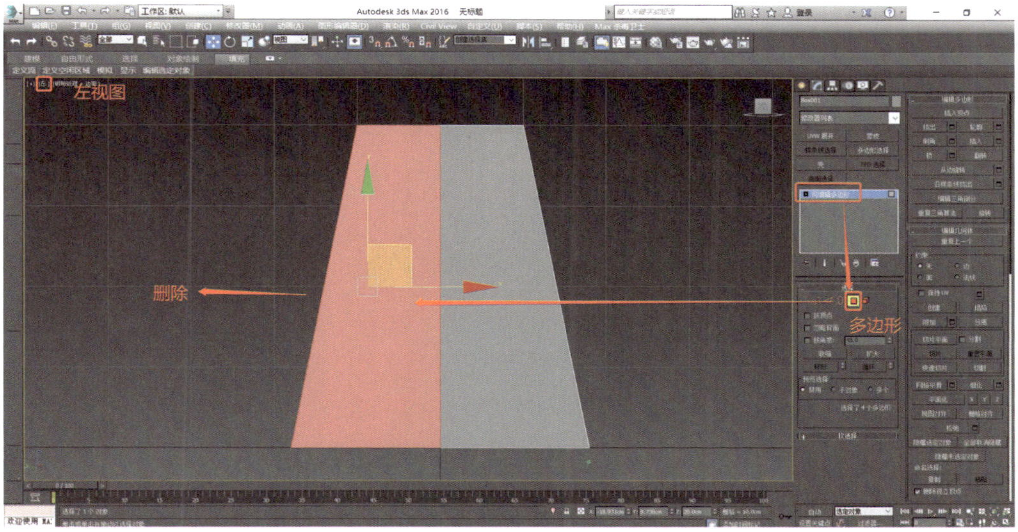

图 3-3-8　包身结构模型删除(2)

按快捷键 P 进入透视图,选择模型,单击“镜像”工具,镜像轴为 x 轴,镜像方式选择实例(选择实例镜像时,操作一半模型的结构,另外一半也会同时被操作),单击“确定”完成镜像操作,如图 3-3-9 所示。

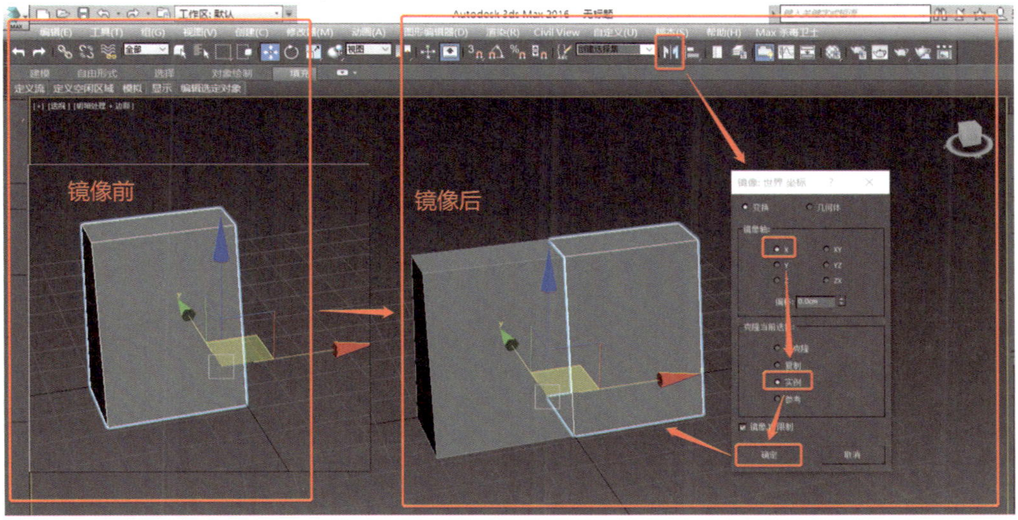

图 3-3-9　包身结构 x 轴方向镜像

运用相同的操作方法,按快捷键 L 进入左视图,单击“镜像”工具,镜像轴为 y 轴,镜像方式选择实例,单击“确定”完成侧面镜像操作。运用同样的操作步骤制作出剩余部分,最后主体部分的整体结构就制作完成了,如图 3-3-10 所示。

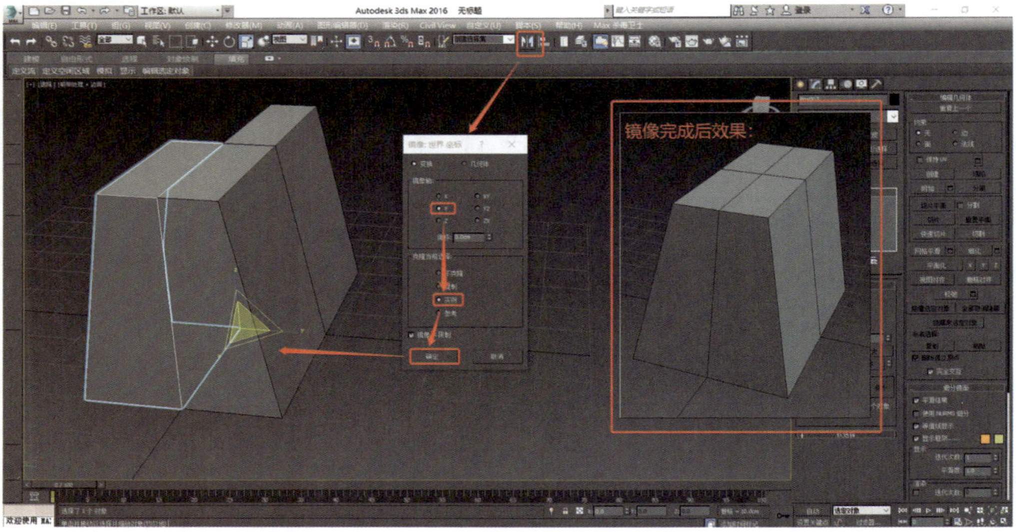

图 3-3-10 包身结构 y 轴方向镜像

第七步，制作手提包主体部分侧面结构。选择其中一部分模型，进入边层级，单击侧面一条边，再单击“环形”工具，选择一圈边，如图 3-3-11 所示。

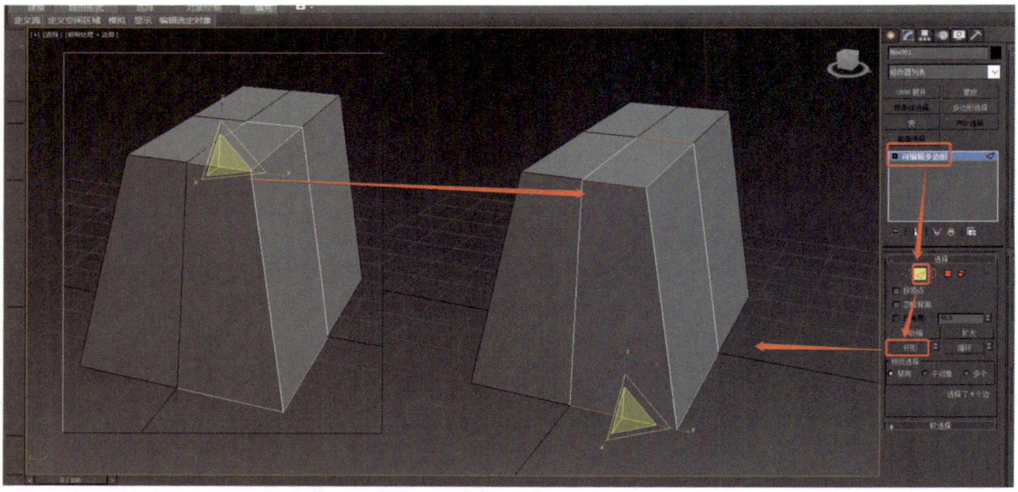

图 3-3-11 “环形”工具使用示例

接下来，单击“连接”工具的设置按钮，在弹出的对话框中，将分段数设置为 3，单击“确定”按钮，这样就可以添加所需要的边了，如图 3-3-12 所示。

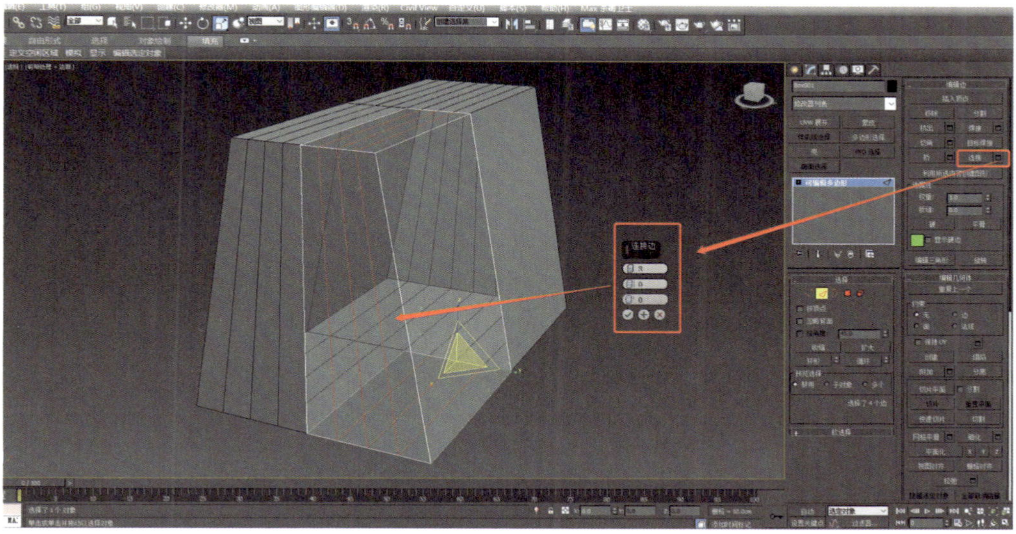

图 3-3-12　用“连接”工具添加边线

选择其中一条靠外的边，用“移动”工具往外移动一点，留出适当宽度作为手提包主体边界的厚度结构，剩余两条边用来制作手提包侧边凹进去的结构，如图 3-3-13所示。

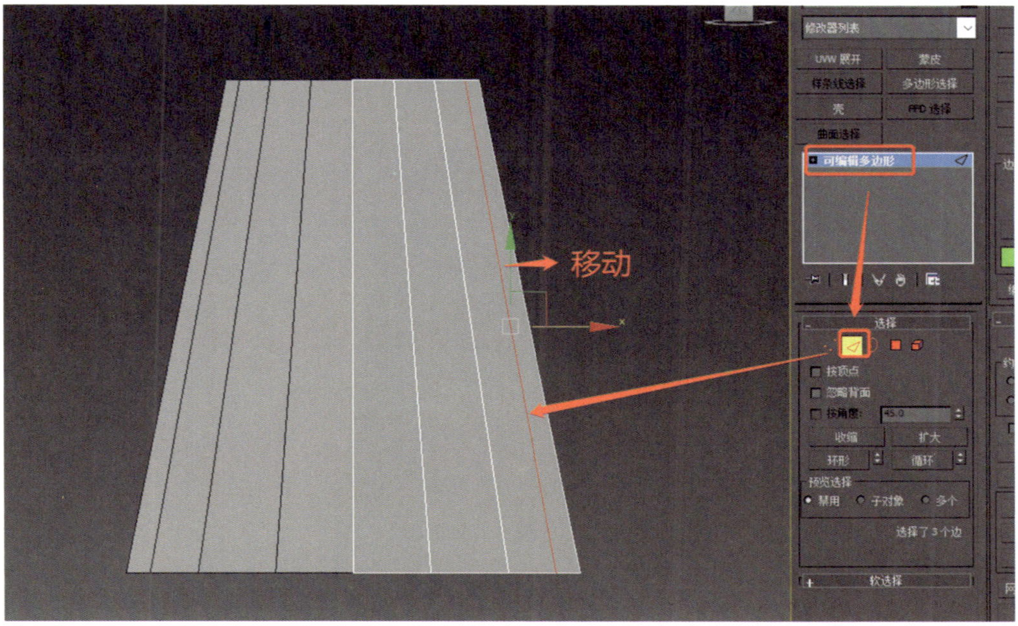

图 3-3-13　包身边界厚度结构制作

第八步，按快捷键 P，进入透视图，选择图 3-3-14 中侧面内侧的三条边，用“移动”工具将边向里移动，让其整个侧面出现凹陷结构，如图 3-3-14 所示。

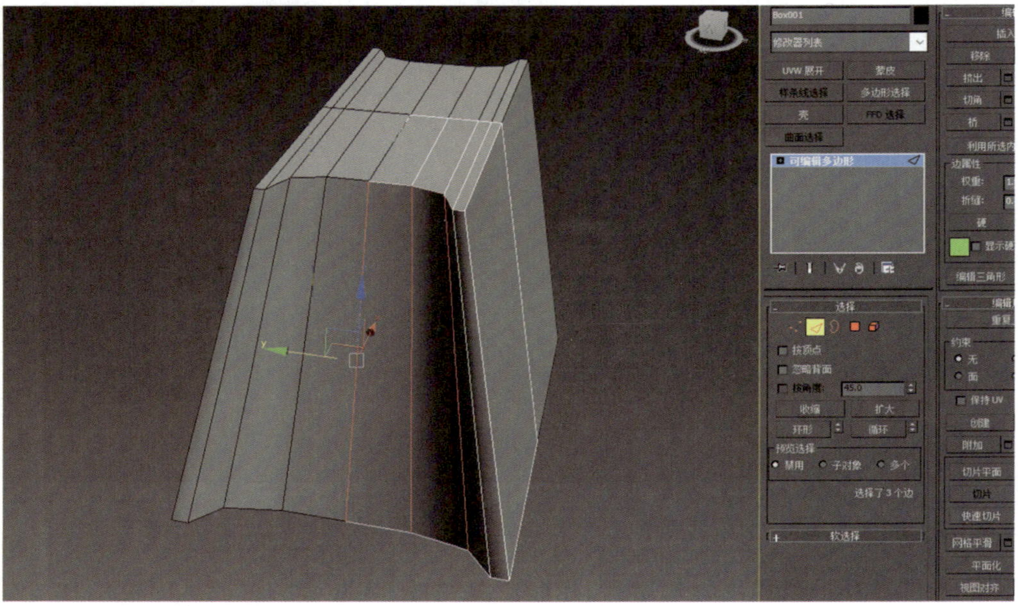

图 3-3-14　包身侧面凹陷结构制作

进入顶点层级，选择相应的顶点，用“移动”工具进行移动，将侧面结构调整出圆滑的效果，如图 3-3-15 所示。

图 3-3-15　包身侧面结构效果展示

第九步，制作底面结构。进入多边形层级，选择底部的两个面，用“移动”工具往上移动一点，将底面的凹凸结构制作出来，让其整个底面靠近边界的结构呈现支撑效果，如图 3-3-16所示。

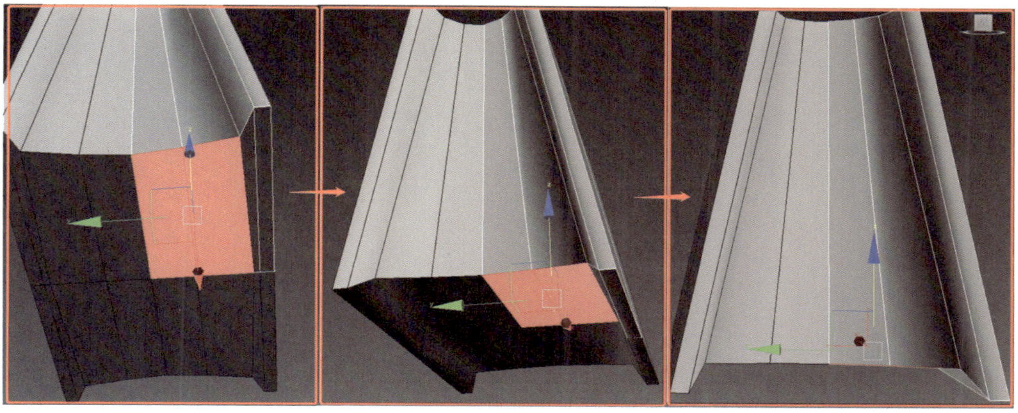

图 3-3-16　包身的底面结构制作

第十步，制作顶面结构。进入边层级，选择顶部相应的边，单击“连接”工具的设置按钮进行连接加线操作，设置边数为 1(即添加 1 条边)，位置靠近侧面，单击“√”(确定)完成操作，如图 3-3-17 所示。

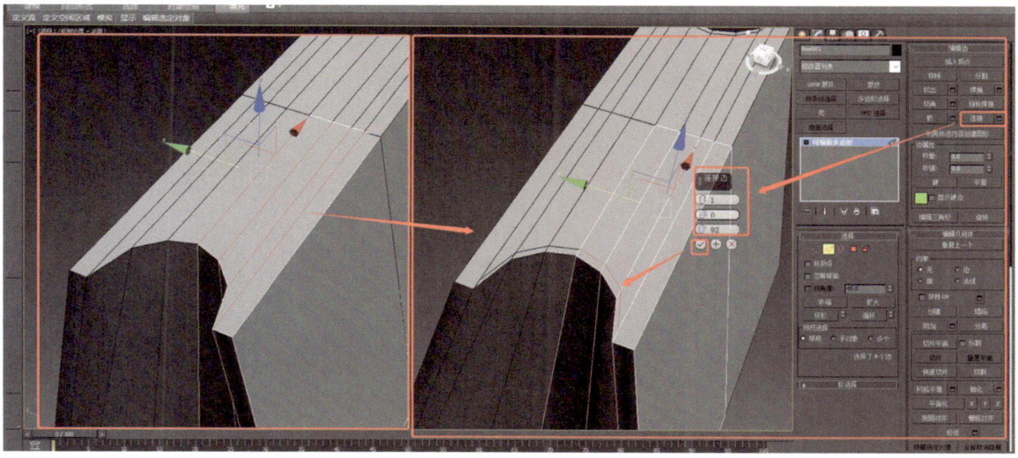

图 3-3-17　主体的顶面结构制作

然后再单击“切割”工具，在边角上进行切割加线，将五边面切割为一个三边面和一个四边面(在建模中每个面的边数不能超过 4)。进入顶点层级，用“移动”工具对顶点进行调整，直至调整出宽度大概相等的面，如图 3-3-18 所示。

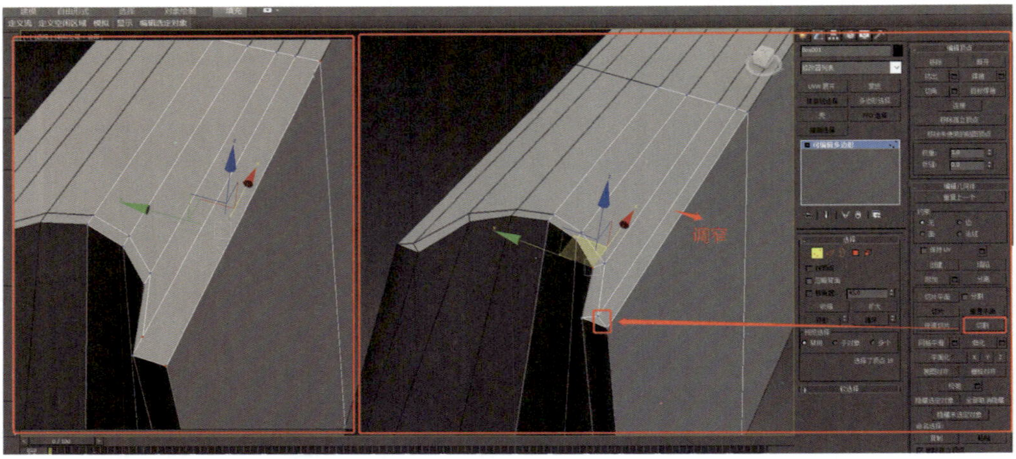

图 3-3-18　顶面结构加线

第十一步，制作手提包内部结构。进入多边形层级，选择顶部需要操作的多边形（面），单击“挤出”工具的设置按钮进行参数设置，从而挤出手提包内部结构，效果如图 3-3-19 所示。

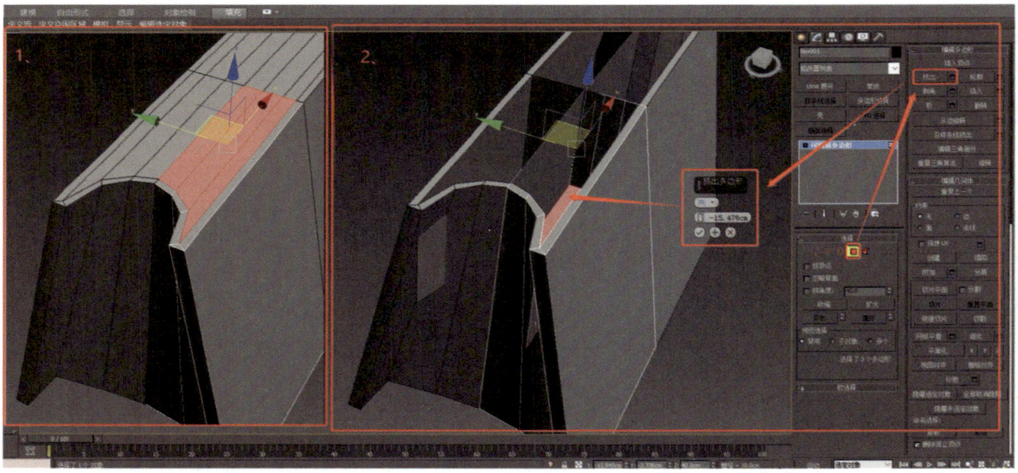

图 3-3-19　内部结构“挤出”操作

然后单击“挤出”工具进行第二次结构挤出制作，直至挤到底部，体现手提包内部结构的深度。最后进入顶点层级，选择内部挤出结构的顶点，用“移动”工具进行细节结构调整，如图 3-3-20 所示。

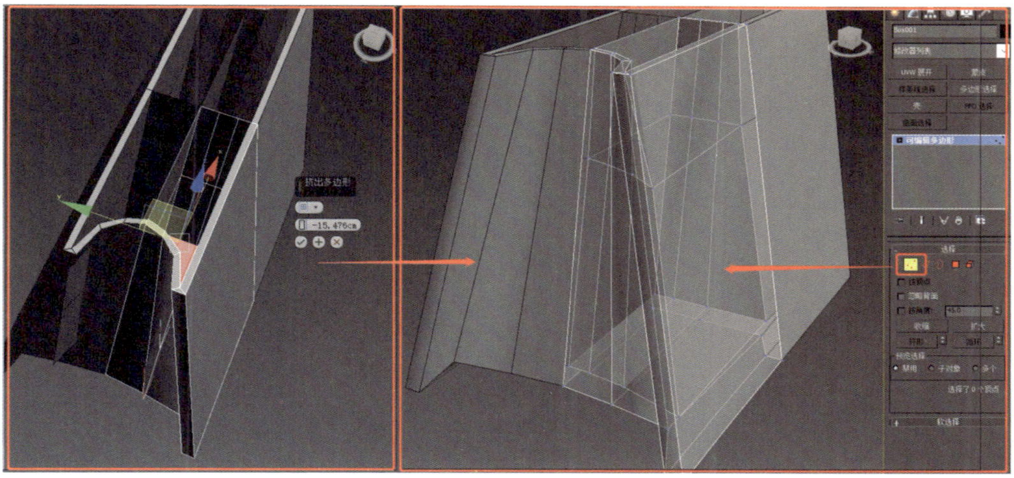

图 3-3-20　内部结构调整

再次进入多边形层级，选择在挤出操作中生成的多余的面，按 Delete 键进行删除，如图 3-3-21 所示。

图 3-3-21　多余面的删除

第十二步，进入边层级，选择模型中的纵向边，单击“连接”工具的设置按钮进行连接加线操作，连接边数的参数设置为 2(即添加两条边)，如图 3-3-22 所示。

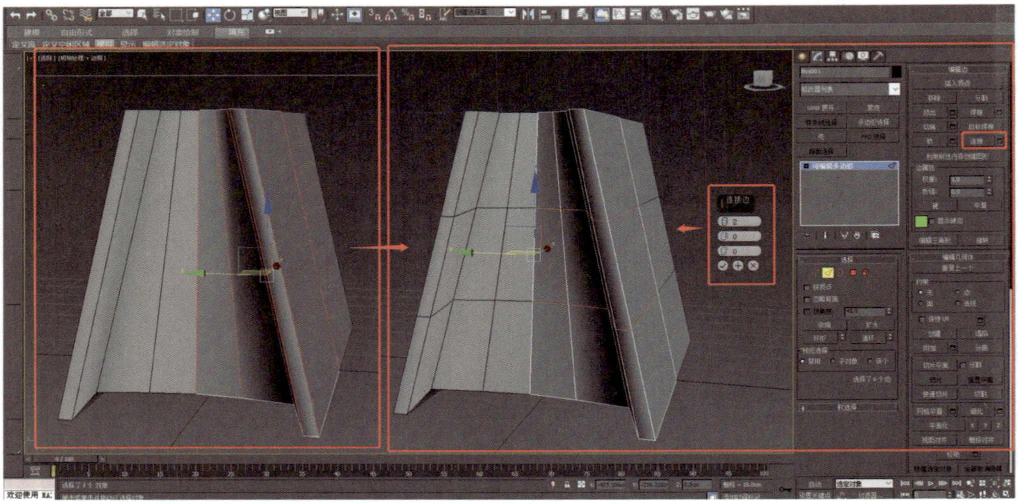

图 3-3-22　连接加线

最后进入顶点层级，选择模型中相应的顶点，用“移动”工具进行结构调整，最终完成手提包包身的模型制作，如图 3-3-23 所示。

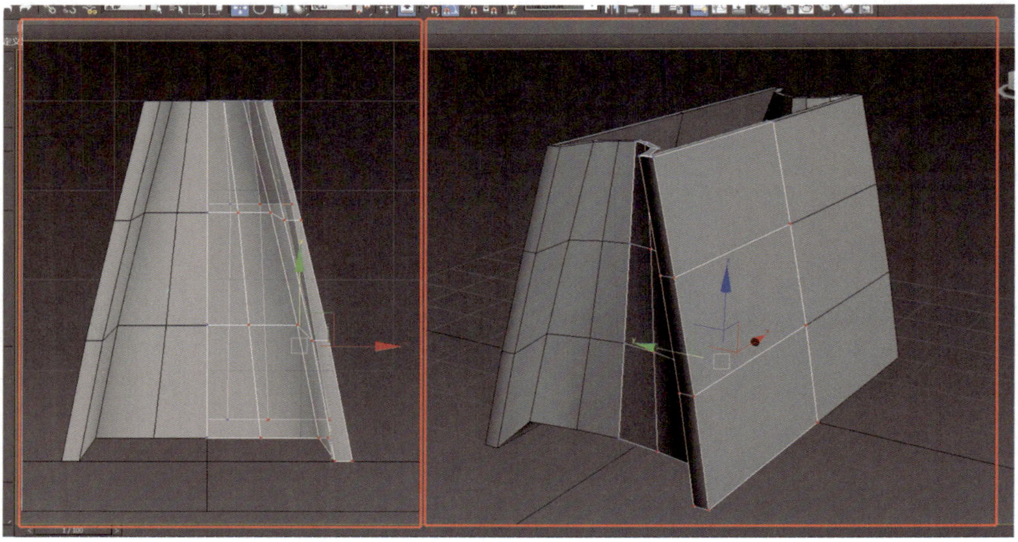

图 3-3-23　包身侧面弧度的调整

2.手提包包盖结构制作

第一步，根据参考图中包盖的形状结构，采用样条线的建模方式进行建模。进入左视图（快捷键：L），单击创建面板，在图形中选择样条线，在视图中绘制出包盖侧面的形状，最后将终结点与初始点进行重合，单击样条线，对样条线进行闭合操作，如图 3-3-24 所示。

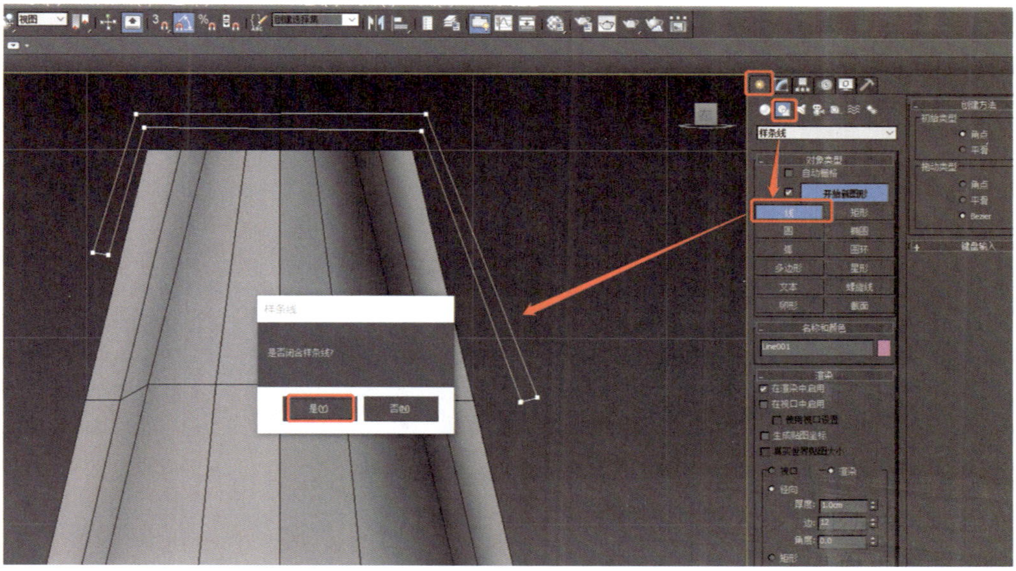

图 3-3-24　用样条线创建包盖侧面形状

第二步，进入修改面板，在编辑 Line(线)的状态下单击顶点，选择相应的顶点进行结构调整，右击鼠标→选择“转换为”→“转换为可编辑多边形”，将其转换为可编辑多边形，方便后面的操作，如图 3-3-25 所示。

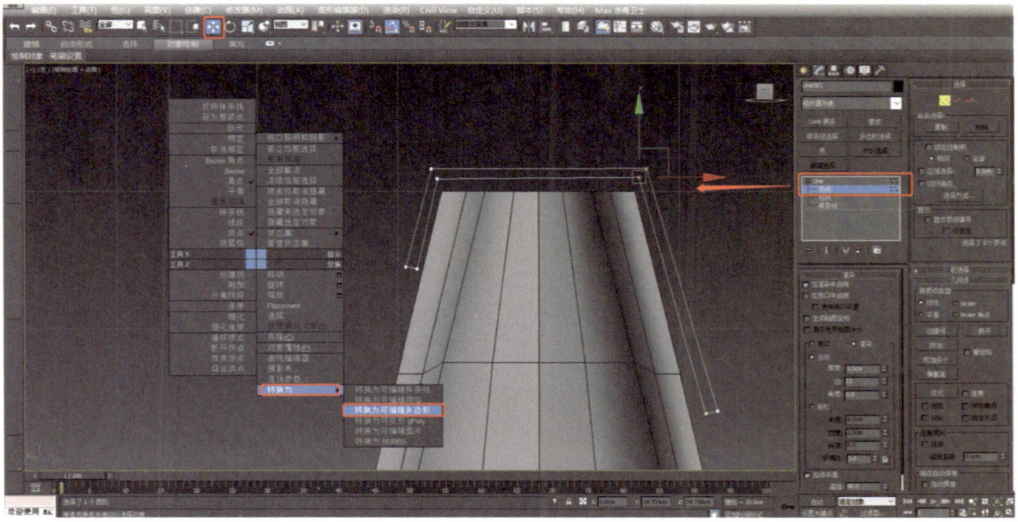

图 3-3-25　顶点的调整以及转换为可编辑多边形

第三步，在可编辑多边形状态下，在边层级或者顶点层级中，用“切割”工具切割连线,如图 3-3-26 所示。

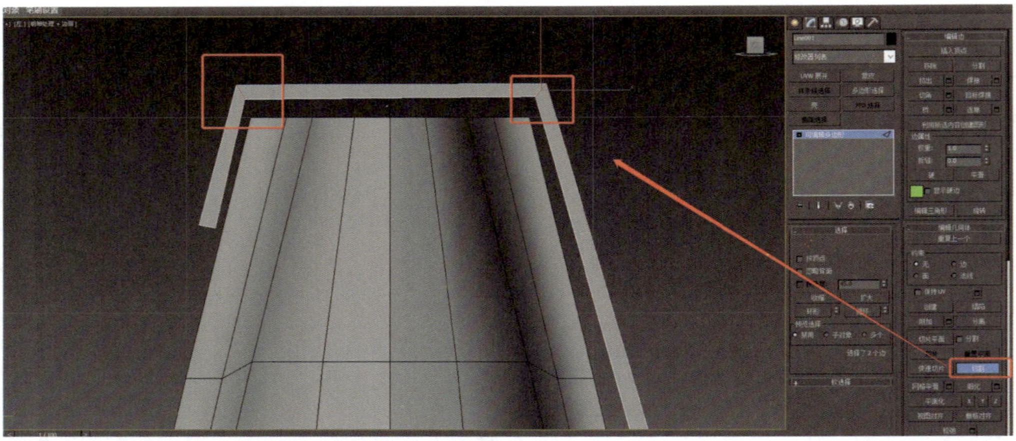

图 3-3-26　切割工具加线示例

第四步,进入多边形层级,选择所有的面,在修改器列表中找到“壳”工具,将其添加在可编辑多边形上;调整相应的参数,内部量为 30 cm,外部量为 30 cm,分段为 4。通过“壳”工具制作出包盖的模型结构,包盖两边的宽度与包身的宽度相同,如图 3-3-27 所示。

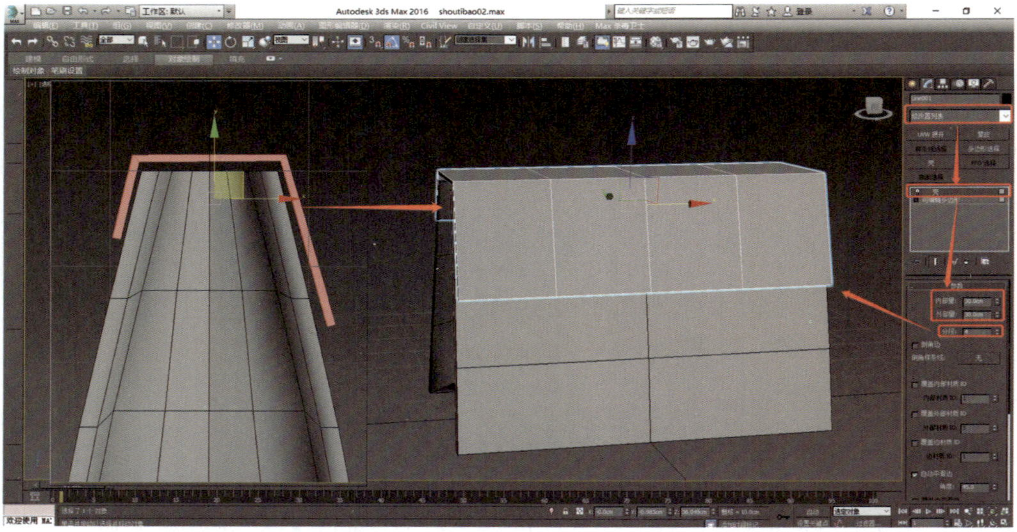

图 3-3-27　“壳”工具使用示例

第五步,将包盖的边角制作出圆滑效果。进入边层级,选择顶部的两条转折边,单击“切角”工具旁边的“设置”按钮,在弹出的对话框中进行参数调整,边切角量为 3 cm,连接边分段为 2,然后单击“确定”按钮,制作出相对圆滑的转折结构,如

图 3-3-28 所示。

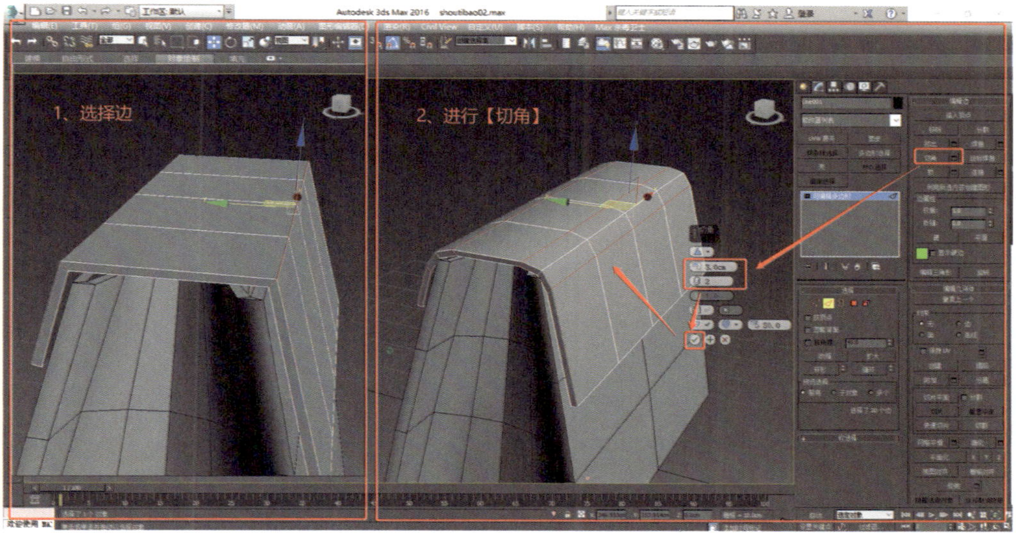

图 3-3-28 “切角”工具使用示例

第六步，进入边层级，选择包盖背面其中一条纵向边，单击“环形”，这样就都可以选中整圈了，如图 3-3-29 所示。

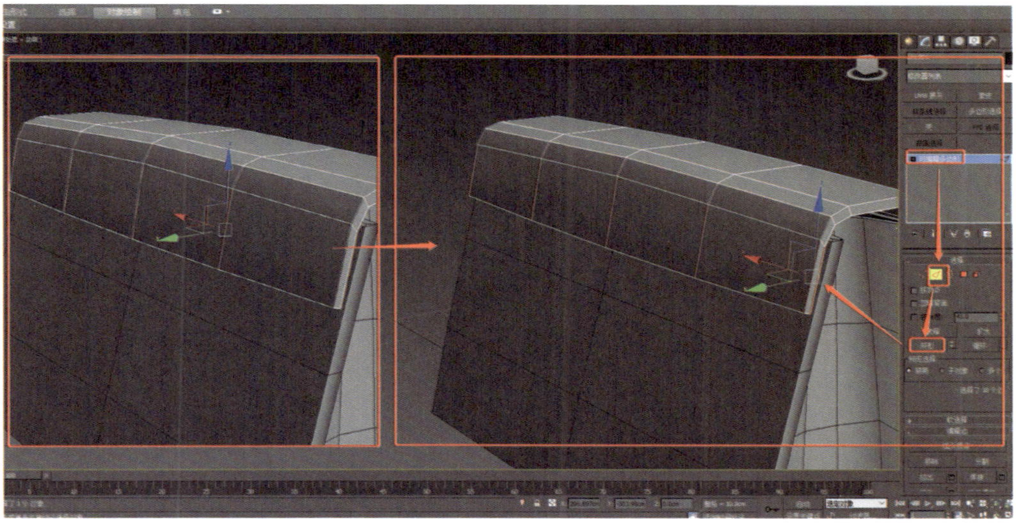

图 3-3-29 “环形”工具示例

单击“连接”工具的“设置”按钮，边数设置为 1；单击“确定”，连接上一条边，用来控制下方的结构制作，如图 3-3-30 所示。

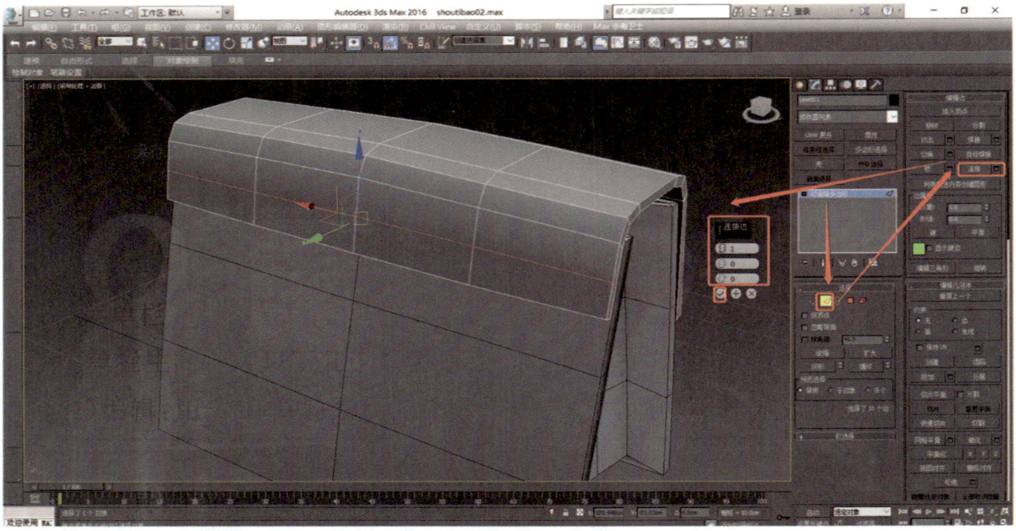

图 3-3-30　连接加线示例

最后进入顶点层级，选择包盖背面下方的一排顶点，用“缩放”工具进行结构的缩放制作，从而制作出相应的结构，如图 3-3-31 所示。

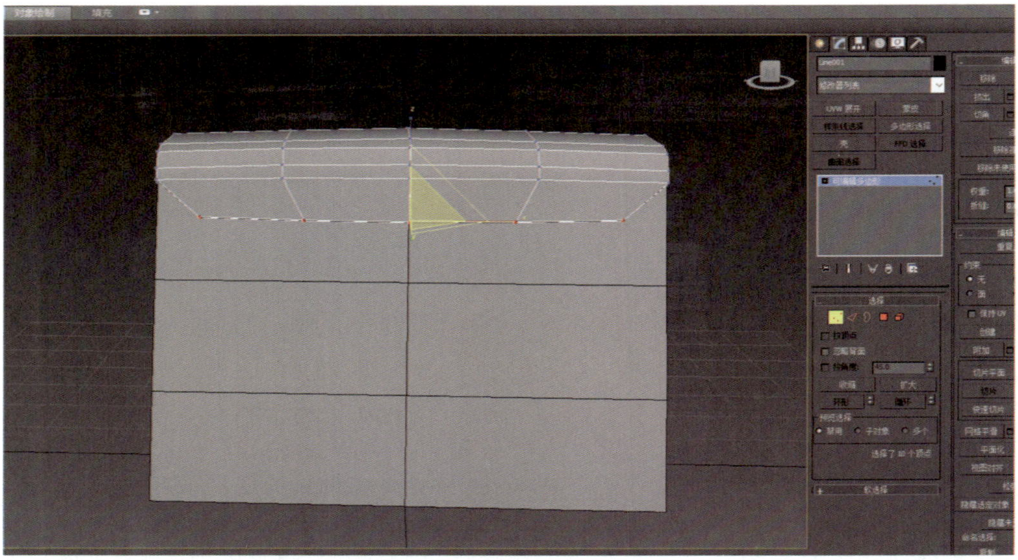

图 3-3-31　缩放示例

手提包主体模型效果展示如图 3-3-32 所示。

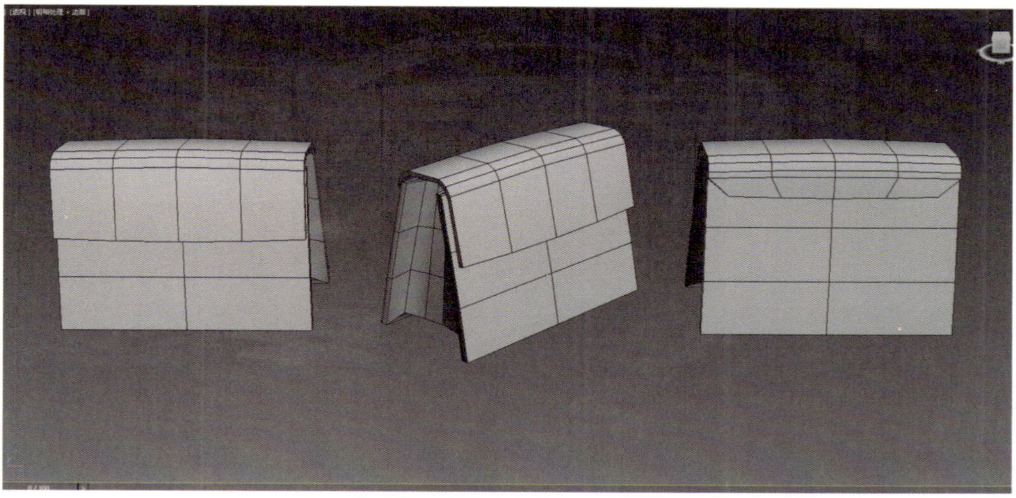

图 3-3-32　手提包主体模型效果展示

3.3.2　产品附属物模型制作

手提包附属物模型制作主要包含顶部金属扣、包身金属扣、手挽结构三大部分。

1.手提包顶部金属扣制作

第一步，进入创建面板，新建长方体，并对其参数进行调整，长度为 3 cm，宽度为 5 cm，高度为 8 cm，如图 3-3-33 所示。

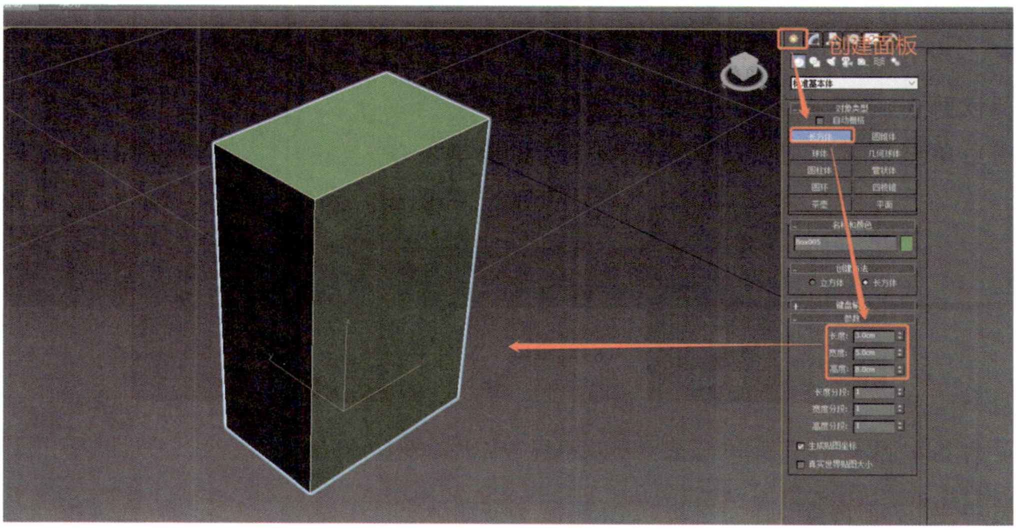

图 3-3-33　长方体创建示例

为了方便观察，可以给模型赋予材质球。选择模型，单击“渲染”→“材质编辑器”→“精简材质编辑器”(快捷键:M)，选择其中一个材质球，单击下方的“将材质指定给选定对象”按钮，将材质球指定给模型，如图 3-3-34 所示。

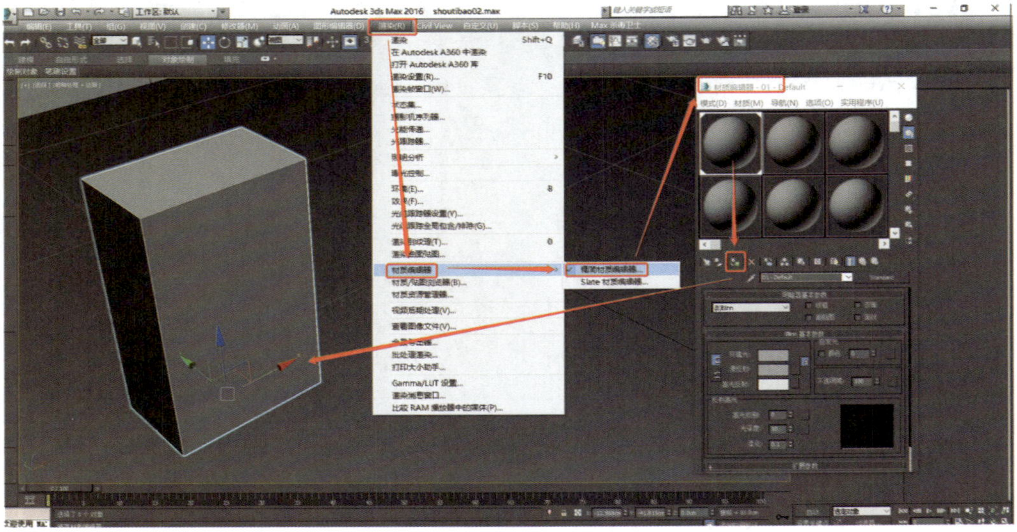

图 3-3-34 材质球赋予操作示例

在创建面板的“名称和颜色”工具中，单击颜色方块，弹出“对象颜色”对话框，选择黑色，再单击“确定”，将模型的边线颜色设为黑色，如图 3-3-35所示。

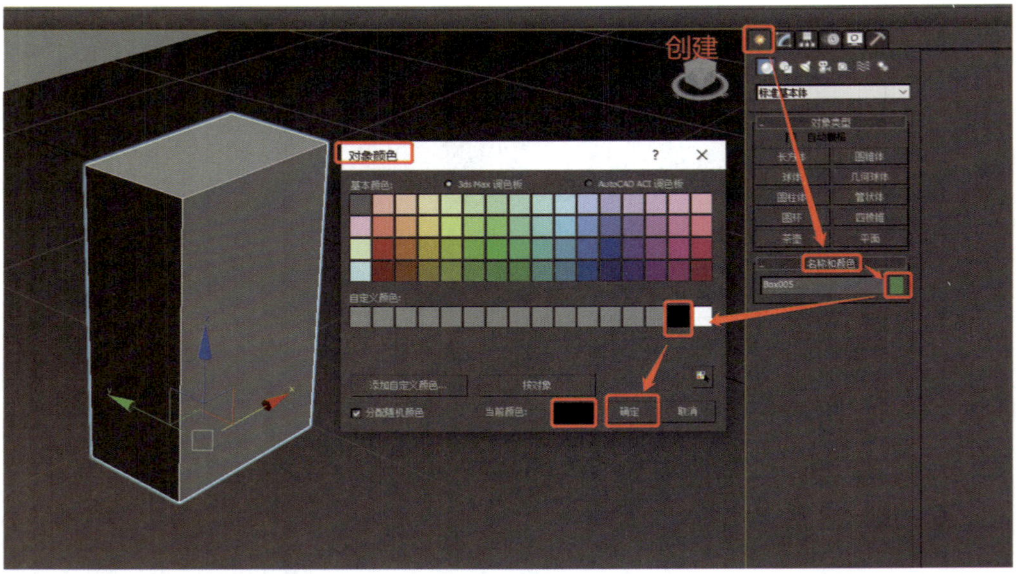

图 3-3-35 边线颜色修改

第二步，选择模型，右击鼠标，将模型转换为可编辑多边形，方便后续的制作，如图 3-3-36 所示。

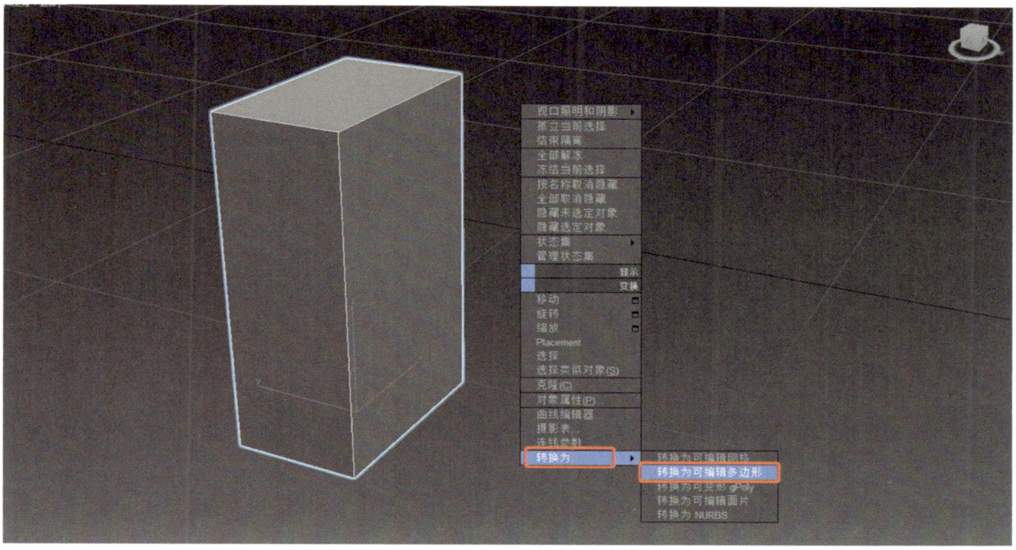

图 3-3-36　模型转换示例

在可编辑多边形状态下，进入边层级，选择纵向的四条边，单击“连接”工具的“设置”按钮进行参数调整，连接边分段设为 1，滑块参数上调至 24，单击“确定”按钮，进行连接加线，如图 3-3-37 所示。

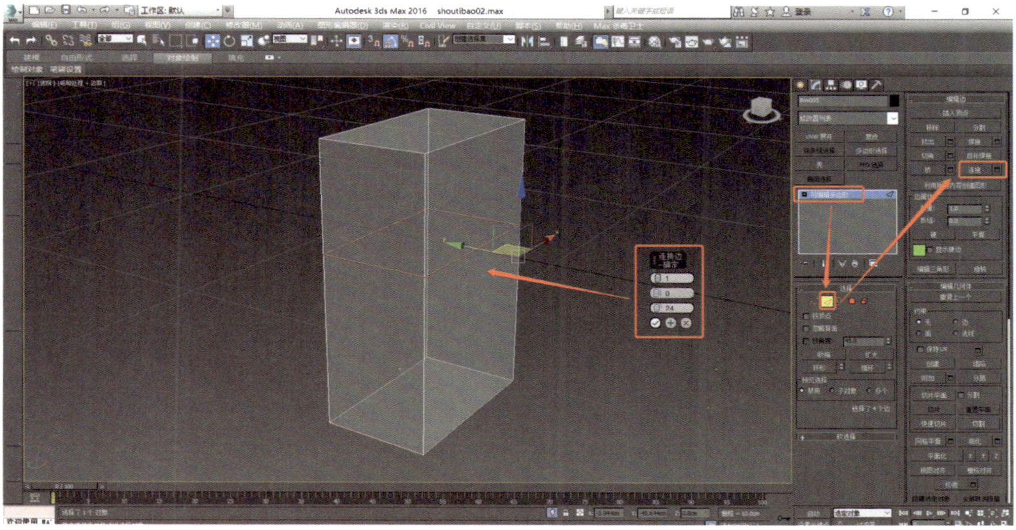

图 3-3-37　连接加线示例

第三步，进入多边形层级，选择图 3-3-38 中的面，单击“挤出”工具，挤出的高度为 1 cm，单击“确定”按钮，挤出相应的结构，效果如图 3-3-38 所示。

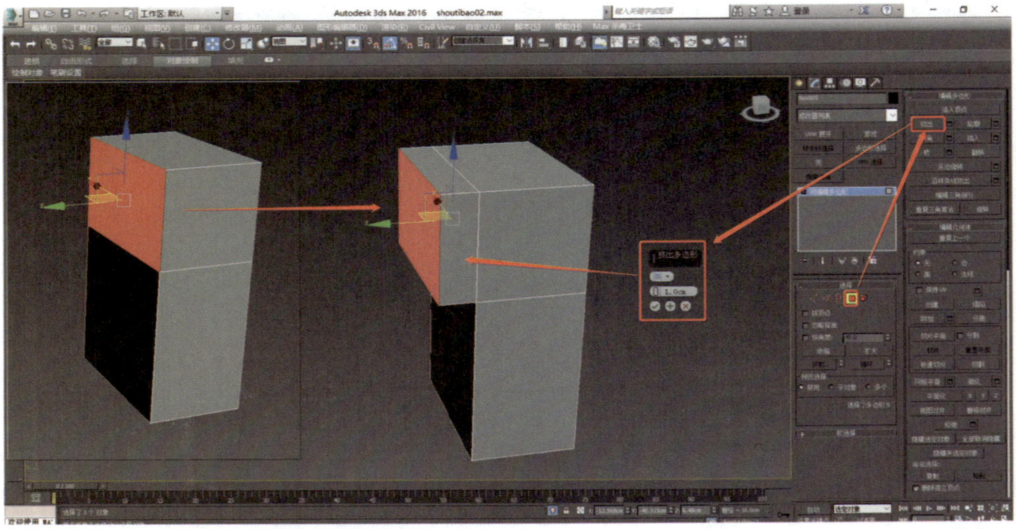

图 3-3-38　结构挤出示例

进入顶点层级，选择挤出结构的下面的四个顶点，用“移动”工具向下移动，进行结构调整，如图 3-3-39 所示。

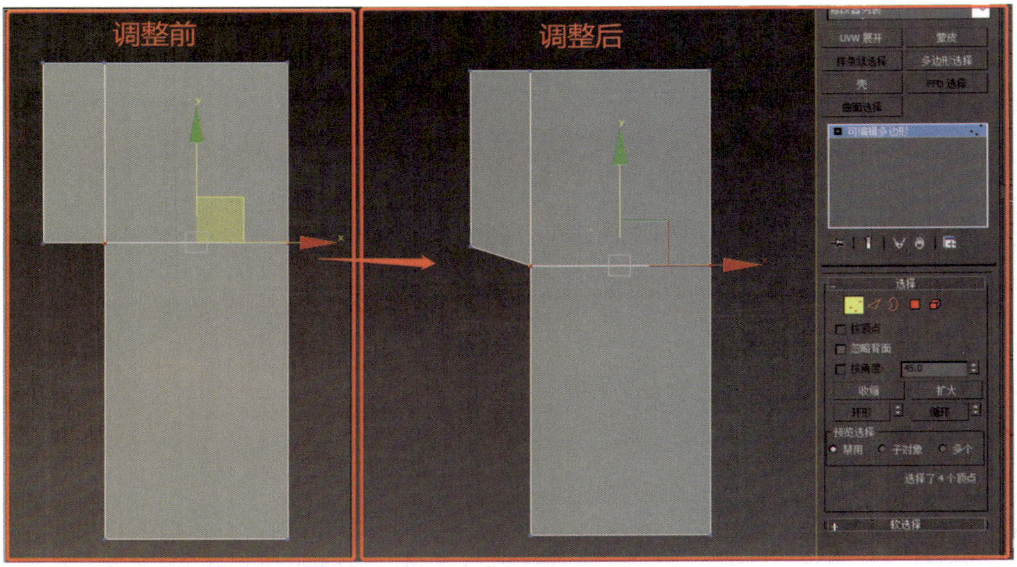

图 3-3-39　结构调整效果示例

第四步，创建圆柱结构。进入创建面板，选择圆柱体，在视图中移动鼠标绘制出一个圆柱体，其高度分段为 1，端面分段为 1，边数为 8，如图 3-3-40 所示。

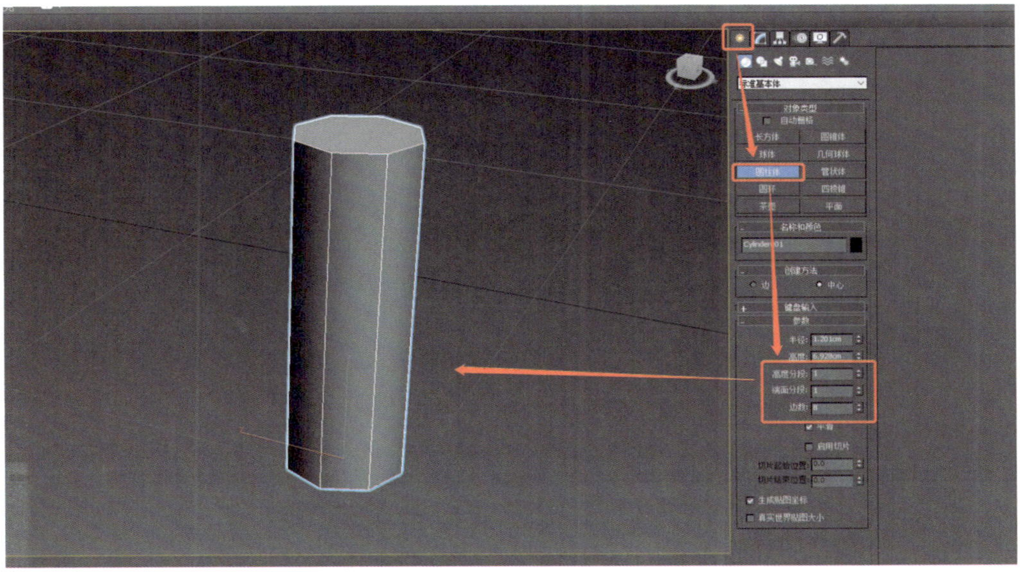

图 3-3-40　圆柱体创建示例

接下来，将圆柱体转换为可编辑多边形，并进入多边形层级，选择圆柱体顶端与底端两个端面，按 Delete 键进行删除，如图 3-3-41 所示。

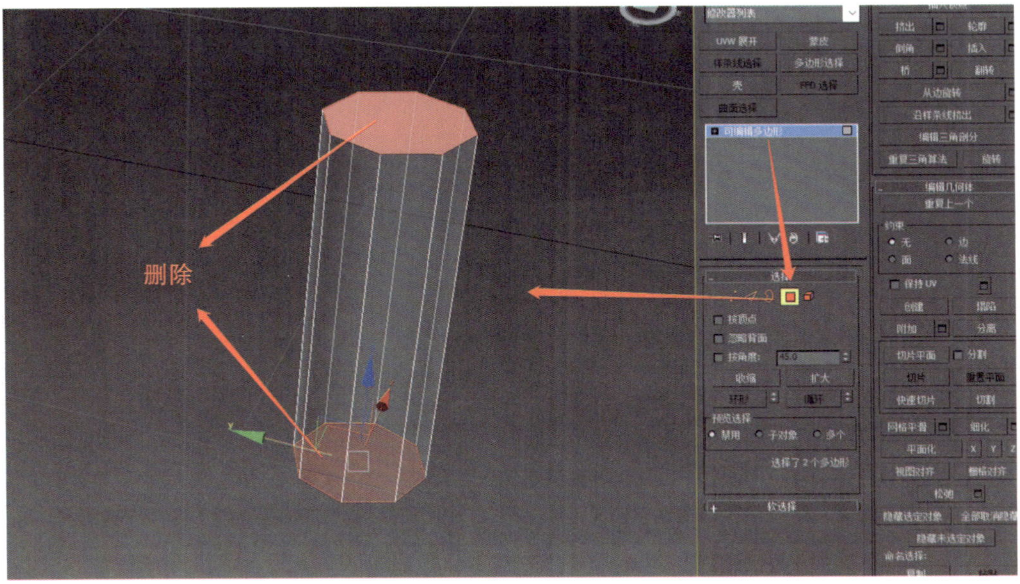

图 3-3-41　端面删除示例

选择打开“角度捕捉切换”工具，右击鼠标打开“栅格与捕捉”设置，在“选项”

中将角度调整为 45°或者 90°，然后用“旋转”工具旋转 90°将圆柱体放平，如图 3-3-42所示。

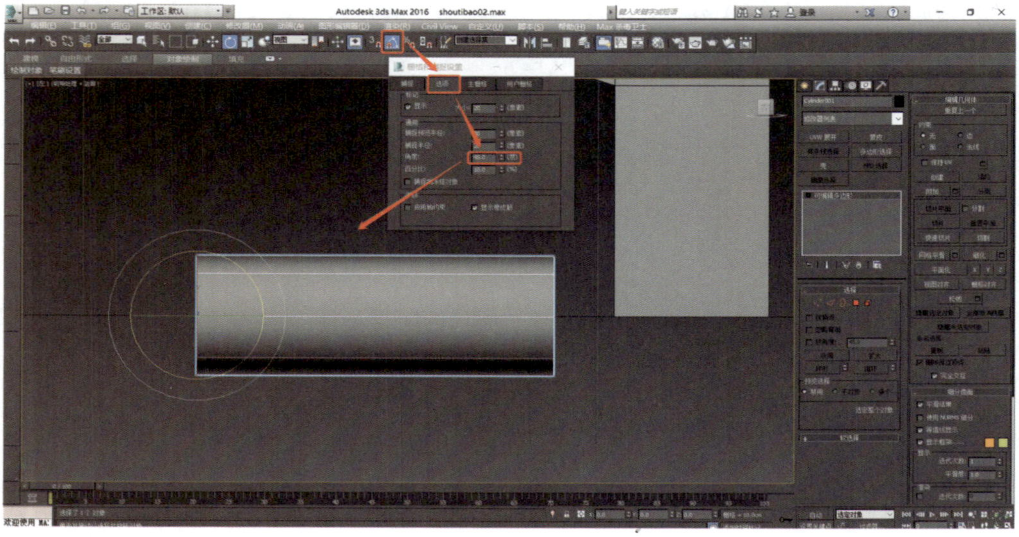

图 3-3-42　角度捕捉操作示例

再进入边层级，选择圆柱体最上方的一条线，右击鼠标并按 Delete 键进行删除，按住 Ctrl 键，将边线的边和顶点同时删除，如图 3-3-43 所示。

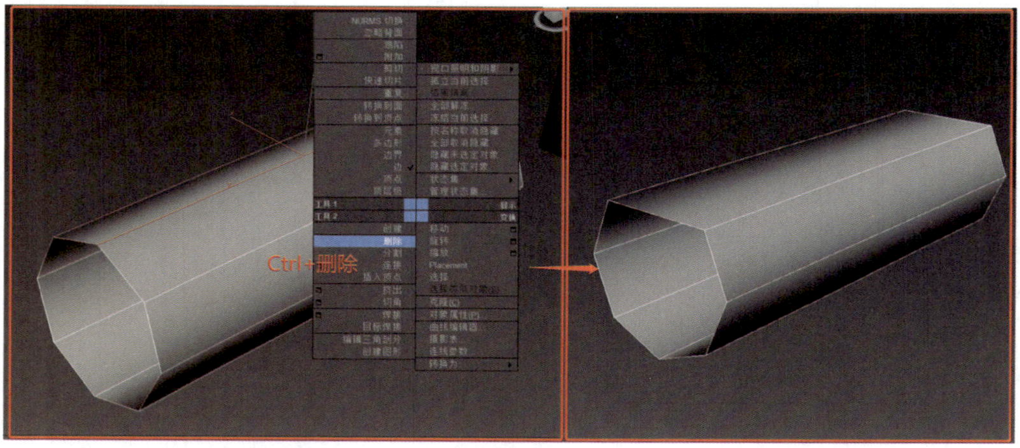

图 3-3-43　边线删除示例

用“移动”工具将圆柱摆到相应的位置上，若比例不合适，可以用“缩放”工具进行缩放操作，如图 3-3-44 所示。

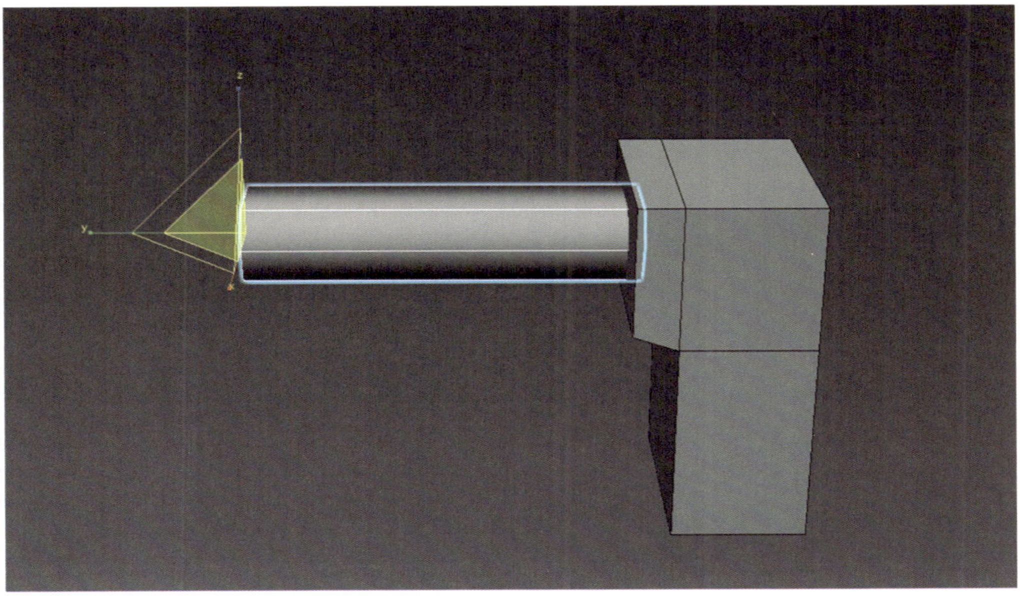

图 3-3-44　圆柱摆放位置示例

第五步，选择之前做好的多边形金属结构，在“移动”工具下，单击“镜像”工具，镜像轴与坐标显示的轴向相同，此处为 y 轴，“克隆当前选择”为“复制”即可，单击“确定”完成镜像，并用“移动”工具将其移动到相应的位置上，如图 3-3-45 所示。

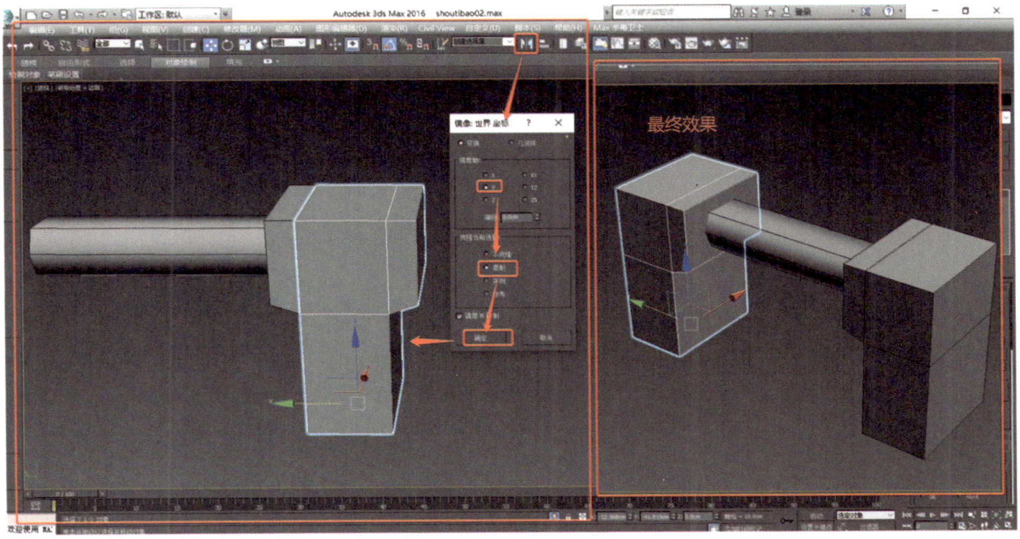

图 3-3-45　镜像操作示例

第六步，选择手提包顶部金属扣的所有模型，用“移动”工具，将其移动到包盖的上方，选择其中一部分模型，单击“附加”工具，再分别点选另外两部分模型，将其附加在一起，合为一个整体，如图 3-3-46 所示。

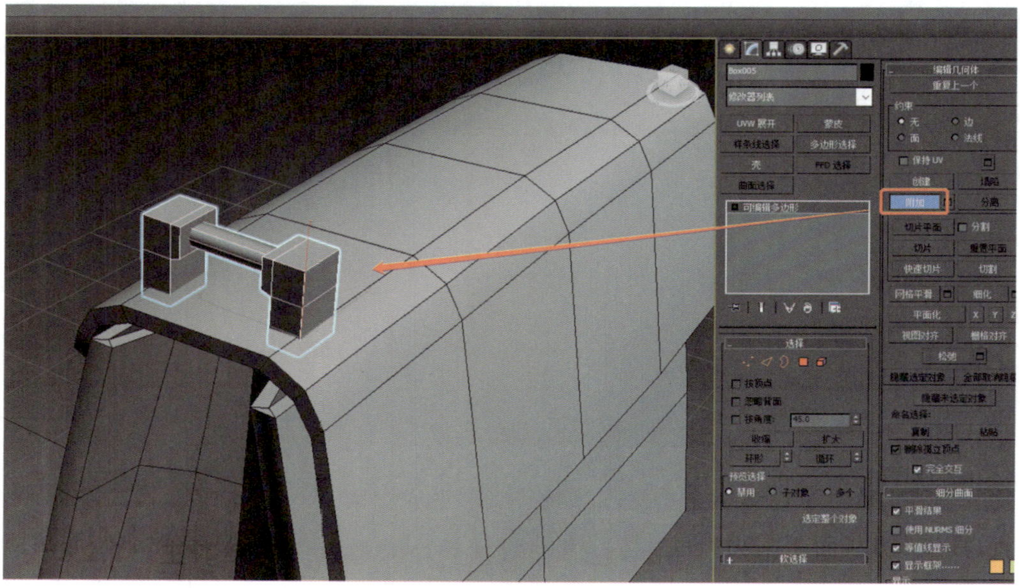

图 3-3-46　顶部金属摆放效果展示

第七步，选择手提包顶部金属扣模型，进入多边形层级，选择底部插入包盖里面看不到的两个面，按 Delete 键进行删除，如图 3-3-47 所示。

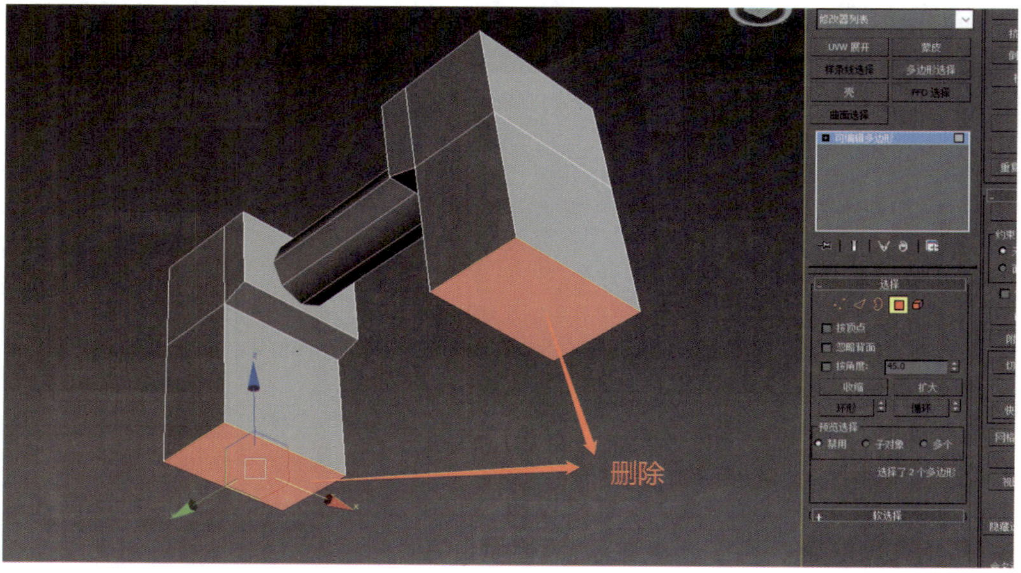

图 3-3-47　底面删除示例

第八步，选择手提包顶部金属扣模型，进入层次面板，选择“轴”→“仅影响轴”，在视图的下方将 x、y 坐标分别设置为 0、0，将金属扣左边的坐标与手提包主体坐标保持一致，如图 3-3-48 所示。

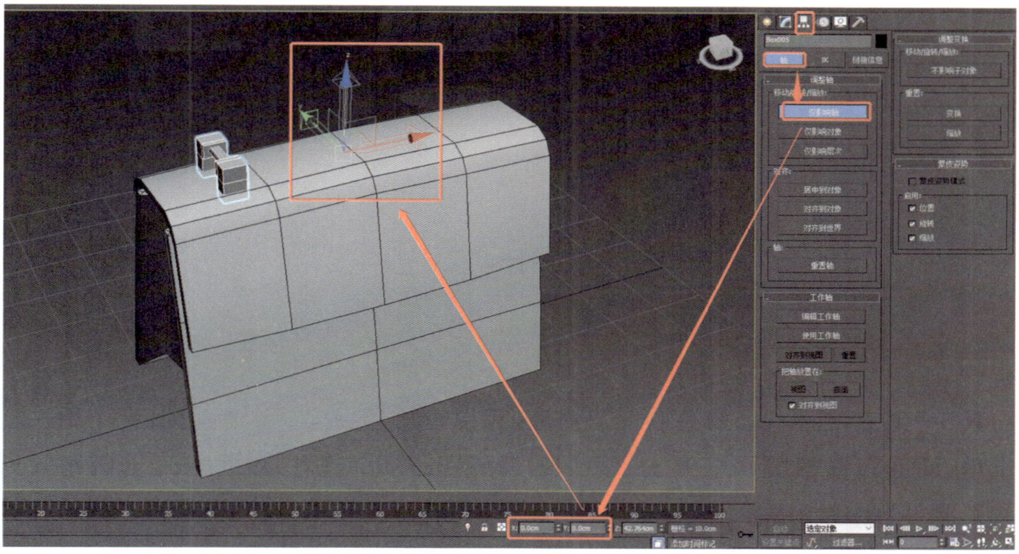

图 3-3-48　x、y 坐标设置

第九步，选择金属扣模型，在“移动”工具下，单击“镜像”工具，镜像轴与坐标显示的轴向相同，此处为 x 轴，“克隆当前选择”为“实例”，这样方便两侧相同的模型能同时进行调整，最后单击“确定”，完成镜像操作，如图 3-3-49 所示。

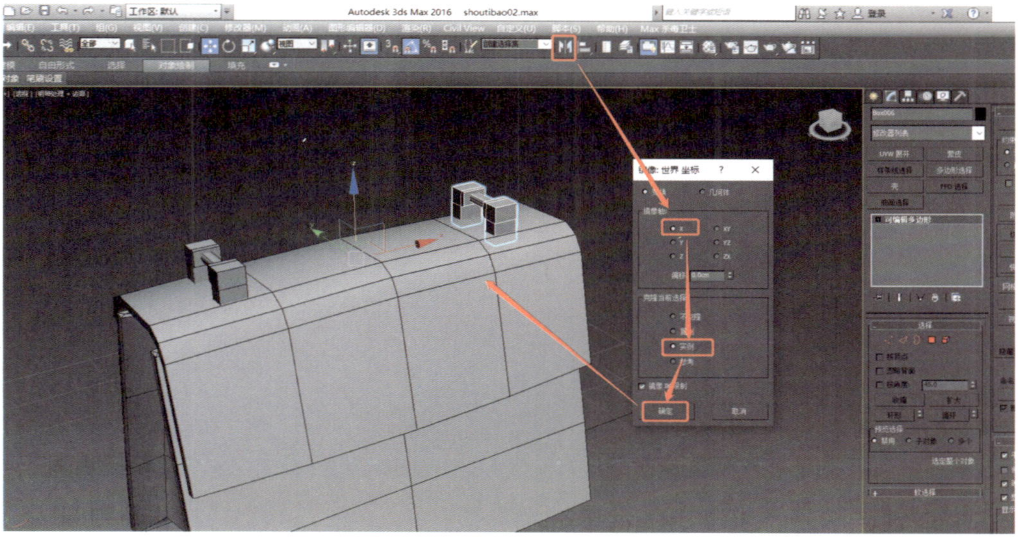

图 3-3-49　镜像操作示例

2.手提包包身金属扣制作

第一步，根据金属扣的大体形状，单击打开创建面板，选择长方体，在视图中单击并拖动鼠标创建一个长方体，并对其参数进行调整，长度分段为 1，宽度分段为 2，高度分段为 3，如图 3-3-50 所示。

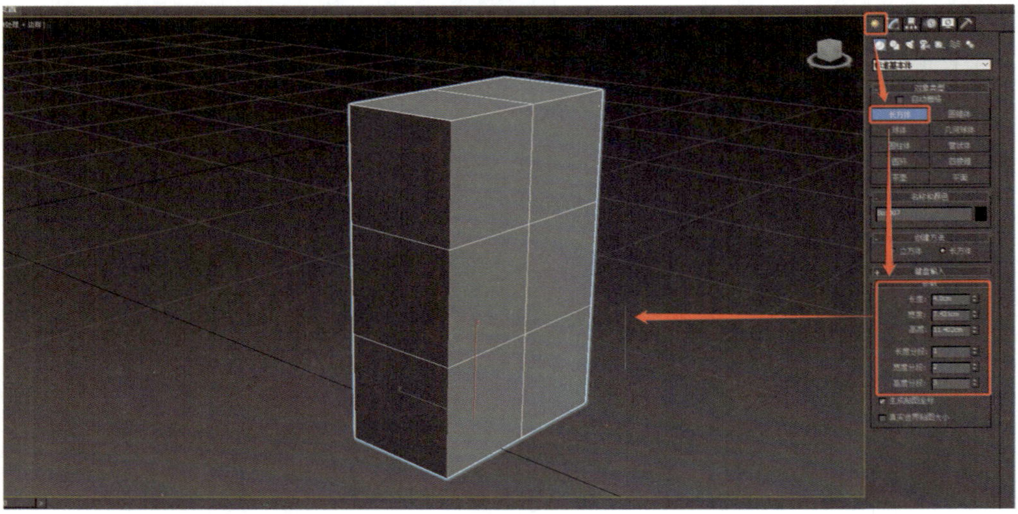

图 3-3-50　长方体创建示例

第二步，选择模型，右击鼠标，将其转换为可编辑多边形，方便后续对结构的制作，如图 3-3-51 所示。

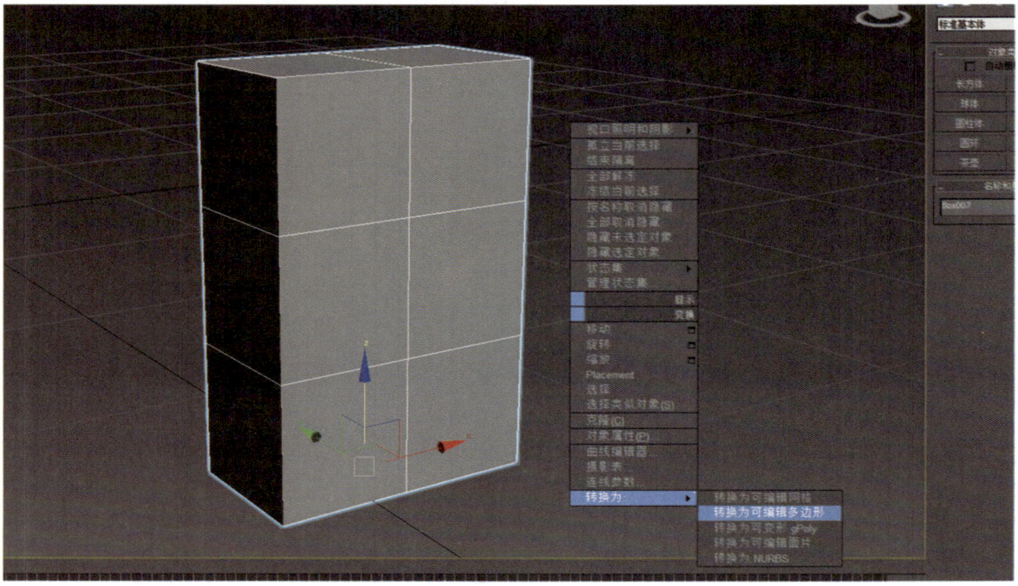

图 3-3-51　模型转换操作示例

第三步，进入边层级，单击选择底部两侧的两条边，进行切角操作。单击"切角"工具的"设置"按钮，对切角参数进行设置，边切角量为 1.5 cm，连接边分段为 1，然后单击"确定"按钮，完成切角操作，如图 3-3-52 所示。

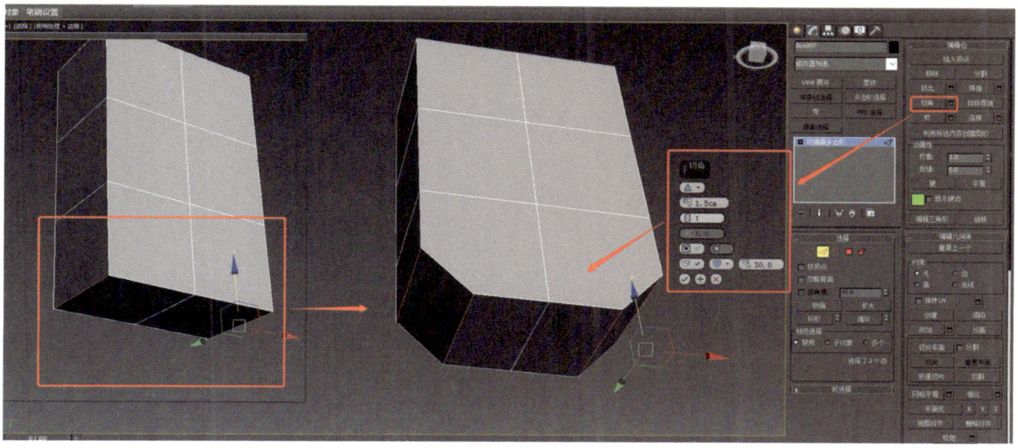

图 3-3-52　切角制作示例

第四步，进入边层级，选择刚完成的切角边，用"移动"工具向上移动切角边，调整弧形结构效果，如图 3-3-53 所示。

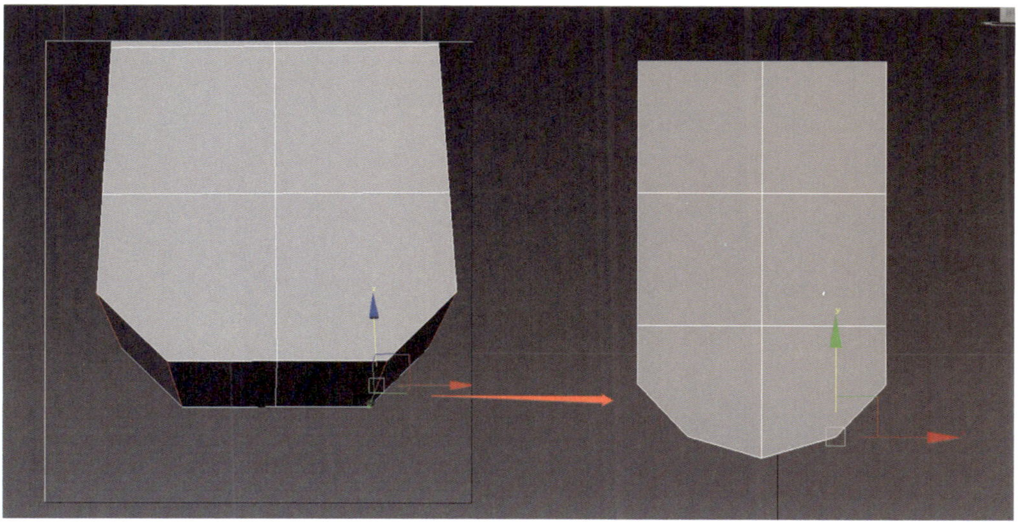

图 3-3-53　弧形结构调整

第五步，进入顶点层级，选择相应的顶点，用"移动"工具对金属扣的大体形状进行调整，让其在每个角度都能看到其他结构，体现结构的饱满度，如图 3-3-54 所示。

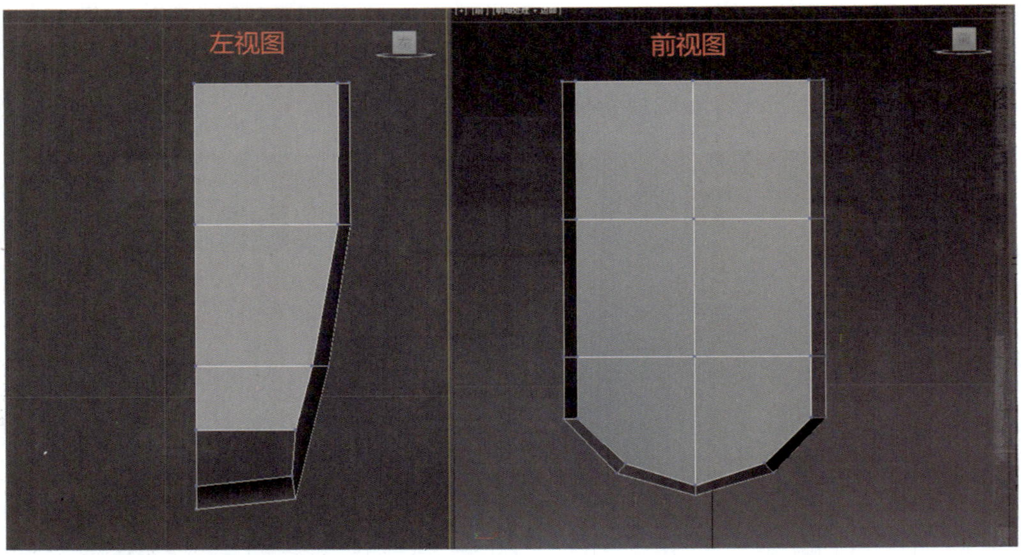

图 3-3-54　金属扣整体形状调整示例

第六步，进行多边形边线的连接。对底部进行切角，导致下方两个面的边数超过了四边面，这时就需要进行加线划分。首先进入顶点层级，选择下方的四个顶点与上方中间的点，然后单击“连接”工具进行连接加线，这样就将多边面划分成了六个三边面，如图 3-3-55 所示。

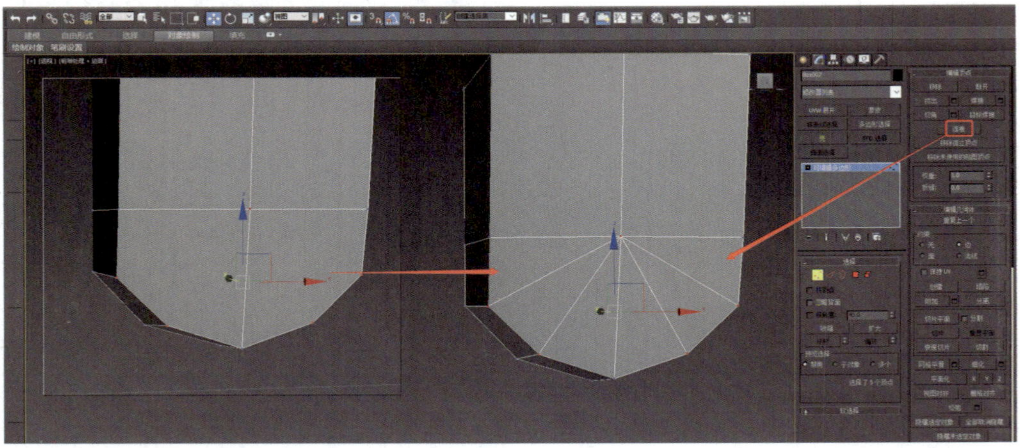

图 3-3-55　边线连接示例

第七步，对所有不需要的结构面进行删除。进入多边形层级，选择背面的面，按 Delete 键进行删除，如图 3-3-56 所示。之后的操作步骤中产生的多余面都可采用此方法进行删除。

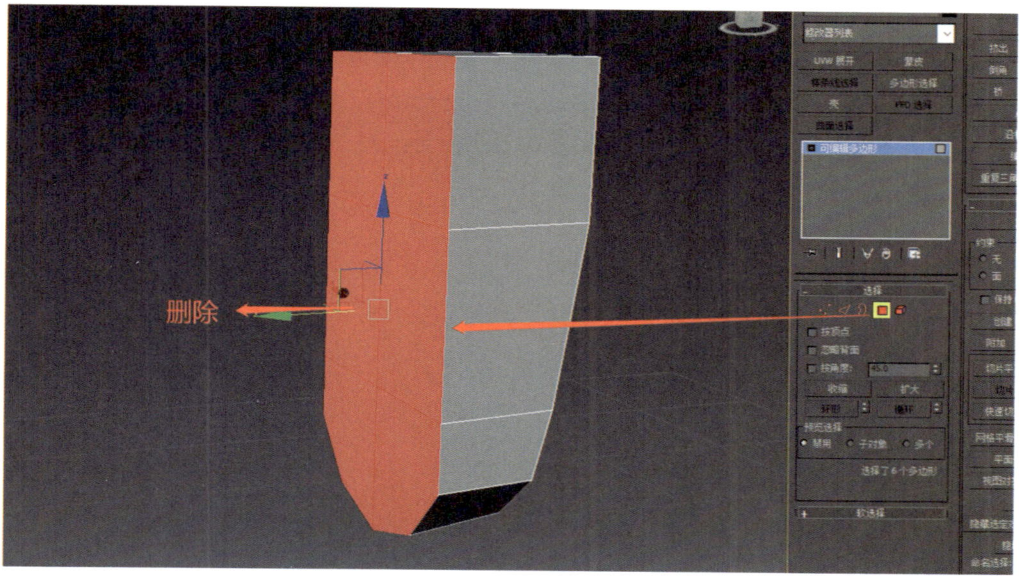

图 3-3-56　金属扣背面删除

第八步，进入边层级，选择中间的横向边，用"移动"工具进行移动，让两条边靠近点，留出中间金属结构的高度。再进入多边形层级，选择中间的一圈面，单击"挤出"工具并进行参数设置，挤出的高度为 0.4 cm，单击"确定"按钮完成挤出操作。最后，在顶点层级下，选择相应的顶点，并用"移动"工具进行结构调整，如图 3-3-57 所示。

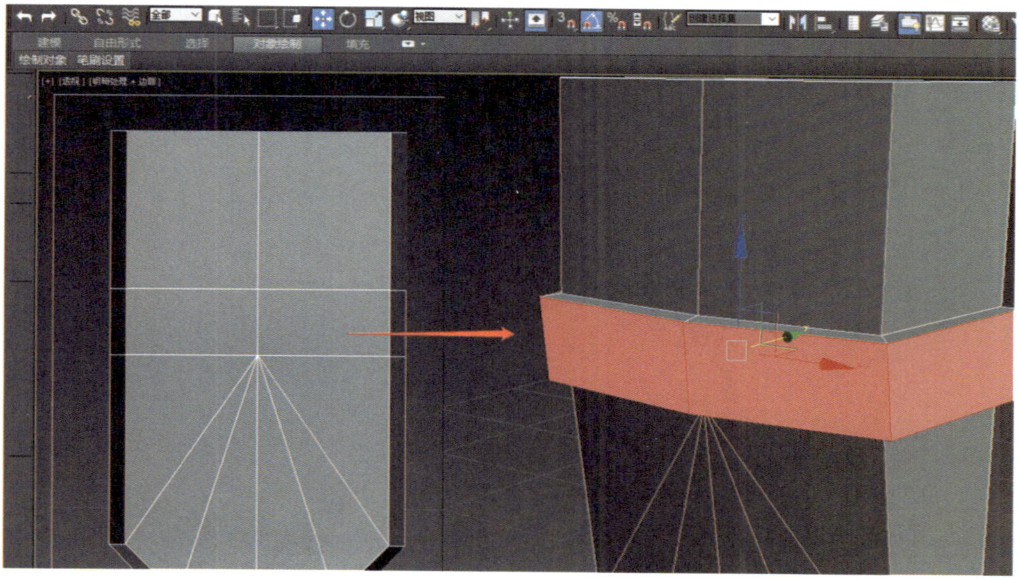

图 3-3-57　结构挤出示例

第九步，选择金属扣模型，用"移动"工具将其摆放在手提包相应的位置上，用"旋转"工具调整金属扣的倾斜度，最终效果如图 3-3-58 所示。

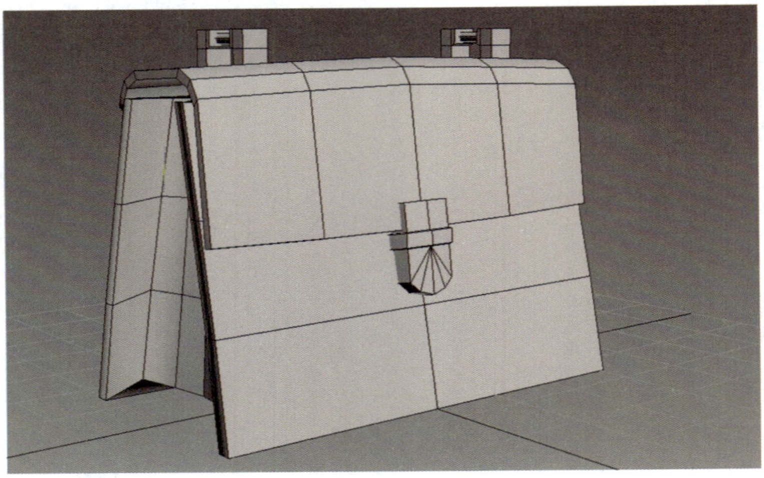

图 3-3-58　金属扣摆放效果展示

3.手提包手挽结构制作

手挽是手提包顶部的结构，其主要用途为提包，下面根据参考图中手挽的结构形状进行建模制作。

第一步，进入顶视图（快捷键：T），单击创建面板下的"图形"，单击样条线，绘制出手挽一半的结构形状图形，最后将样条线进行闭合操作，如图 3-3-59 所示。

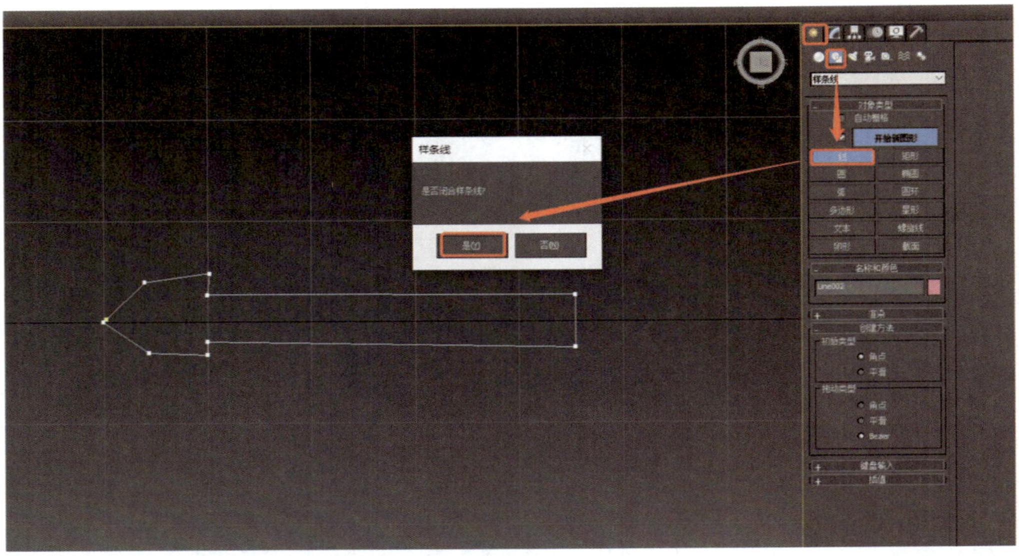

图 3-3-59　样条线创建示例

选择样条线，右击鼠标，选择“转换为”→“转换为可编辑多边形”，方便后续对结构的制作，如图 3-3-60 所示。

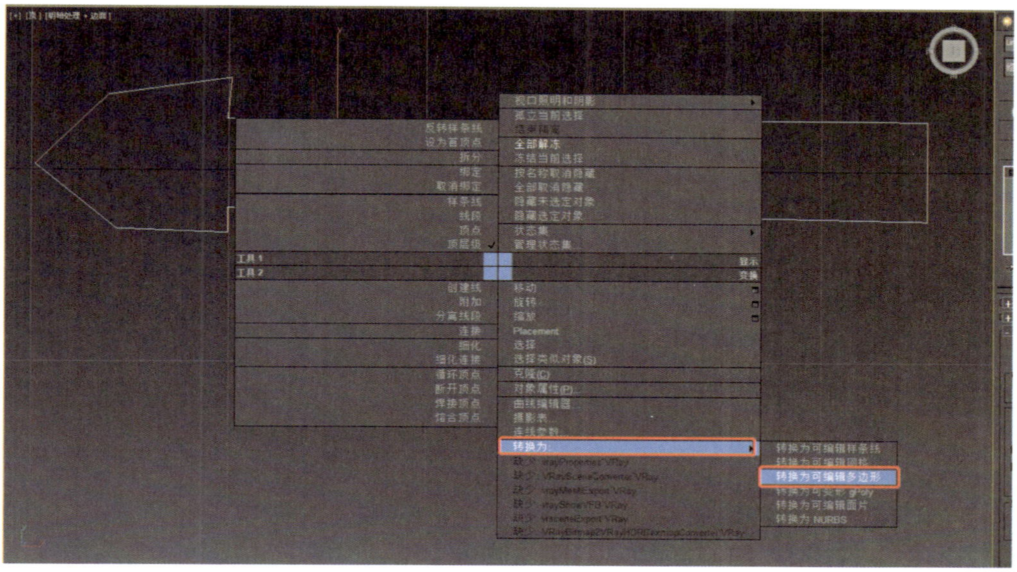

图 3-3-60　样条线的转换

第二步，进入顶点层级，单击“切割”工具（快捷键：Alt＋W），在创建好的面片上进行切割加线，将不规则的多边形切成四边形或三边形，效果如图 3-3-61 所示。

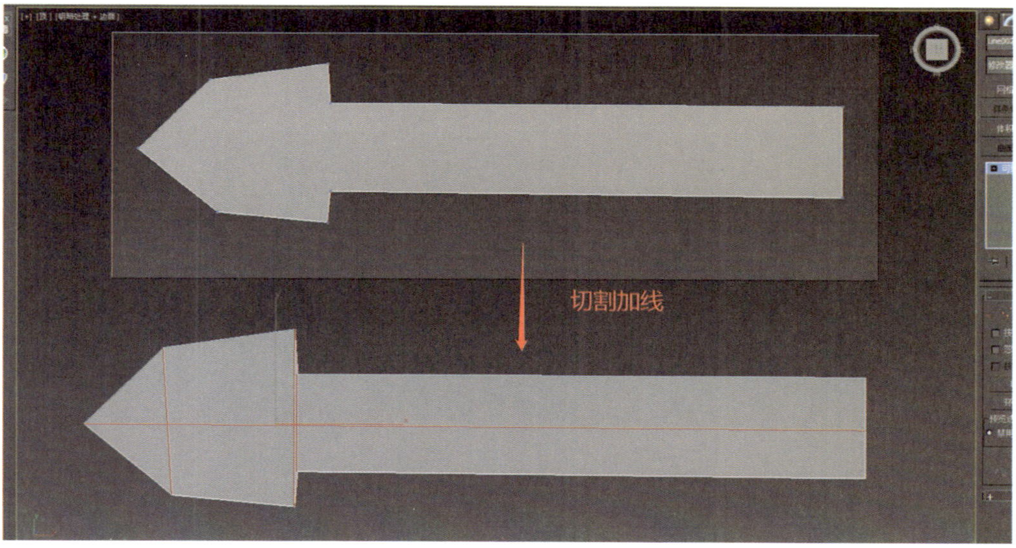

图 3-3-61　切割加线示例

第三步,结构细化制作。进入边层级,选择三角结构处的中间纵向线,单击“切角”工具的“设置”按钮,切角边数设置为 1;单击“确定”按钮完成切角加线操作,接下来再进入顶点层级,用“移动”和“缩放”工具对整体结构进行调整,并将图 3-3-62 方框中的两个点,用“塌陷”工具将其塌陷合并为一个点,如图 3-3-62 所示。

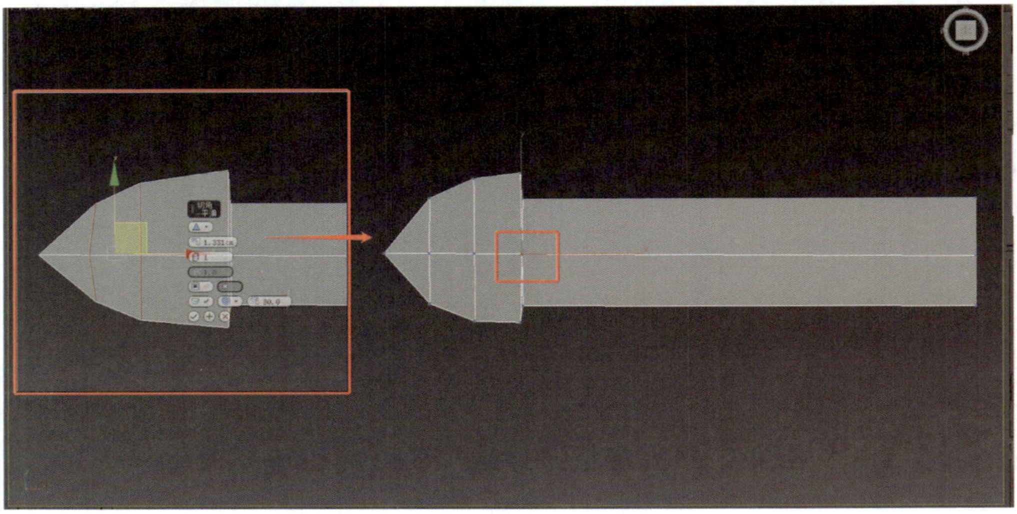

图 3-3-62　结构细化效果

第四步,进行手挽完整结构制作。选择模型,单击“移动”工具,进入层次面板,选择“轴”→“仅影响轴”。此时在视图的坐标轴上会显示出轴坐标,用“移动”工具将其移动至边界上,调整完后关闭“仅影响轴”,方便下一步的镜像操作,如图 3-3-63所示。

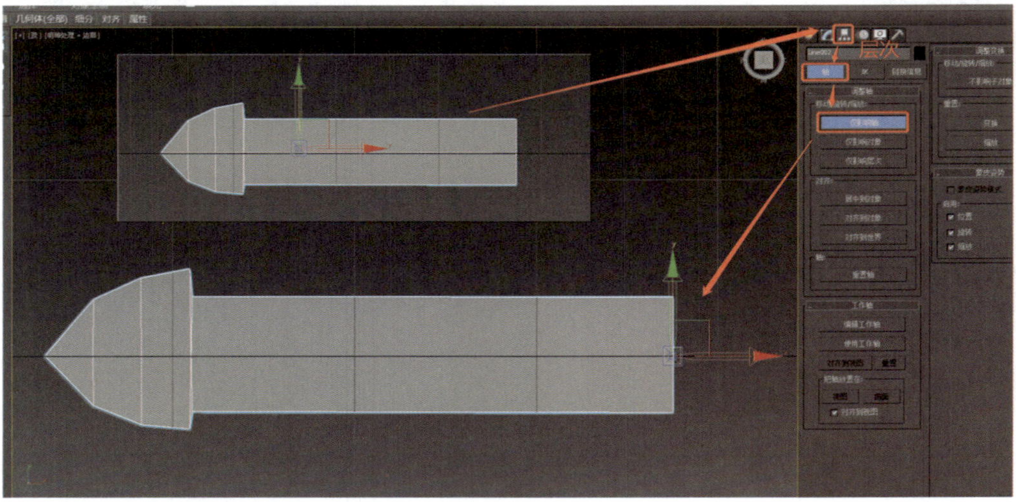

图 3-3-63　模型轴心坐标操作示例

单击“镜像”，在弹出的框中进行参数设置，镜像轴可根据视图中的坐标轴方向进行选择，此处选择 x 轴，“克隆当前选择”为“复制”，最后单击“确定”按钮完成镜像制作，如图 3-3-64 所示。

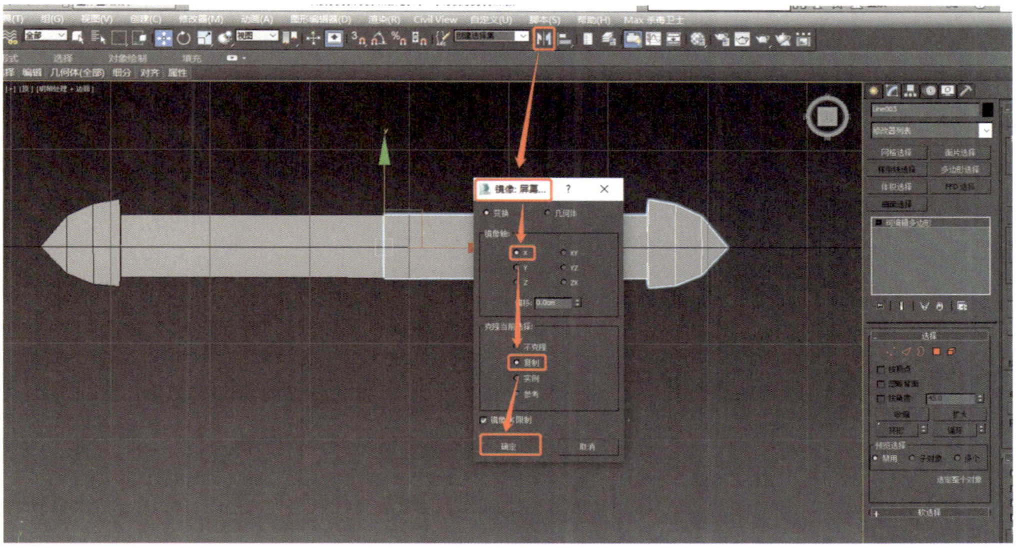

图 3-3-64　模型镜像操作示例

选择其中一部分模型，单击“附加”工具，再点选择另一部分模型，将两部分模型附加在一起。中间重合的两个顶点，用“塌陷”工具将其相应的点塌陷合并为一个点，如图 3-3-65 所示。

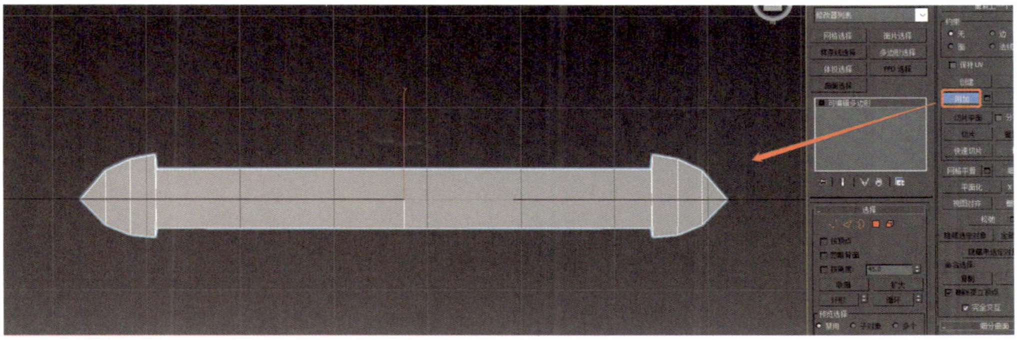

图 3-3-65　模型整合操作示例

第五步，进行手挽模型的厚度结构制作。选择多边形，在修改器列表中找到“壳”工具，并将其添加在可编辑多边形上。参数调整中既可调节内部量也可调节外部量，此处调节的是外部量，数值为 1.2 cm，即手挽的结构厚度为 1.2 cm。最后将模型转换为可编辑多边形，如图 3-3-66 所示。

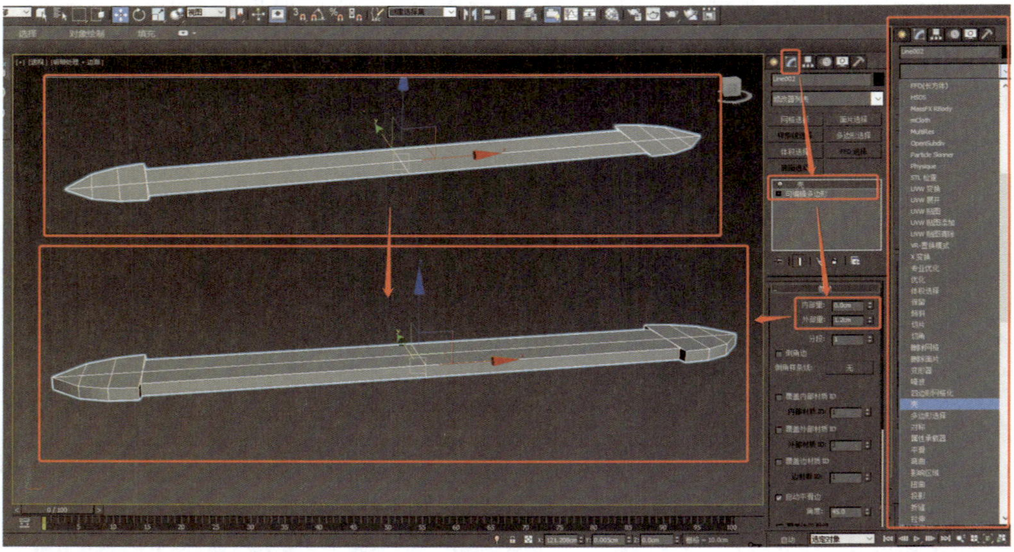

图 3-3-66 “壳”工具操作示例

第六步，选择手挽模型，用“移动”工具将其移动到手提包模型的顶部，由于大小比例不太合理，可用“缩放”工具进行结构调整，调整至与手提包顶部结构相匹配为止，如图 3-3-67 所示。

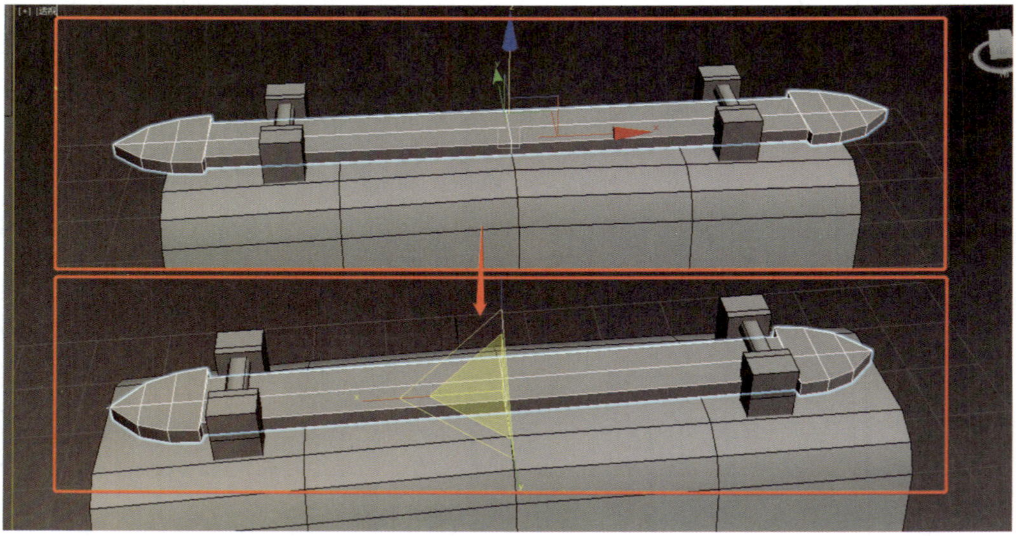

图 3-3-67 位置与大小匹配示例

第七步，添加结构线。手提包的手挽结构基本为圆滑结构，可通过添加边线制作出相应的效果。进入边层级，选择两侧的边线，单击“连接”工具的“设置”按钮，并对参数进行设置，连接边的变数为 3，单击“确定”按钮完成边线的添加，如图 3-3-68所示。

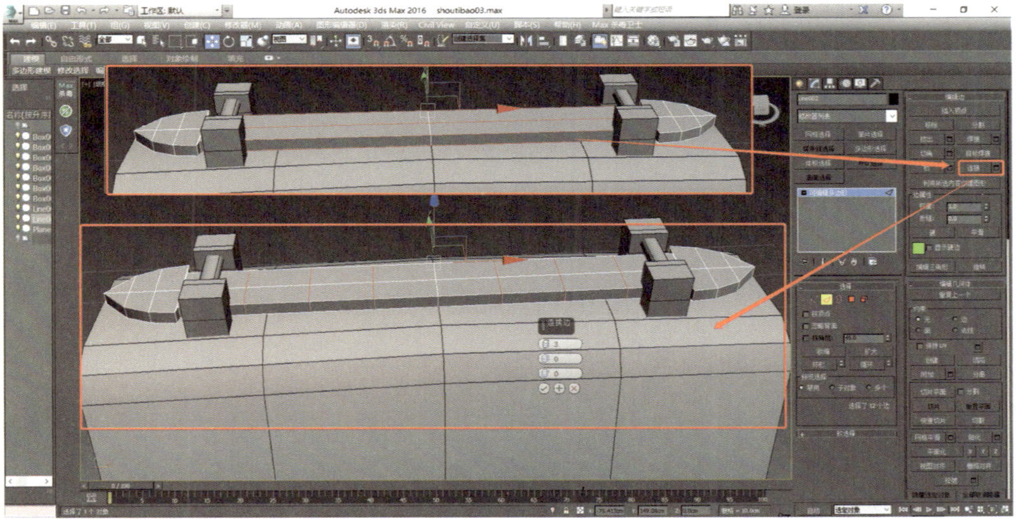

图 3-3-68　连接加线示例

第八步，手挽的细节结构制作。在可编辑多边形状态下进入顶点层级，选择手挽模型中间段的所有顶点，在修改器列表中选择“FFD 3×3×3”工具对顶点结构进行调整。进入“FFD 3×3×3”模式的控制点，此时模型上会显示出黄色晶格，在晶格中选择控制点，用“移动”工具往上移动调整，这样手挽的结构就会变成弯曲形状，最后将其转换为可编辑多边形即可，如图 3-3-69 所示。

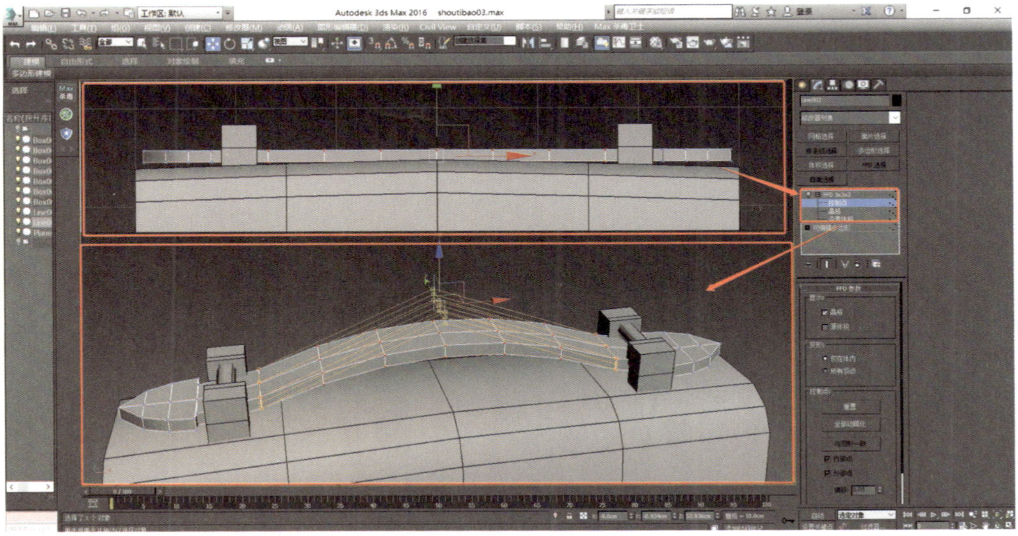

图 3-3-69　自由形式变形操作示例

整个手提包的最终模型完成效果展示如图 3-3-70 所示。

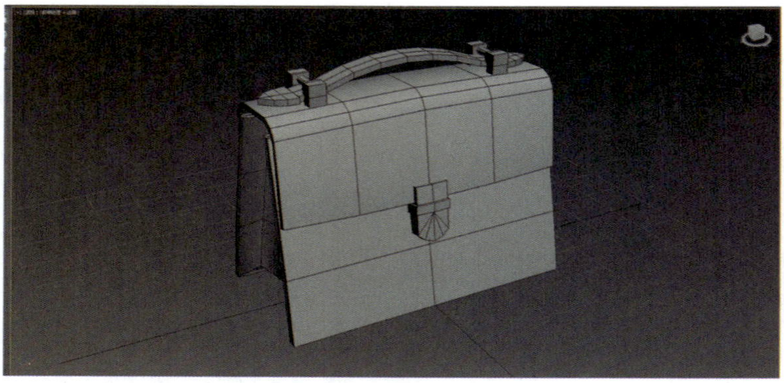

图 3-3-70　手提包模型效果展示

章节练习

1.根据本章所学知识点，完成如下图“杯子示例”中所示杯子的三维模型制作(单位设置为 cm)。

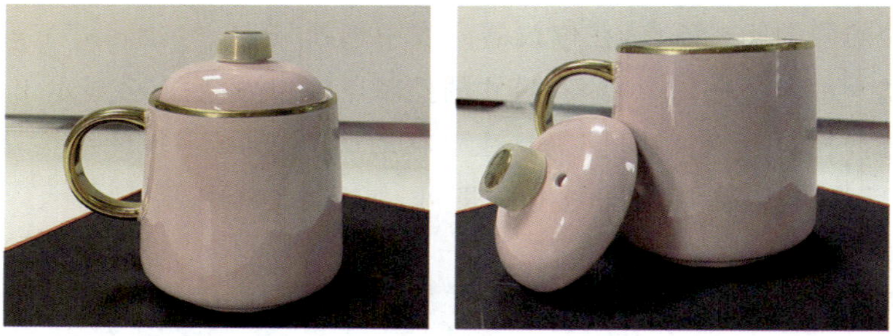

杯子示例

2.根据本章所学知识点，完成如下图“手提包示例”中所示手提包的三维模型制作(单位设置为 cm)。

手提包示例

第四章 跨境电商产品贴图技术

学习目标

1.熟悉 Photoshop CS6、BodyPaint 3D 等贴图处理软件各工具的使用。

2.了解 UV 与贴图的含义。

3.掌握跨境电商产品的 UV 制作方法。

4.掌握跨境电商产品基础贴图与细节纹理制作方法。

能力目标

1.掌握跨境电商产品虚拟仿真产品的 UV 制作技术。

2.熟练使用 Photoshop CS6、BodyPaint 3D 等软件。

3.掌握跨境电商产品贴图绘制技巧以及材质体现方法。

4.掌握贴图制作中色彩的运用。

思政目标

1.理论与实践相结合,加强对新兴行业领域的认知,挖掘工匠精神与实干精神,推动自主创新。

2.培养学生顾全大局、执行程序、守时完备的工作习惯。

学习重点

1.对 Photoshop CS6、BodyPaint 3D 软件的认识与使用。

2.跨境产品虚拟仿真模型的 UV 拆分与摆放。

3.贴图中明暗关系与材质效果的体现。

本章以手提包贴图为案例，使用 3Ds Max、Photoshop 与 BodyPaint 3D 软件进行产品的贴图设计与生成，并使用 3Ds Max 进行贴图赋予。

4.1 产品案例 UV 制作

4.1.1 UV 的拆分

UV 是指 U、V 纹理贴图的坐标，通常具有 *U* 和 *V* 两个坐标轴，因此称之为 UV 坐标。*U* 代表横向坐标上的分布，*V* 代表纵向坐标上的分布，在后续贴图的制作过程中也称为 UV 贴图。

三维建模中的“UV”就如同三维立体模型的“皮肤”，将“皮肤”展开平铺，再进行平面上的制作，最后借助材质球赋予到模型中。

手提包的 UV 拆分主要分为包身、包盖、金属和手挽四部分的拆分制作。

1.手提包包身的 UV 拆分

第一步，模型选择。由于包身的结构左右相同，因此在制作 UV 时左、右两侧可以共用同一个 UV，即在模型中把其中一半删除，留下一半模型即可，如图 4-1-1 所示。

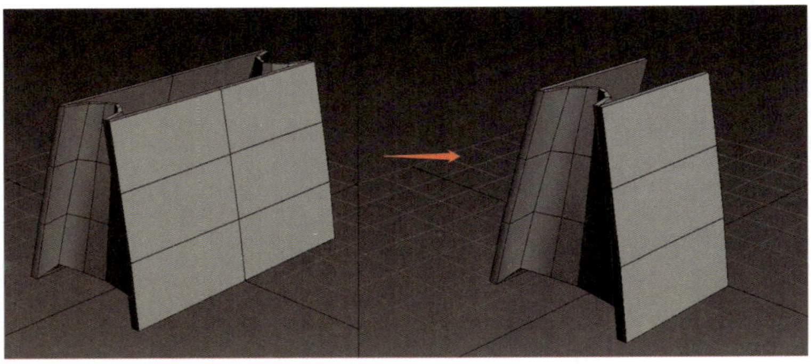

图 4-1-1　模型结构删除

然后，在剩余的两部分模型中选择其中一部分，单击“附加”工具，将两部分附加在一起。进入可编辑多边形的顶点层级，单击并拖动鼠标框选两部分模型中间重合的顶点，单击“焊接”工具将两部分焊接合并为一个整体，如图 4-1-2 所示。

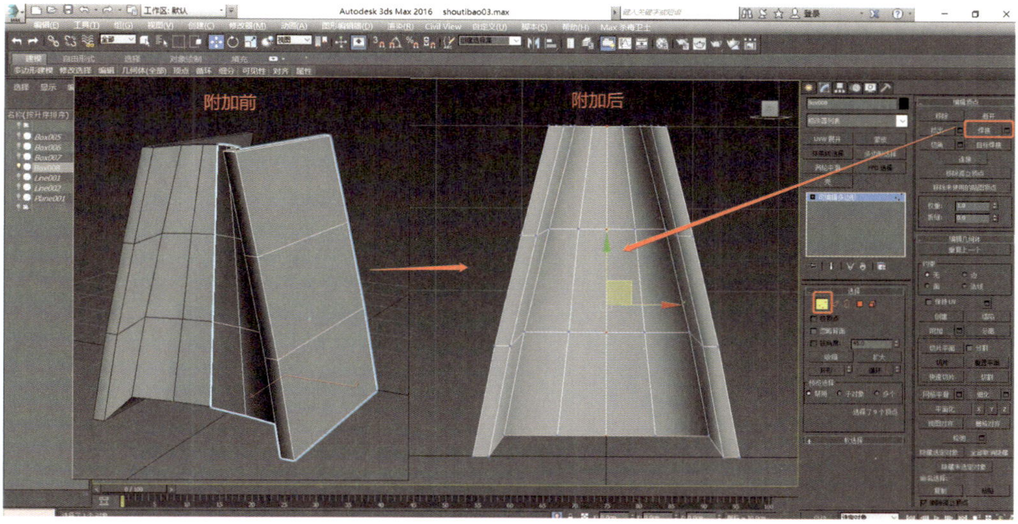

图 4-1-2　模型焊接操作示例

第二步，添加 UVW 展开工具。选择模型，在修改面板中打开修改器列表，在弹出的下拉菜单中找到“UVW 展开”并单击选中，这样在模型的可编辑多边形上方就会添加上“UVW 展开”工具，如图 4-1-3 所示。

图 4-1-3　UVW 展开示例

第三步，单击“UVW 展开”进入 UVW 展开的编辑栏。单击“编辑 UV”栏中的“打开 UV 编辑器”，弹出的对话框展示的就是当前模型的 UV 效果，此时整个 UV 效果图比较混乱，如图 4-1-4 所示。

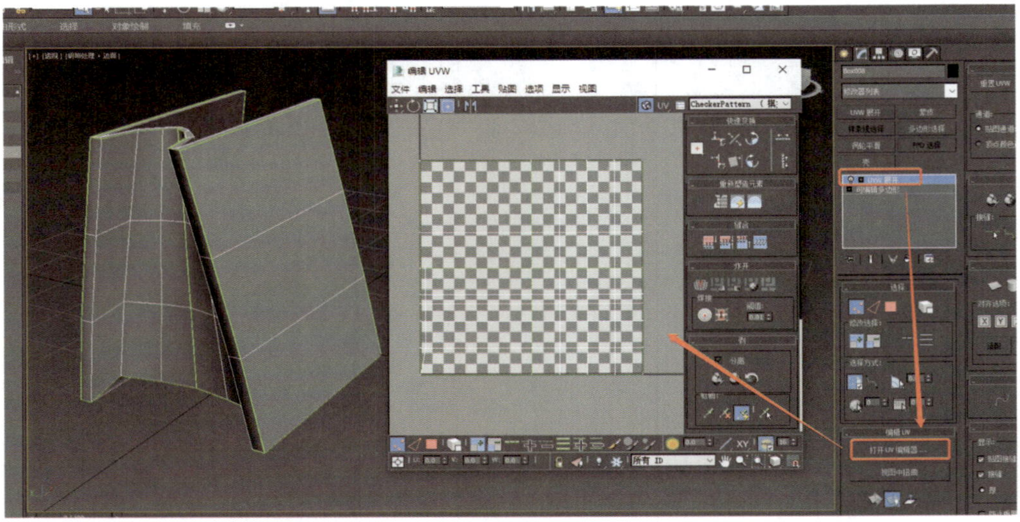

图 4-1-4　模型的初始 UV 效果展示

在“编辑 UV”栏中，单击左下方的“多边形”按钮，进入多边形层级，单击并拖动鼠标选择所有 UV，再单击命令面板下的“编辑 UV”栏中的“快速平面贴图”工具，此时 UV 效果图中混乱的线通过调整就全都消失了，如图 4-1-5 所示。

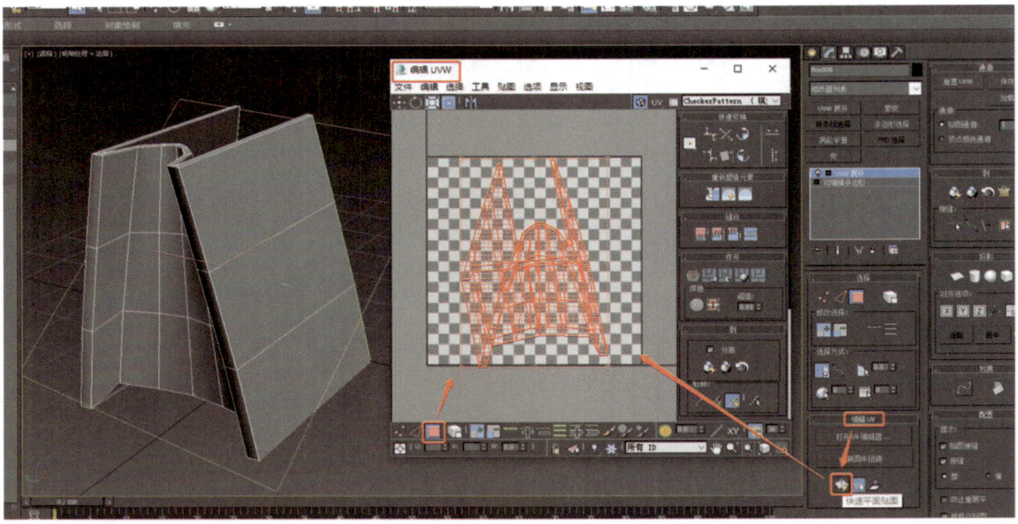

图 4-1-5　快速平面贴图示例

第四步，进行包身内侧 UV 拆分。进入“编辑 UV”的多边形层级，单击并选择包身内侧的面，同时按 Ctrl 键进行加选，选中包身内侧所有的面，在“编辑 UV”栏中右击鼠标后单击“断开”(或在右侧工具栏使用“炸开”→“断开”工具)进行 UV

分离，如图 4-1-6 所示。

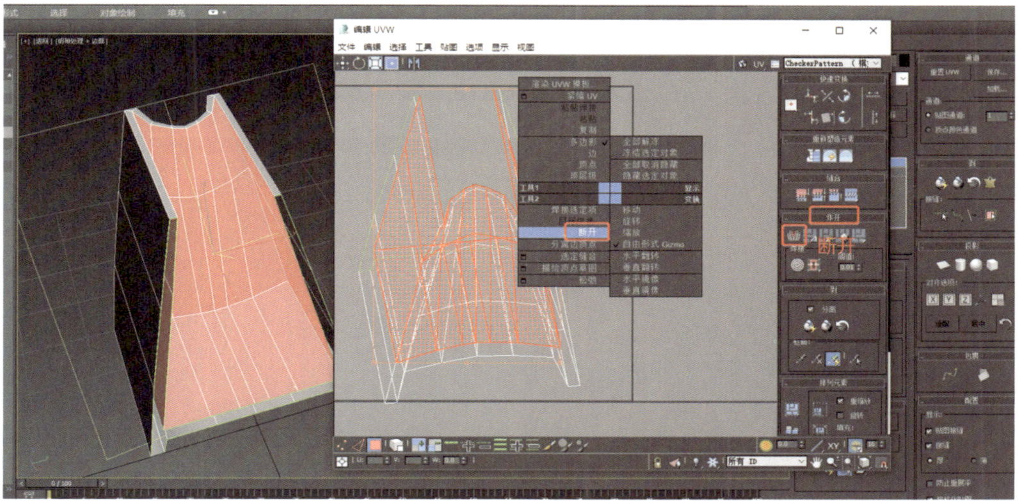

图 4-1-6　包身内侧 UV 断开示例

继续选择包身内侧底部的面，在“编辑 UVW”框中右击鼠标后单击“断开”（或在右侧工具栏使用“炸开”→“断开”工具）进行 UV 分离。这样就将包身里面的 UV 拆成了两部分，如图 4-1-7 所示。

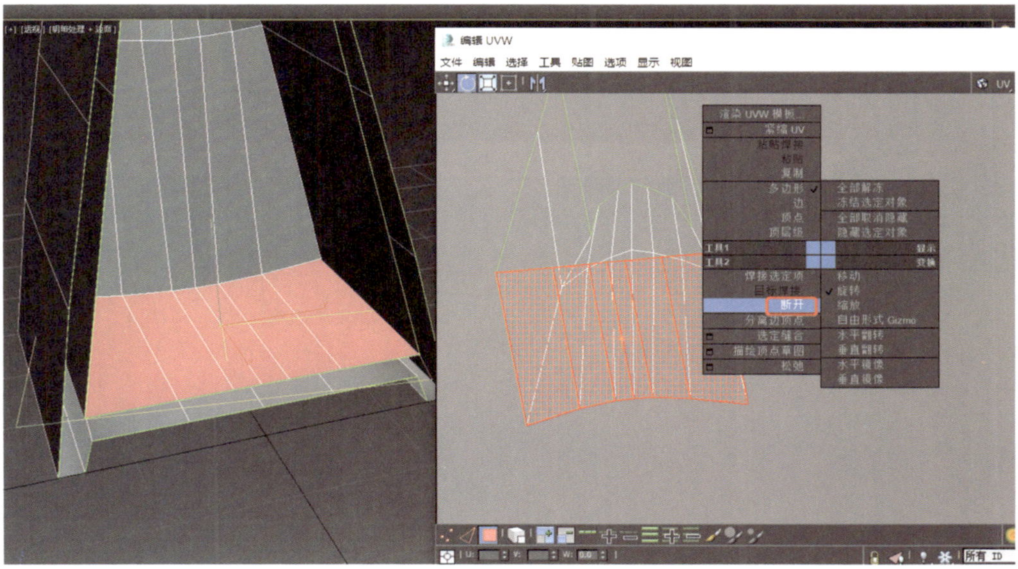

图 4-1-7　包身内侧底部 UV 断开示例

接下来，选择包身内部结构的 UV，单击“剥”→“快速剥”，对整个 UV 进行展开操作，如图 4-1-8 所示。

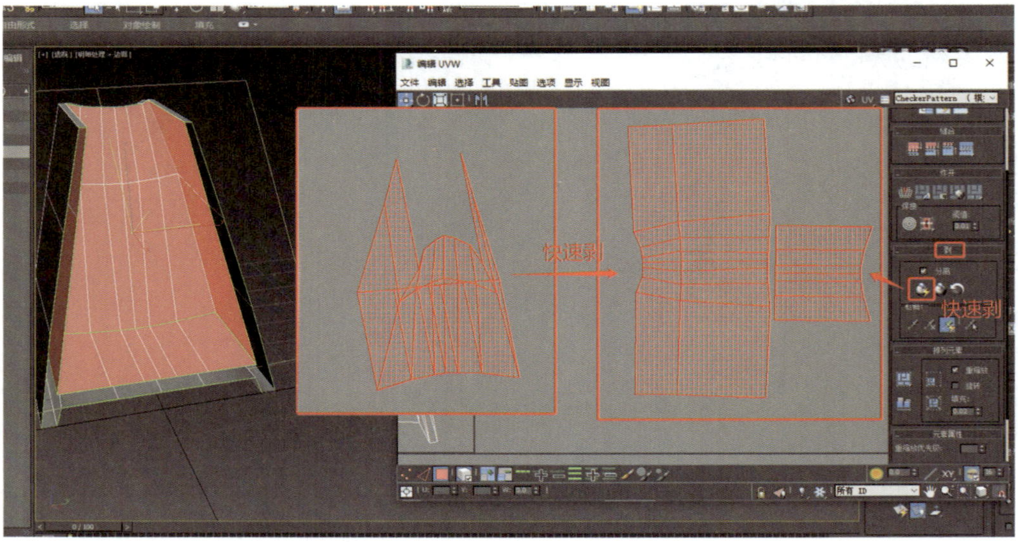

图 4-1-8　UV 快速剥示例

UV 展开后，整个形状有些弯曲，可采用对齐工具将每条线打直。进入边层级，选择横向边，单击“水平对齐到轴”将边打直；选择纵向边，单击“垂直对齐到轴”将边打直，如图 4-1-9 所示。

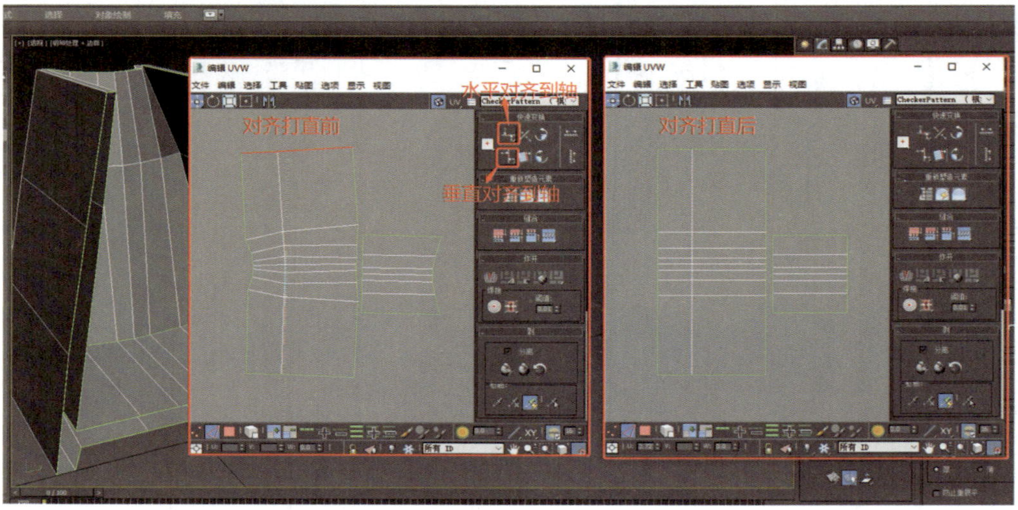

图 4-1-9　水平与垂直对齐到轴操作示例

UV 拆分并打直后，单击“棋盘格”，通过查看棋盘格是否扭曲来检测 UV 拆分是否合理，如果棋盘格未扭曲且呈正方形，即为合理，如图 4-1-10 所示。

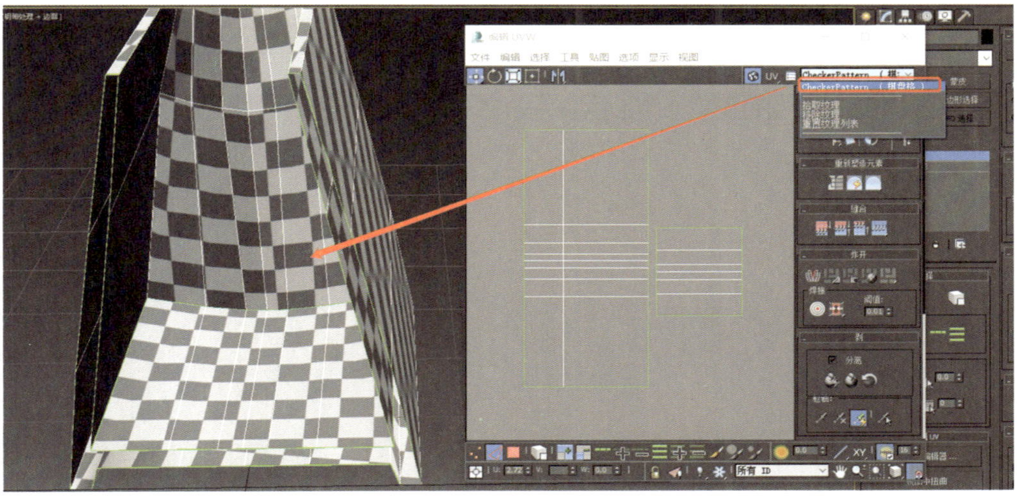

图 4-1-10　棋盘格显示示例

第五步，包身和包身底面 UV 拆分。在“编辑 UV”栏中，单击“多边形”进入多边形层级，单击并选择底面相应的面，同时按住 Ctrl 键加选面，从而选中底部所有的面，在“编辑 UVW”框中右击鼠标后单击“断开”(或在右侧工具栏使用“炸开”→“断开”工具)进行 UV 分离，如图 4-1-11 所示。

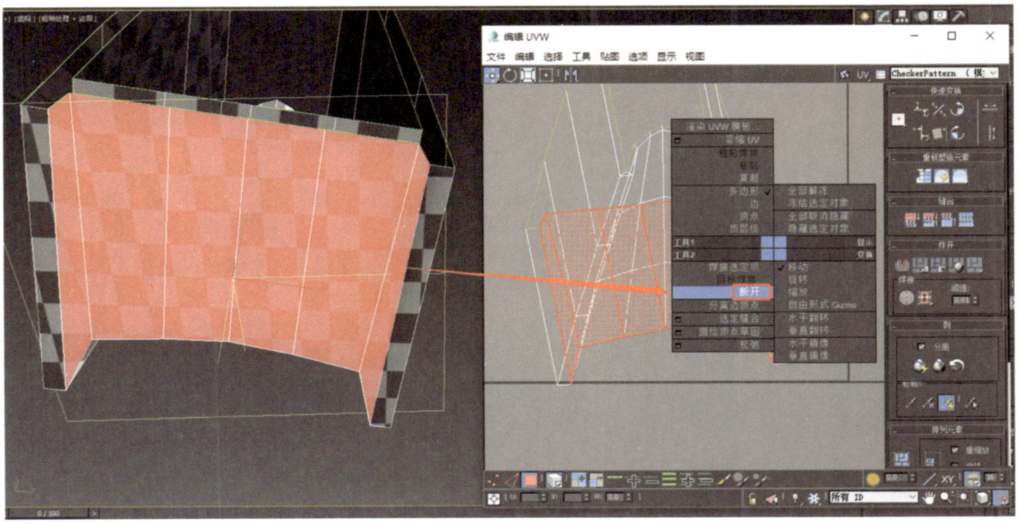

图 4-1-11　包身底部 UV 断开示例

继续选择手提包身和包身底面结构的 UV,单击“剥”→“快速剥”,对整个 UV 进行展开操作,如图 4-1-12 所示。

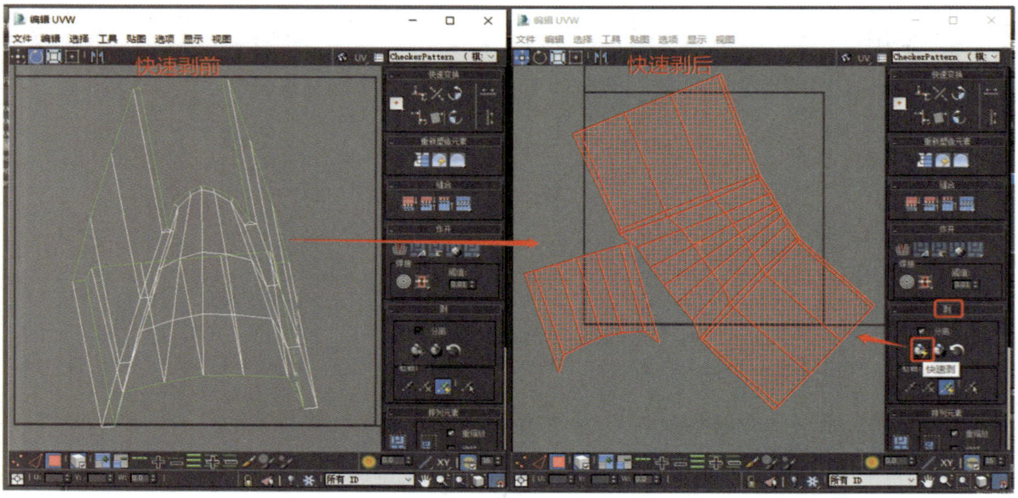

图 4-1-12　UV 快速剥示例

UV 展开后,进入边层级,选择横向边,单击“水平对齐到轴”将边打直;选择纵向边,单击“垂直对齐到轴”将边打直,如图 4-1-13 所示。

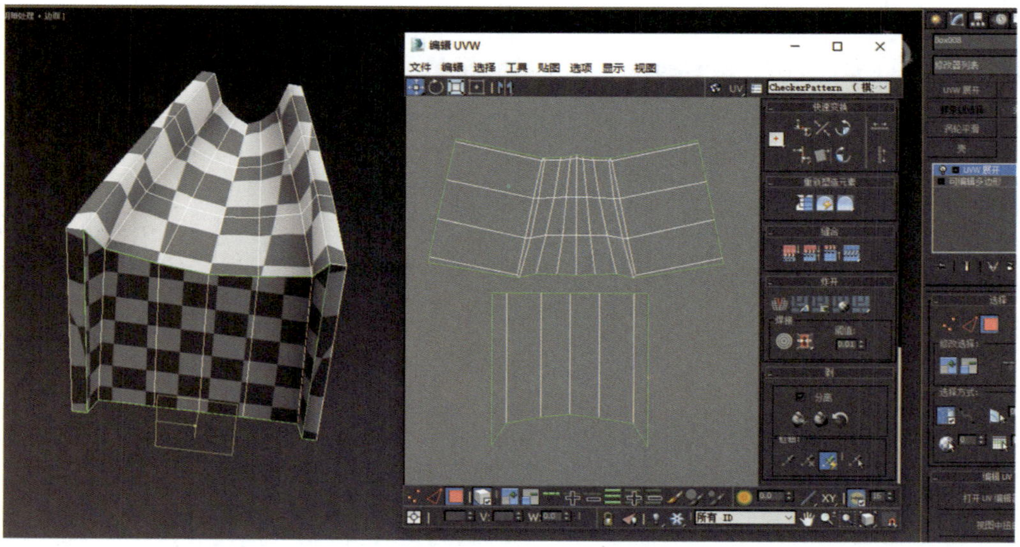

图 4-1-13　水平与垂直对齐到轴操作示例

最终,包身的 UV 拆分效果如图 4-1-14 所示。UV 拆分结束后将包身模型转化为可编辑多边形,保存已拆分好的 UV 即可。

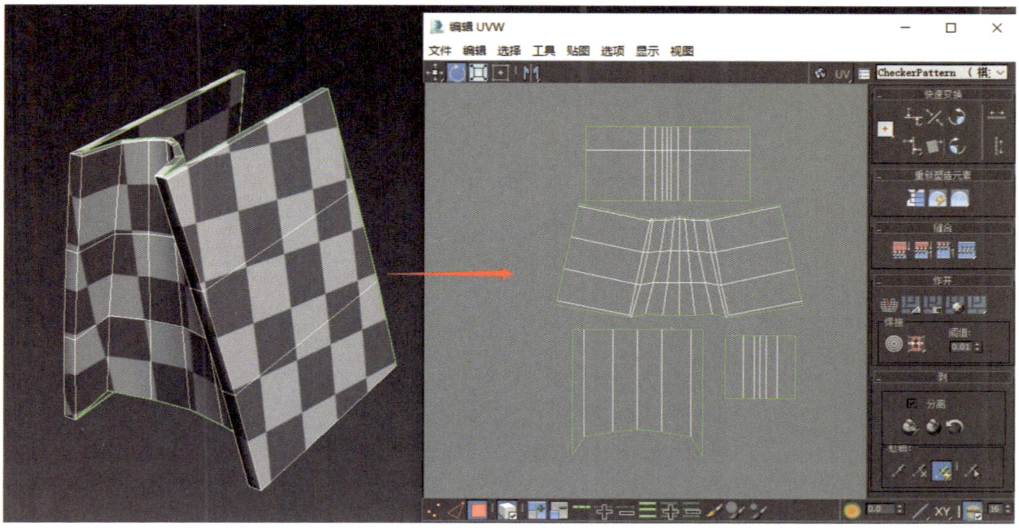

图 4-1-14　包身 UV 效果展示

2.手提包包盖的 UV 拆分

第一步，添加 UVW 展开工具。选择包盖模型，在修改面板中打开修改器列表，在弹出的下拉菜单中找到"UVW 展开"并单击选择，这样在模型的可编辑多边形上方就会添加上"UVW 展开"工具，如图 4-1-15 所示。

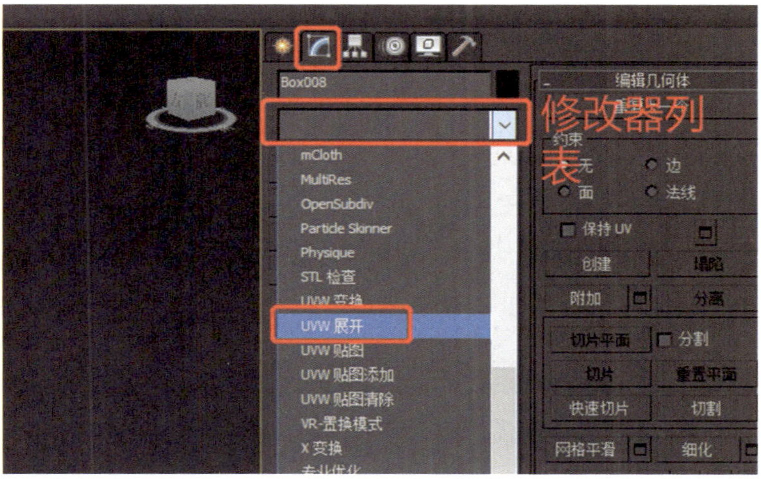

图 4-1-15　UVW 展开示例

第二步，单击"UVW 展开"进入 UVW 展开的编辑栏。在"编辑 UV"栏下选择"打开 UV 编辑器"，弹出的对话框展示的就是当前模型的 UV 效果，此时整个 UV 效果图比较混乱，如图 4-1-16 所示。

图 4-1-16　UV 编辑器中初始 UV 效果展示

在“编辑 UV”框中，单击左下方的“多边形”按钮，进入多边形层级，单击并拖动鼠标选择所有 UV，再单击命令面板下的“编辑 UV”栏中的“快速平面贴图”工具，此时 UV 效果图中混乱的线通过调整就全都消失了，如图 4-1-17 所示。

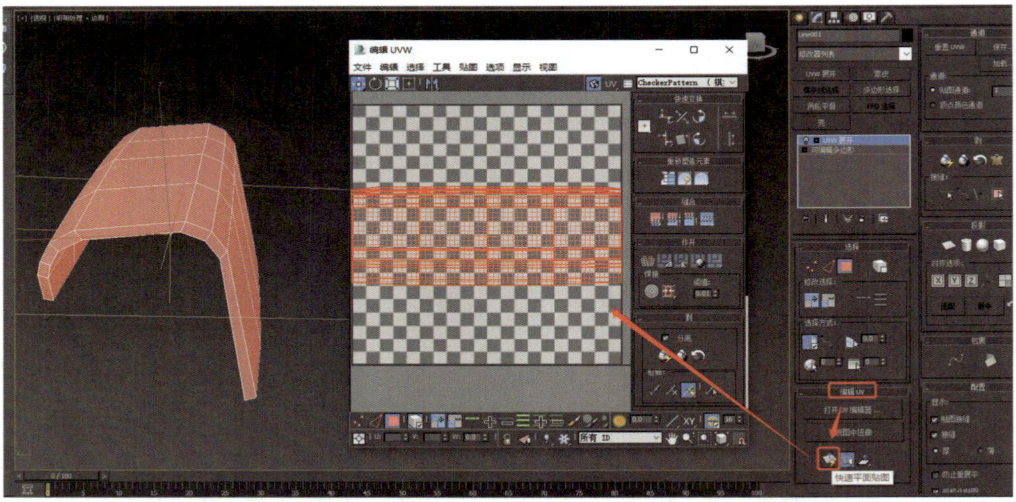

图 4-1-17　快速平面贴图示例

第三步，进行 UV 拆分。进入“编辑 UV”的多边形层级，单击并选择包盖底部的面，同时按 Ctrl 键进行加选，选中包盖底部所有的面，在“编辑 UVW”框中右击鼠标后单击“断开”(或在右侧工具栏使用“炸开”→“断开”工具)，将包盖 UV 拆分成两部分，如图 4-1-18 所示。

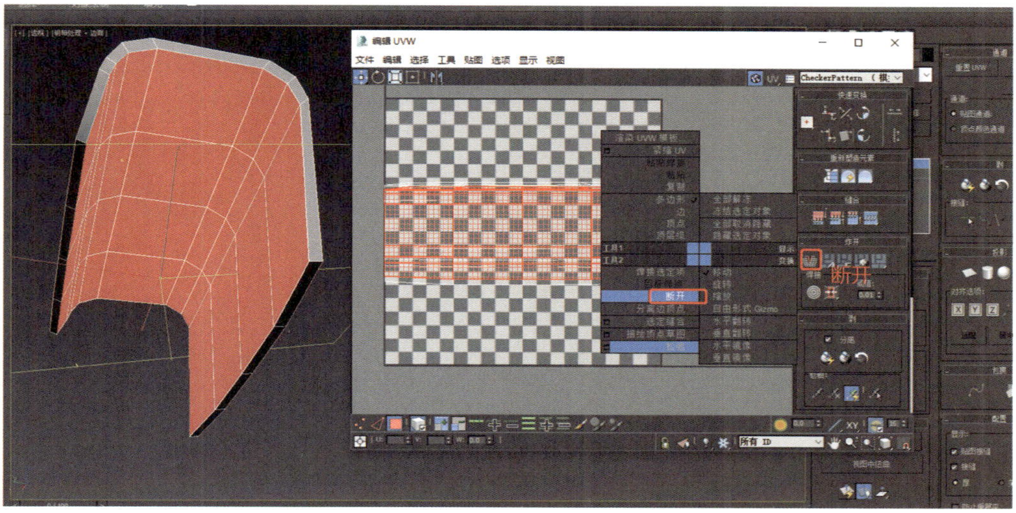

图 4-1-18　包盖 UV 断开示例

单击并框选包盖的两部分 UV，单击“剥”→“快速剥”，对整个 UV 进行展开操作，如图 4-1-19 所示。

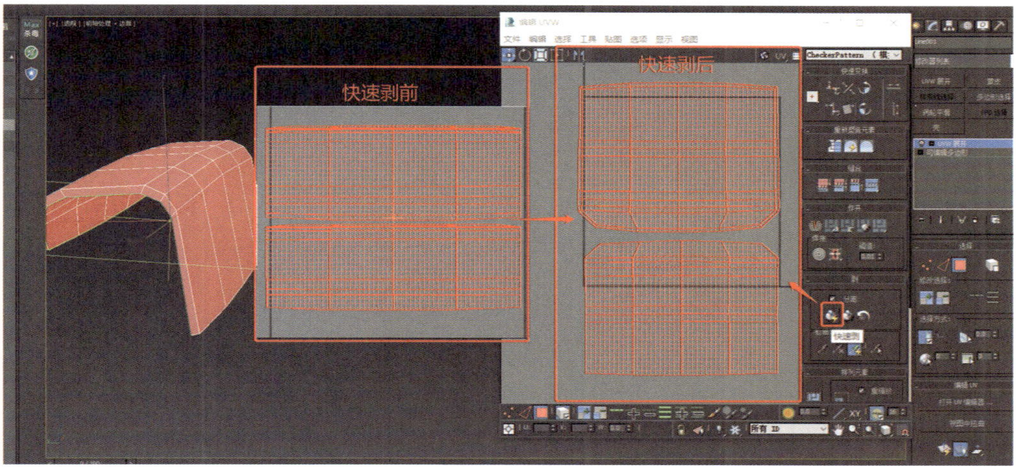

图 4-1-19　包盖 UV 快速剥示例

第四步，UV 对齐。UV 展开后，整个形状有些弯曲，可采用对齐工具将每条线打直。进入边层级，选择横向边，单击“水平对齐到轴”将边打直；选择纵向边，单击“垂直对齐到轴”将边打直，如图 4-1-20 所示。

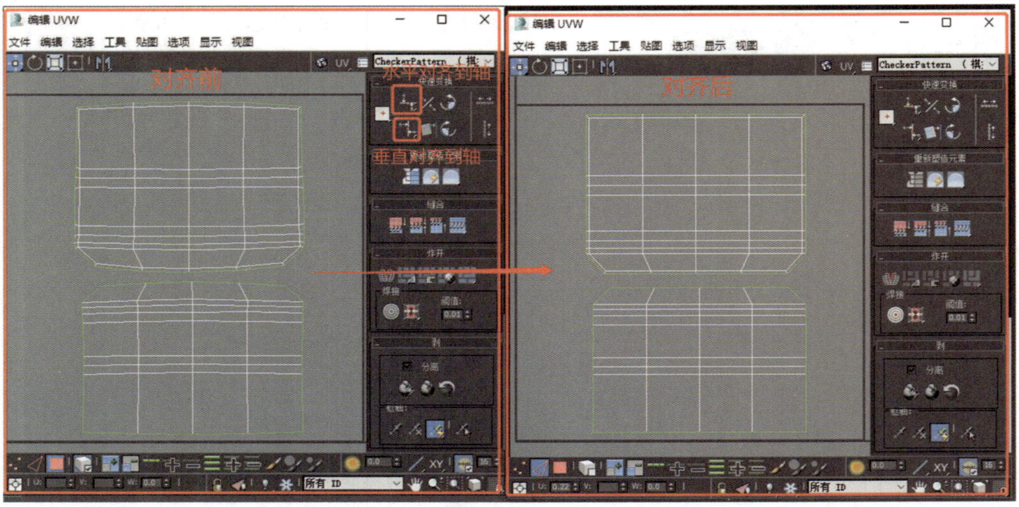

图 4-1-20　包盖 UV 水平与垂直对齐到轴操作示例

第五步，UV 展开效果展示与检查。UV 拆分并打直后，单击“棋盘格”显示，通过查看棋盘格是否扭曲来检测 UV 拆分是否合理，如果棋盘格未扭曲且呈正方形，即为合理，如图 4-1-21 所示。

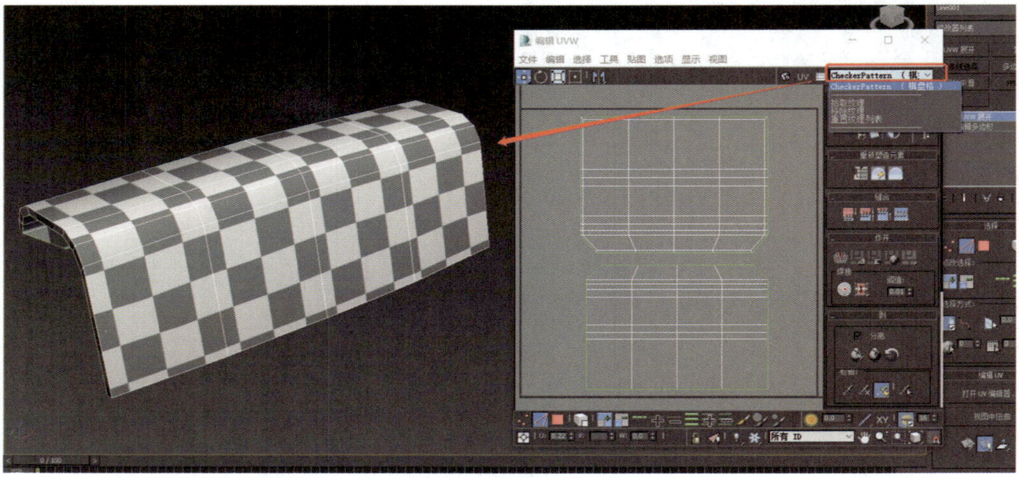

图 4-1-21　包盖 UV 棋盘格显示效果

3.手提包金属的 UV 拆分

在整个手提包中，有两个金属，此处将其命名为金属 1、金属 2，如图 4-1-22 所示。

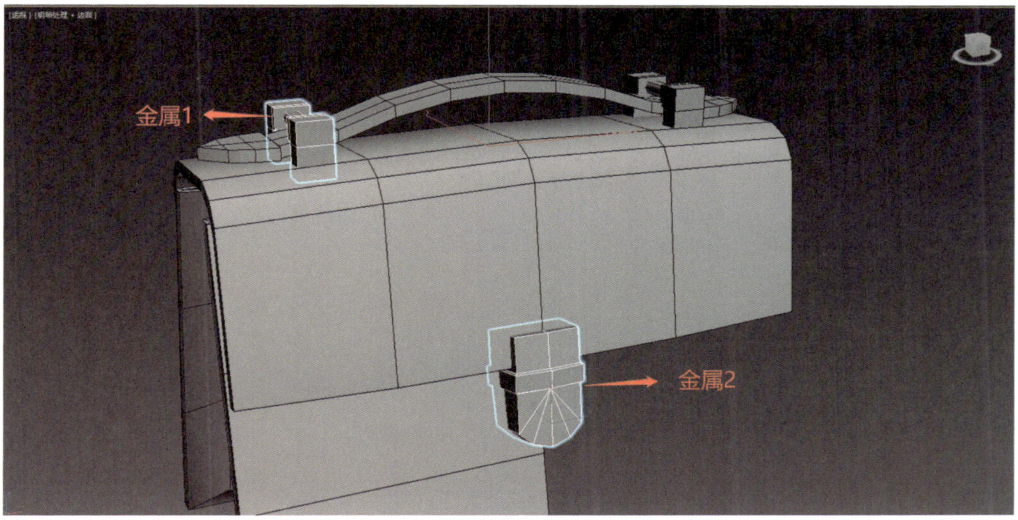

图 4-1-22 金属分组示例

(1)金属 1 的 UV 拆分：

金属 1 由两组结构模型相同的金属部件组成，同样先将其中一个模型删除，UV 制作完成后再进行复制即可。

第一步，添加 UVW 展开工具。选择金属 1 的模型，在修改面板中打开修改器列表，在弹出的下拉菜单中找到“UVW 展开”并单击选择，这样在模型的可编辑多边形上方就会添加上“UVW 展开”工具，如图 4-1-23 所示。

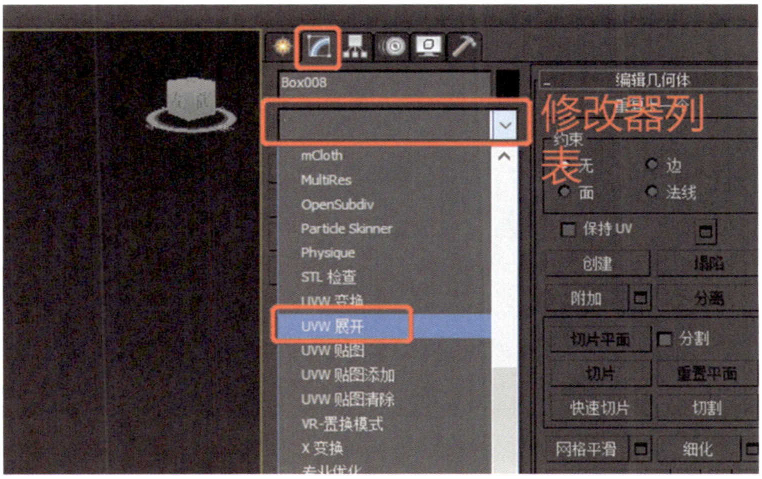

图 4-1-23 “UVW 展开”工具示例

第二步，单击“UVW 展开”进入 UVW 展开的编辑栏。在“编辑 UV”栏中选择“打开 UV 编辑器”，弹出的对话框展示的就是当前模型的 UV 效果，此时整个 UV 效果图比较混乱，如图 4-1-24 所示。

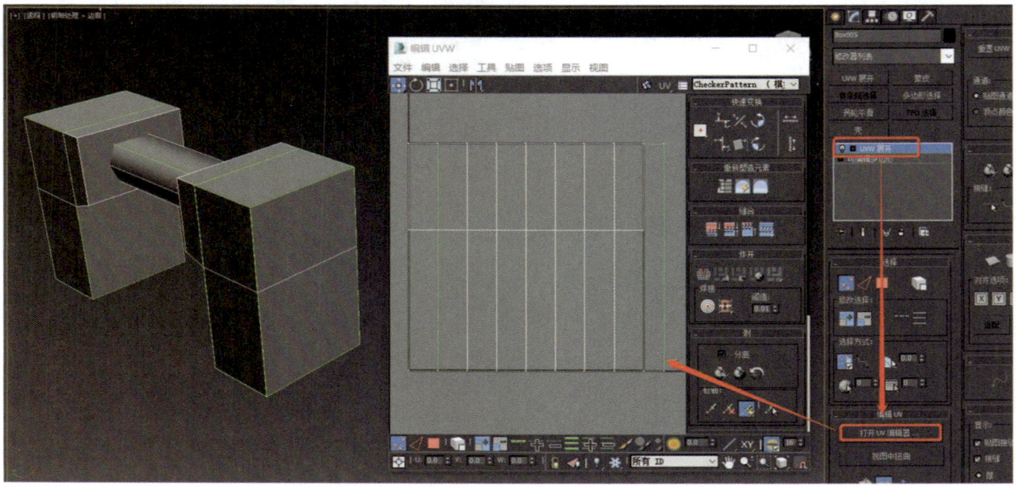

图 4-1-24　UV 编辑器中初始 UV 效果展示

在“编辑 UV”栏中，单击左下方的“多边形”按钮，进入多边形层级，单击并拖动鼠标选择所有 UV，再单击命令面板中“编辑 UV”栏的“快速平面贴图”工具，此时 UV 效果图中混乱的线通过调整就全都消失了，如图 4-1-25 所示。

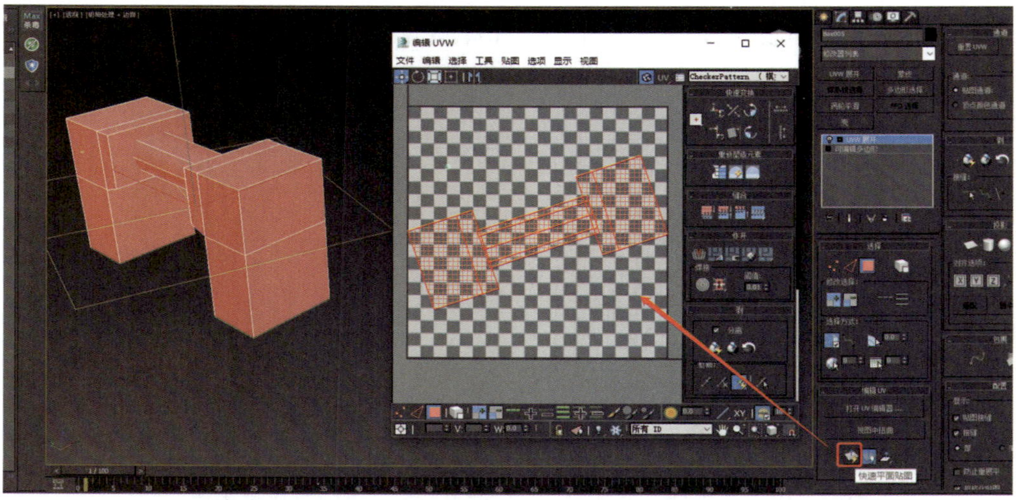

图 4-1-25　金属 1 的 UV 快速平面贴图示例

第三步，UV 拆分。进入“编辑 UV”的多边形层级，单击并选择顶部的面，同时按 Ctrl 键进行加选，选中顶部所有的面，在“编辑 UVW”框中右击鼠标后单击“断开”(或在右侧工具栏使用“炸开”→“断开”工具)，对顶部 UV 进行拆分，如图 4-1-26 所示。

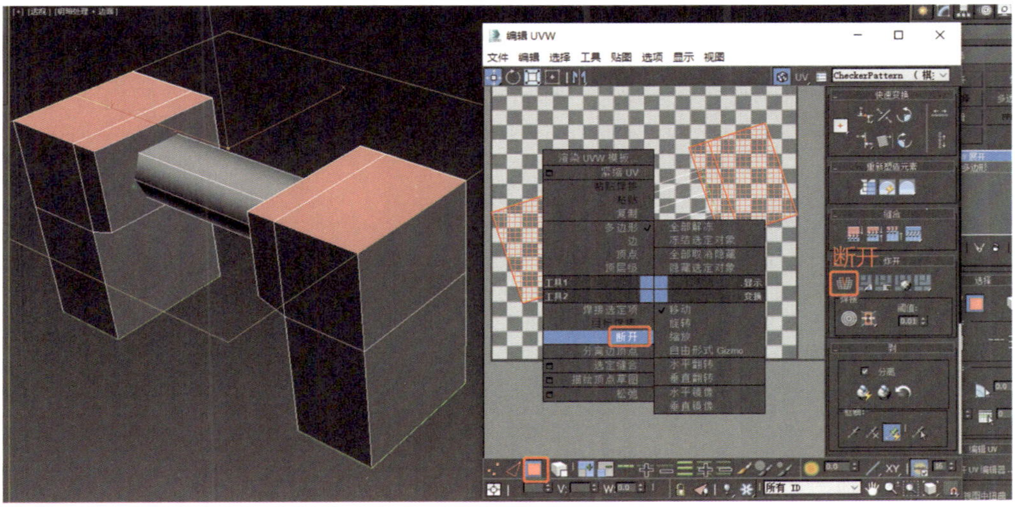

图 4-1-26　金属 1 顶部断开示例

进入“编辑 UV”的边层级，单击并选择侧面，同时按 Ctrl 键进行加选，选中两块方形金属的纵向边，在“编辑 UVW”框中右击鼠标后单击“断开”(或在右侧工具栏使用“炸开”→“断开”工具)，对金属纵向面进行拆分，如图 4-1-27 所示。

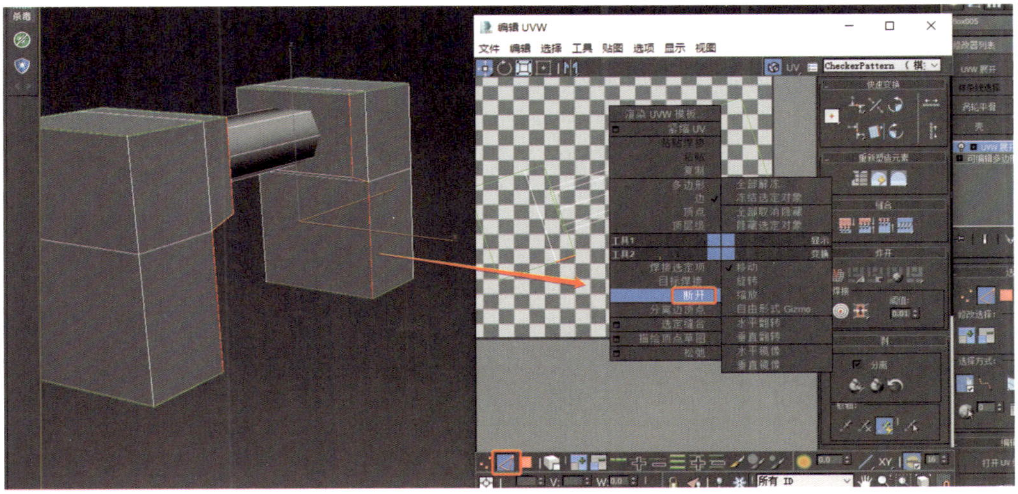

图 4-1-27　金属 1 侧面断开示例

继续选择中间圆柱下方的中间线，在“编辑 UV”栏中右击鼠标后单击“断开”，对中间圆柱 UV 进行拆分，如图 4-1-28 所示。

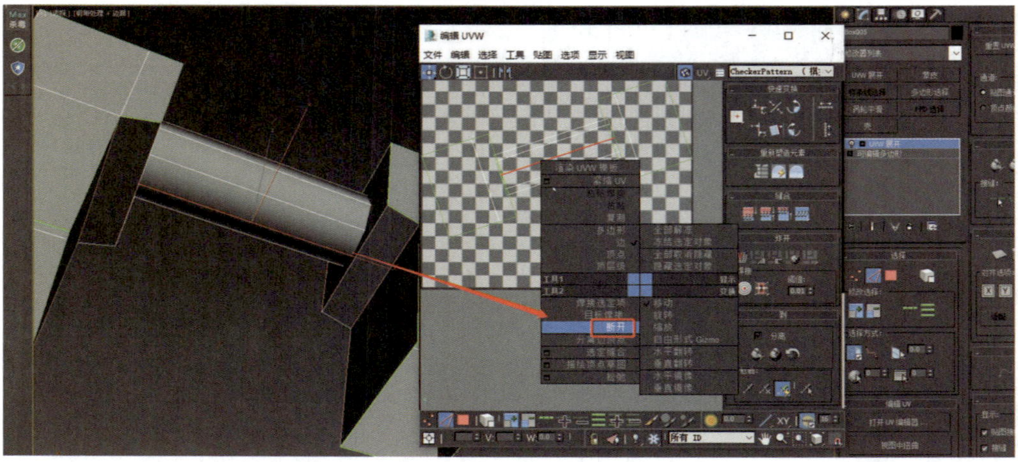

图 4-1-28　金属 1 中圆柱 UV 断开示例

第四步，UV 展分。进入多边形层级，单击并选择金属 1 的所有 UV，单击“剥”→“快速剥”，对整个 UV 进行展开操作，如图 4-1-29 所示。

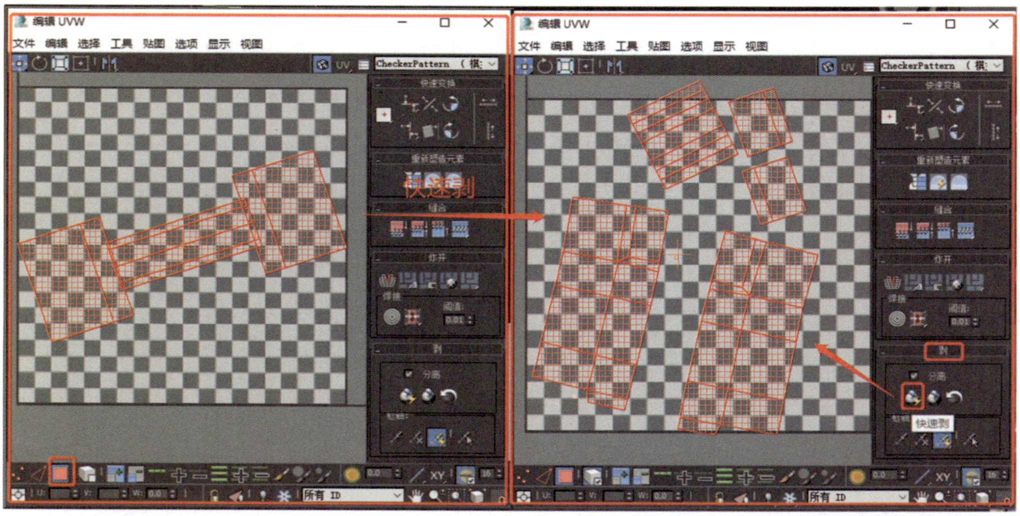

图 4-1-29　金属 1 的 UV 快速剥示例

第五步，UV 对齐。UV 展开后，整个形状有些弯曲，可采用对齐工具将每条线打直。进入边层级，选择横向边，单击“水平对齐到轴”将边打直；选择纵向边，单击“垂直对齐到轴”将边打直，如图 4-1-30 所示。

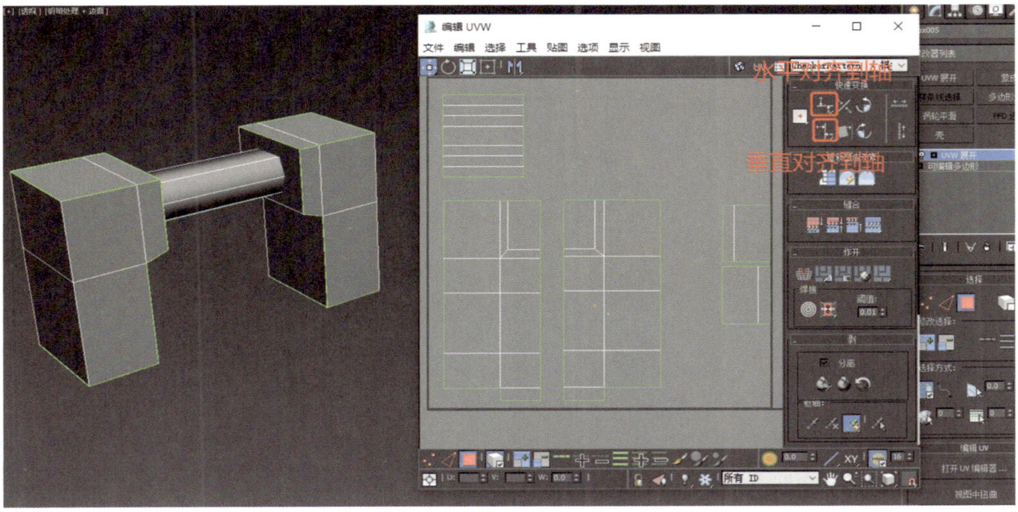

图 4-1-30　金属 1 的 UV 水平与垂直对齐到轴操作示例

由于金属 1 中的左右两部分模型结构相同，因此可对结构相同的 UV 进行重叠摆放。进入多边形层级，选择需要重叠的 UV，用“垂直镜像选定的子对象”工具进行镜像，从而把 UV 方向调整至与另一半相同，如图 4-1-31 所示。

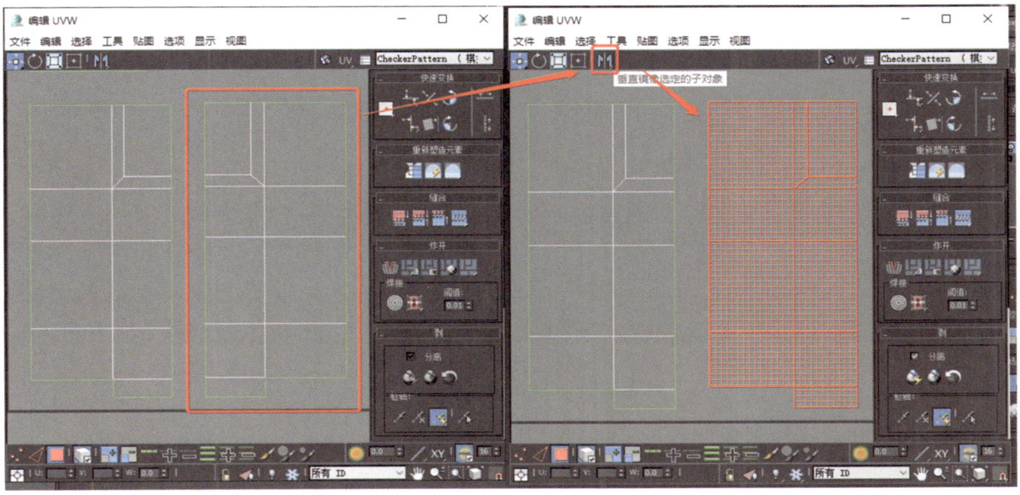

图 4-1-31　UV 镜像操作示例

接下来再用“移动”工具将两部分重叠在一起，如图 4-1-32 所示。

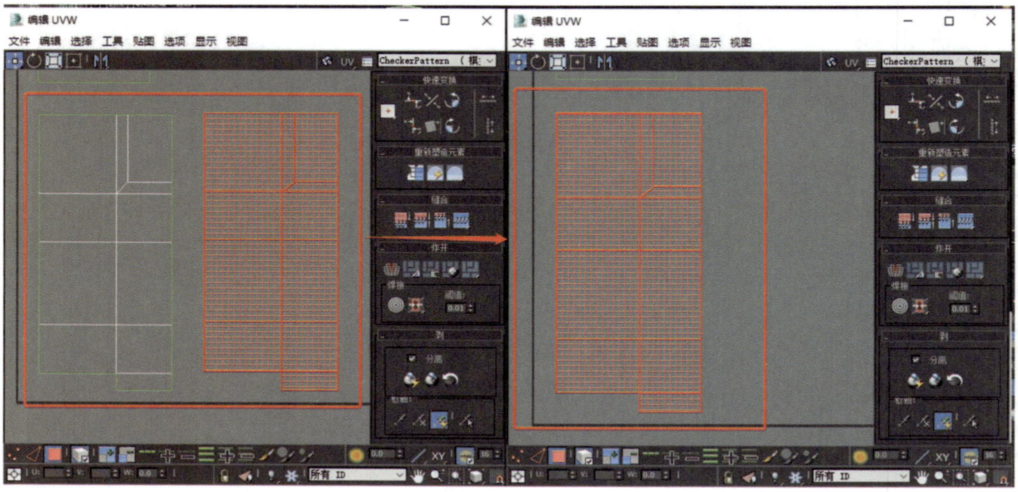

图 4-1-32　相同 UV 重叠示例

其他可重合的 UV 可采用相同的操作方法进行制作，如图 4-1-33 所示。

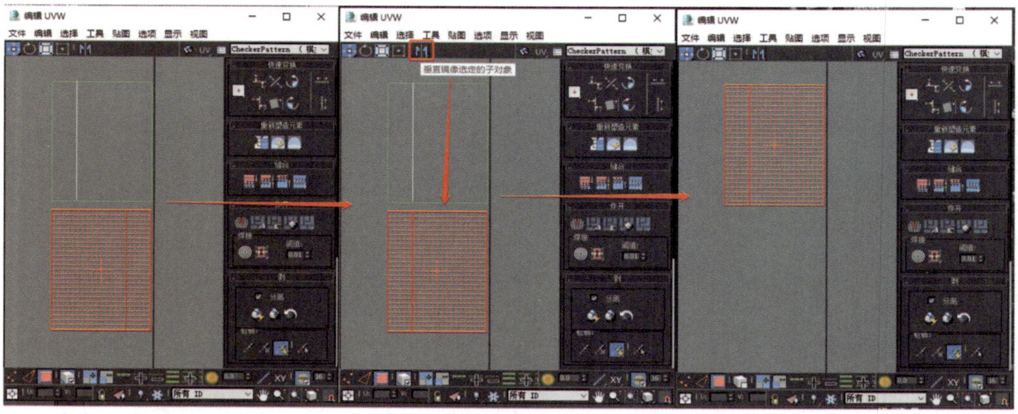

图 4-1-33　UV 重合操作示例

第六步，UV 展开效果展示与检查。UV 展分后，单击“棋盘格”显示，通过查看棋盘格是否扭曲来检测 UV 拆分是否合理，如果棋盘格未扭曲且呈正方形，即为合理，如图 4-1-34 所示。最后，将模型转换为可编辑多边形，并保存展分好的 UV。

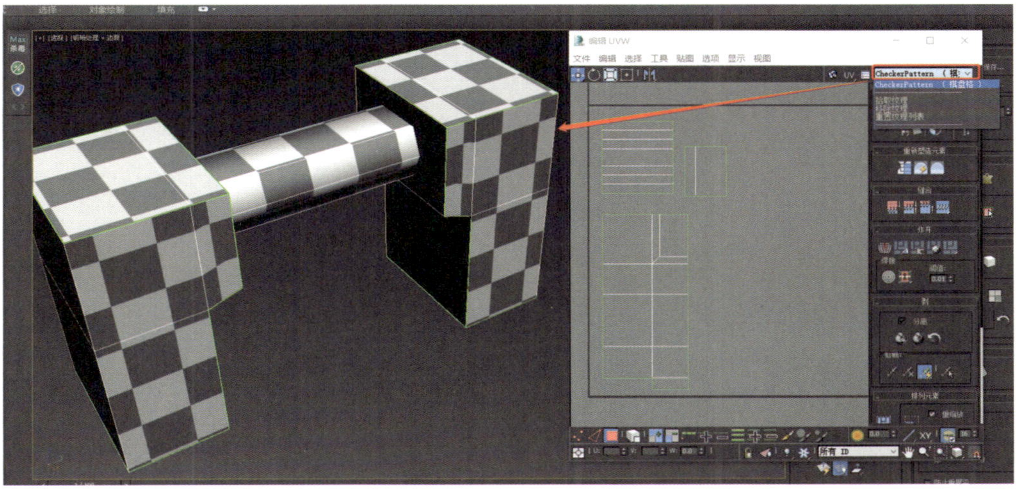

图 4-1-34　金属 1 的 UV 棋盘格显示示例

(2)金属 2 的 UV 拆分：

第一步，添加 UVW 展开工具。选择金属 1 模型，在修改面板中打开修改器列表，在弹出的下拉菜单中找到“UVW 展开”并单击选择，这样在模型的可编辑多边形上方就会添加上“UVW 展开”工具，如图 4-1-35 所示。

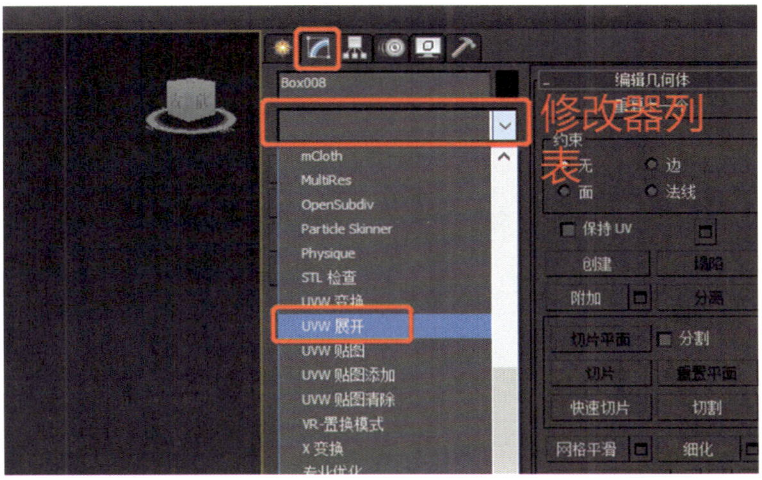

图 4-1-35　UVW 展开操作示例

第二步，单击“UVW 展开”进入 UVW 展开的编辑栏。在“编辑 UV”栏下选择“打开 UV 编辑器”，弹出的对话框就是当前模型的 UV 效果，此时整个 UV 比较混乱，如图 4-1-36 所示。

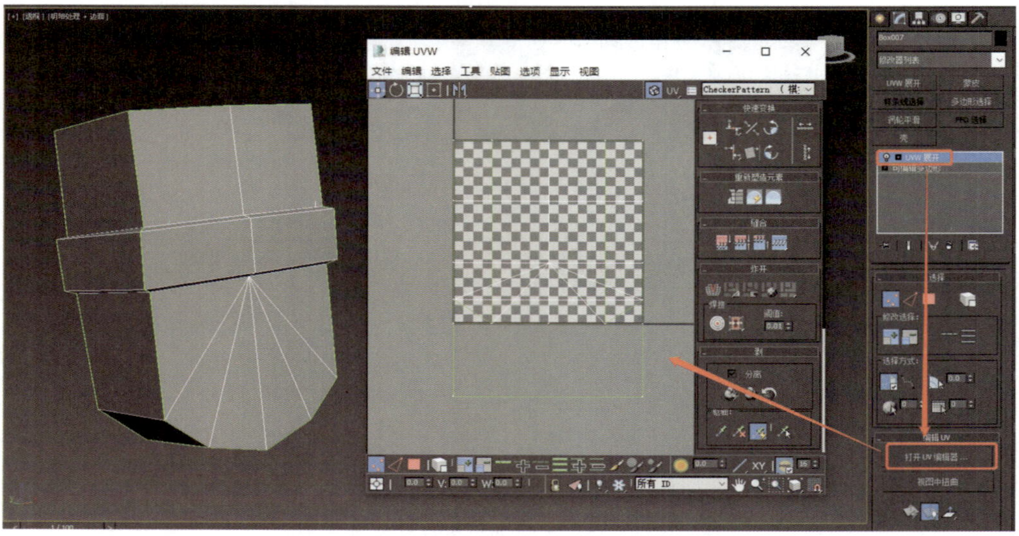

图 4-1-36　金属 2 的初始 UV 效果展示

在“编辑 UV”栏中，单击左下方的“多边形”按钮，进入多边形层级，单击并拖动鼠标选择所有 UV，再单击命令面板中“编辑 UV”栏的“快速平面贴图”工具，此时 UV 效果图中混乱的线通过调整就全都消失了，如图 4-1-37 所示。

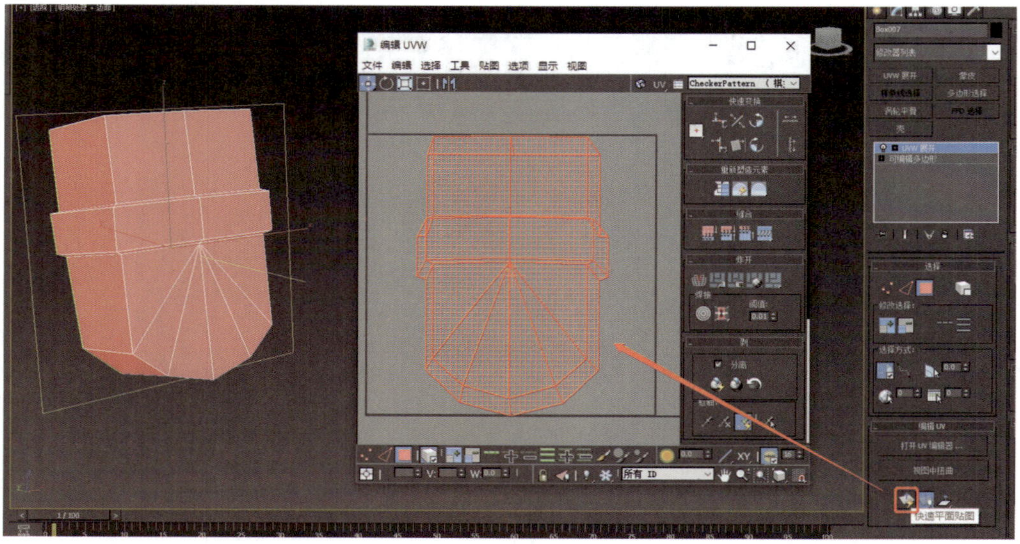

图 4-1-37　金属 2 的 UV 快速平面贴图示例

第三步，UV 拆分。进入“编辑 UV”的边层级，单击并选择相应的边，同时按 Ctrl 键加选需要断开的边，在“编辑 UV”栏中右击鼠标后单击“断开”(或在右侧工具栏使用“炸开”→“断开”工具)，对金属 2 顶部 UV 进行拆分，如图 4-1-38 所示。

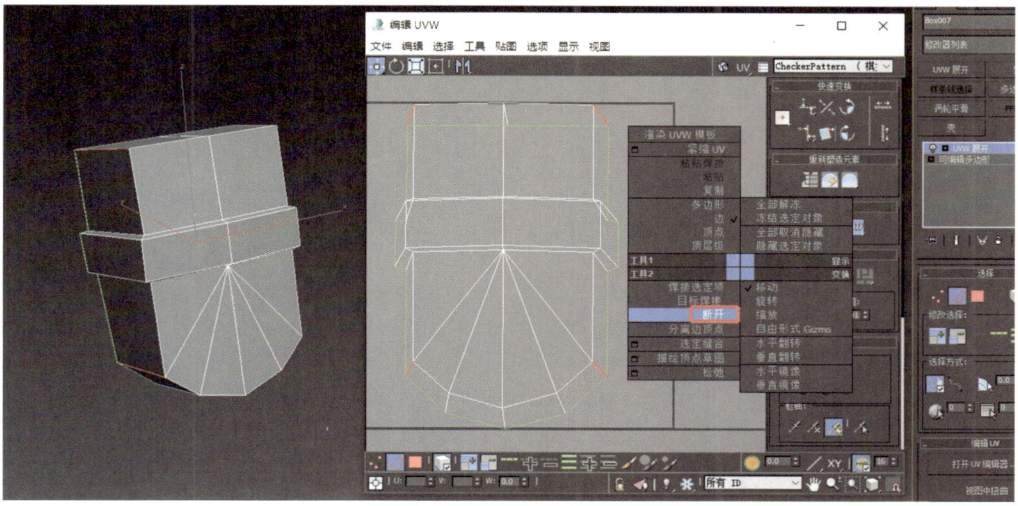

图 4-1-38　金属 2 的 UV 断开示例

第四步，UV 展分。进入多边形层级，单击并选择金属 2 的所有 UV，单击“剥”→“快速剥”，对整个 UV 进行展开操作，如图 4-1-39 所示。

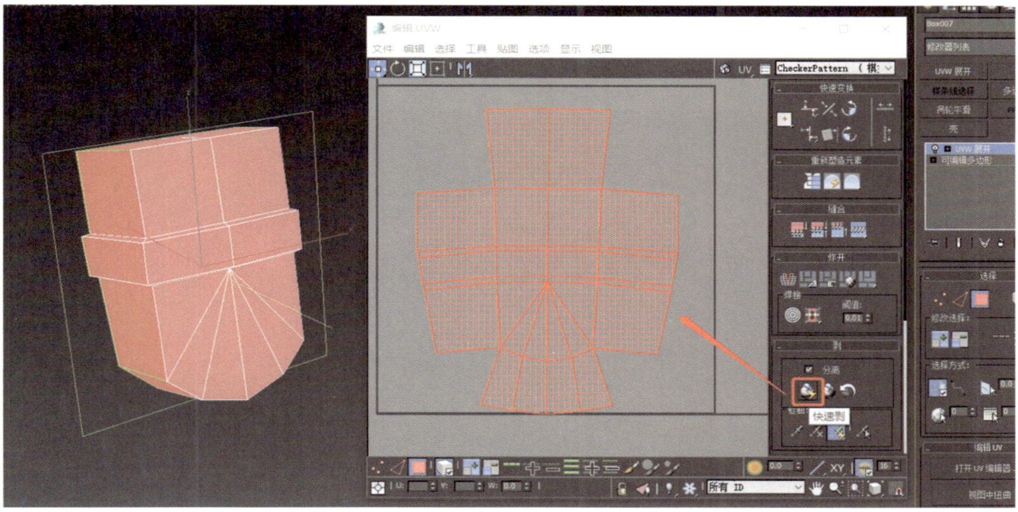

图 4-1-39　金属 2 的 UV 快速剥示例

第五步，UV 对齐。UV 展开后，整个形状有些弯曲，可采用对齐工具将线条打直。进入边层级，选择横向边，单击“水平对齐到轴”将边打直；选择纵向边，单击“垂直对齐到轴”将边打直。

最后单击“棋盘格”显示，通过查看棋盘格显示的形态进行展示与检查，如图 4-1-40 所示。

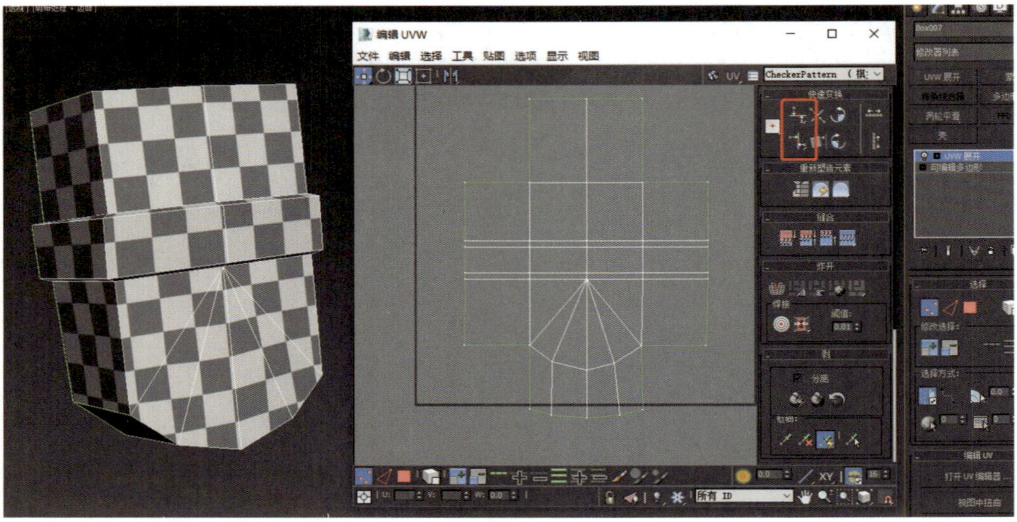

图 4-1-40 金属 2 的 UV 水平与垂直对齐到轴操作示例

4.手提包手挽的 UV 拆分

手提包手挽的结构左右相同，因此可将其一半模型删除后再进行 UV 拆分。选择手挽模型，进入可编辑多边形的多边形层级，单击并选择其中一半模型的面，按 Delete 键进行删除，如图 4-1-41 所示。

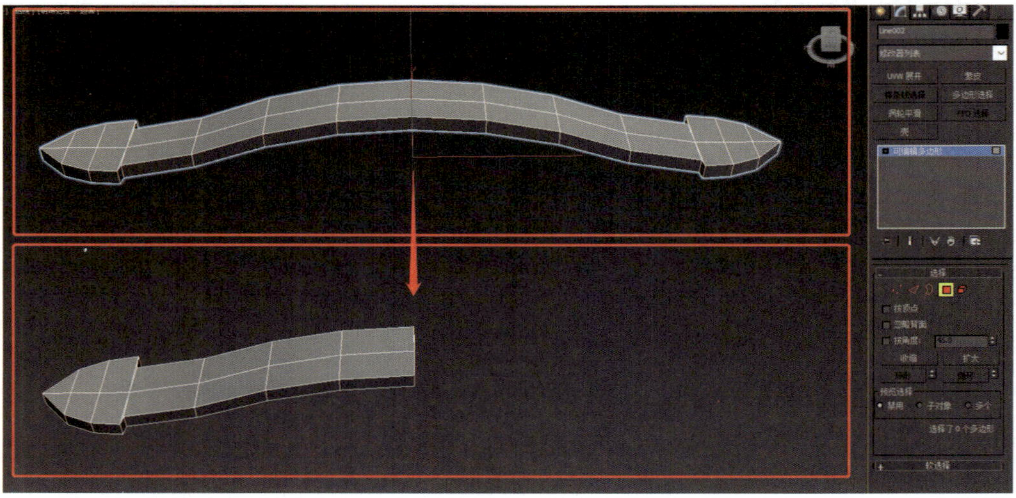

图 4-1-41 手挽模型多余面删除示例

第一步，添加“UVW 展开”工具，进入 UVW 展开的编辑栏。选择手挽模型，在修改面板中打开修改器列表，在弹出的下拉菜单中找到“UVW 展开”工具并单击选择，这样在模型的可编辑多边形上方就会添加上“UVW 展开”工具。单击

“UVW 展开”进入 UVW 展开的编辑栏。在“编辑 UV”栏中选择“打开 UV 编辑器”，此时弹出的对话框就是当前模型的 UV 效果。进入多边形层级，选择手挽模型底部的所有面，在“编辑 UVW”框中右击鼠标后单击“断开”，将手挽模型的 UV 拆分成两部分，如图 4-1-42 所示。

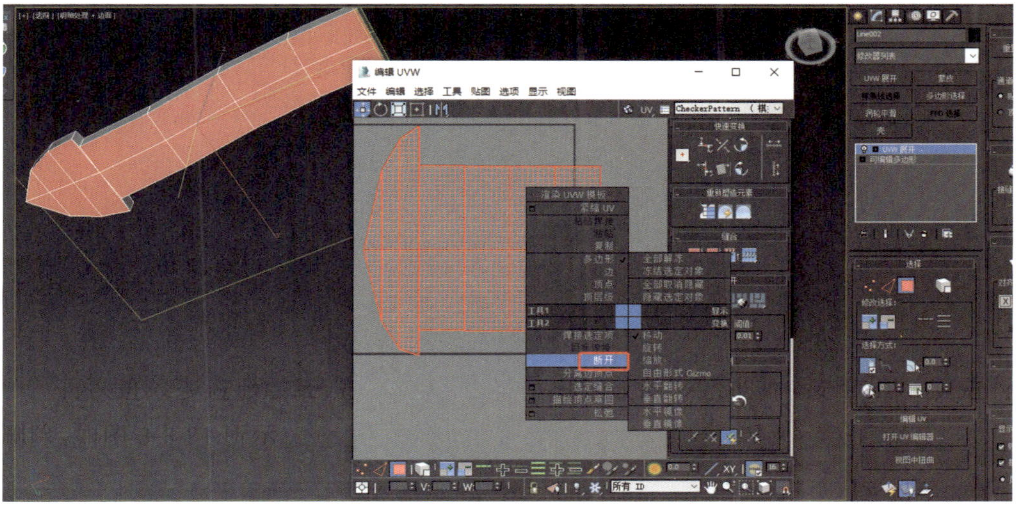

图 4-1-42　手挽 UV 断开示例

第二步，UV 展分。进入多边形层级，单击并选择手挽模型的所有 UV，单击“剥”→“快速剥”，对整个 UV 进行展开操作，如图 4-1-43 所示。

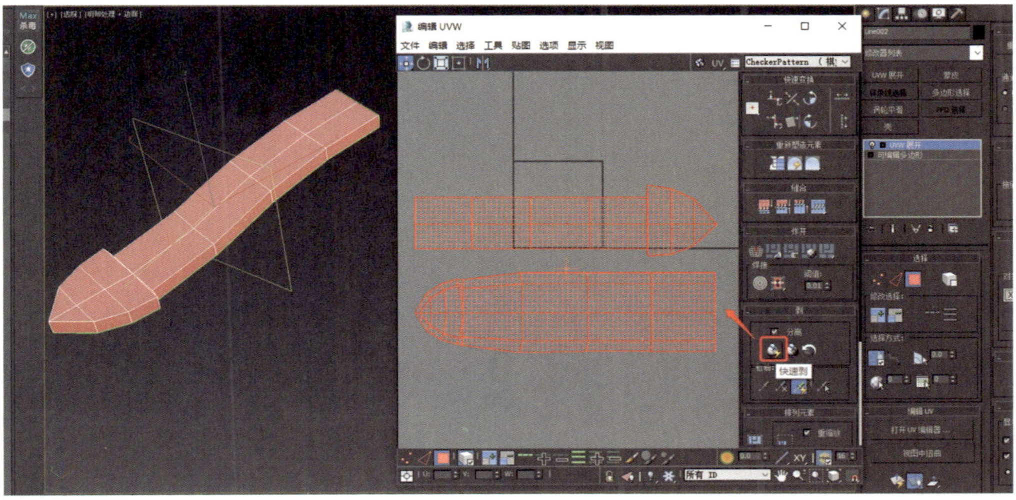

图 4-1-43　手挽 UV 快速剥示例

第三步，UV 对齐。UV 展开后，整个形状有些弯曲，同样可采用对齐工具将线条打直。进入边层级，选择横向边，单击“水平对齐到轴”将边打直；选择纵向边，单击“垂直对齐到轴”将边打直。

最后单击“棋盘格”显示，通过查看棋盘格显示的形态进行展示与检查，如图4-1-44所示。

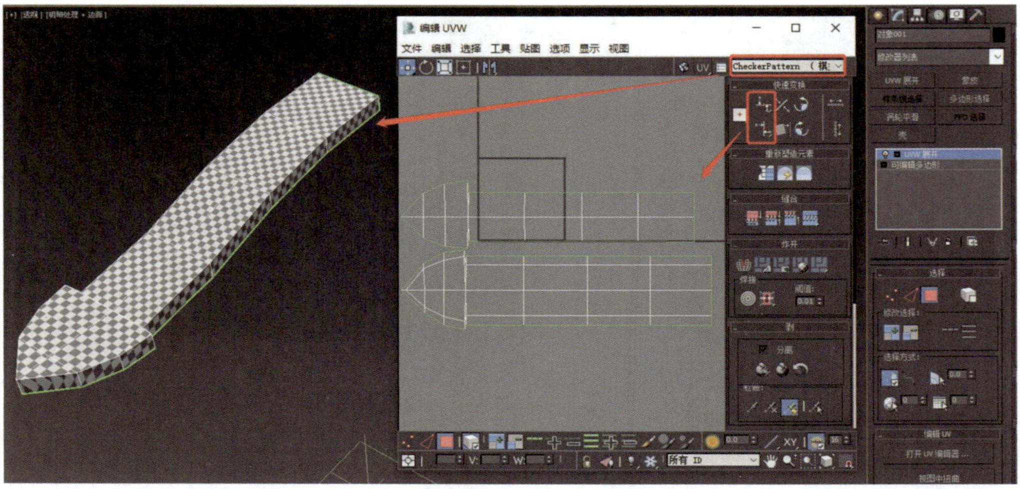

图 4-1-44　手挽 UV 效果展示

手提包的全部 UV 拆开与展分完成的最终效果如图 4-1-45 所示。

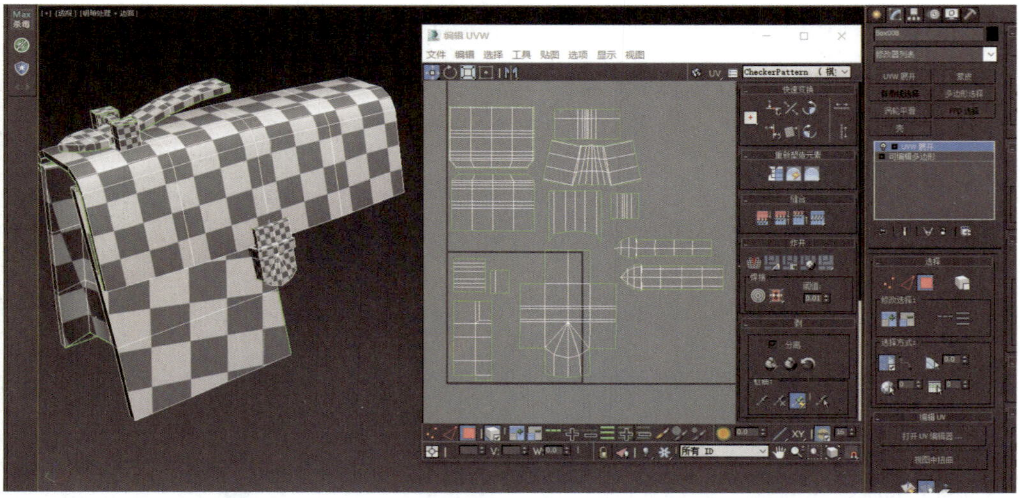

图 4-1-45　手提包整体 UV 展分效果展示

4.1.2 UV 的摆放

手提包的 UV 需根据每部分模型的比例大小进行摆放，确保每部分占比合理。

第一步，模型附加。用“附加”工具将所有模型附加在一起，模型中涉及的 UV 就可以同时放在同一张贴图上了，如图 4-1-46 所示。

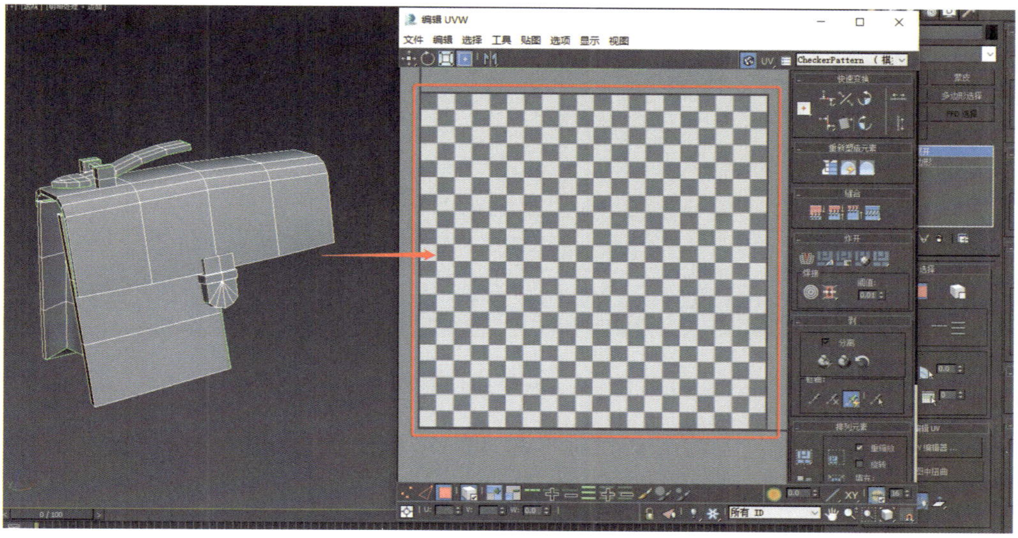

图 4-1-46　UV 框示例

第二步，在“编辑 UVW”框中进入多边形层级，并勾选“按元素 UV 切换选择”，这样在选择 UV 的过程中就可以一次性选择整个 UV，如图 4-1-47 所示。

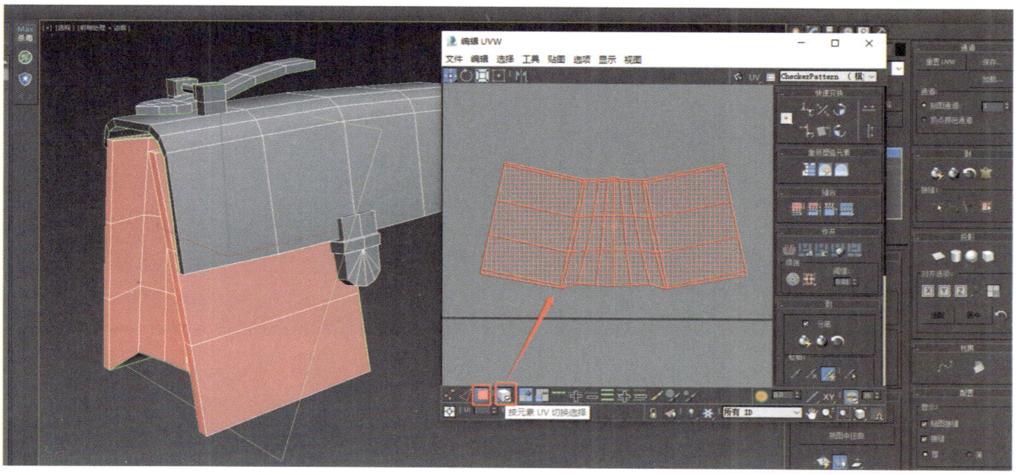

图 4-1-47　元素 UV 切换选择操作示例

第三步，手提包包身的 UV 摆放。单击并选择手提包包身的 UV，用“移动”工具将包身 UV 移动到 UV 框内，并用“缩放”工具进行大小比例的调整，摆放示例如图 4-1-48所示。

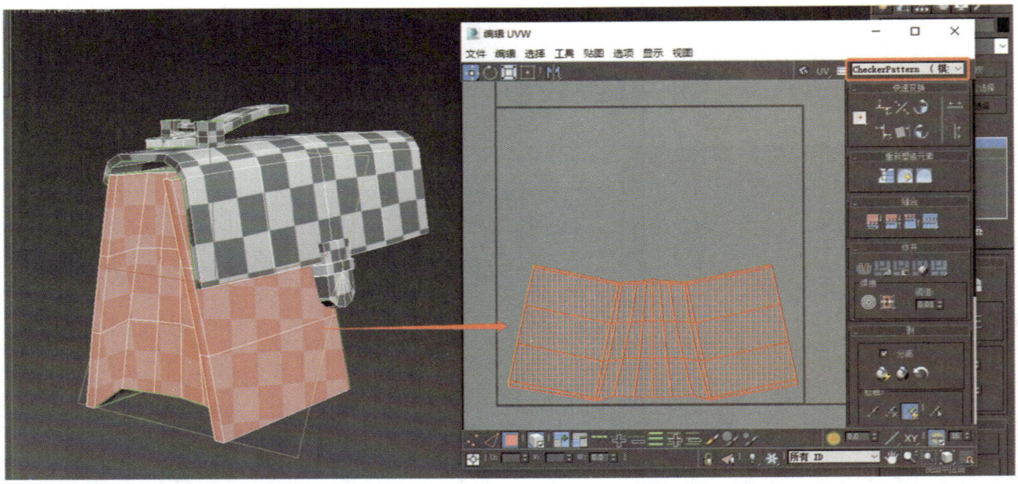

图 4-1-48　包身 UV 摆放示例

第四步，手提包包盖的 UV 摆放。单击并选择手提包包盖的两部分 UV，用“移动”工具将包盖 UV 移动到 UV 框内，并用“缩放”工具进行大小比例的调整，遮挡看不到的 UV 可适当进行缩小操作，摆放示例如图 4-1-49 所示。

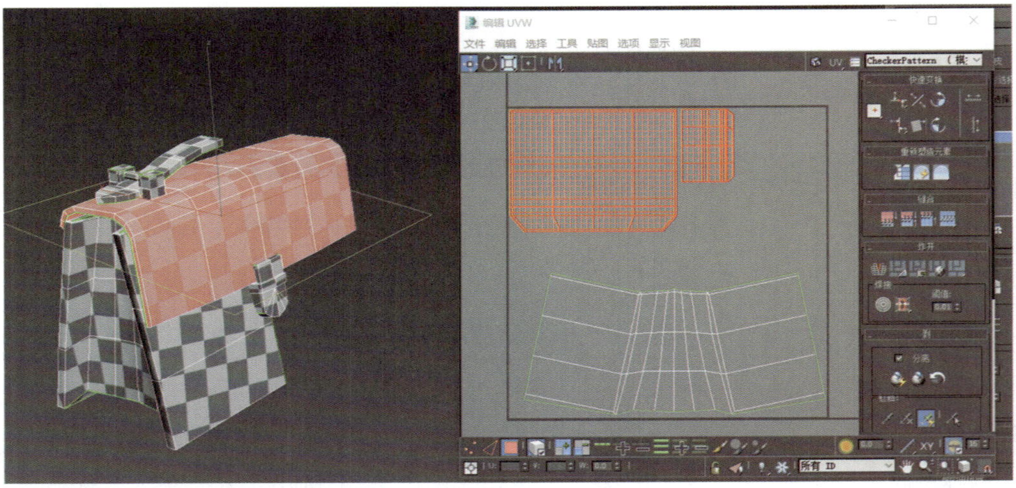

图 4-1-49　包盖 UV 摆放示例

第五步，手提包手挽的 UV 摆放。单击并选择手提包手挽的两部分 UV，用“移动”工具将手挽 UV 移动到 UV 框内，并用“缩放”工具进行大小比例的调整，遮挡看不到的 UV 可适当进行缩小操作，摆放示例如图 4-1-50 所示。

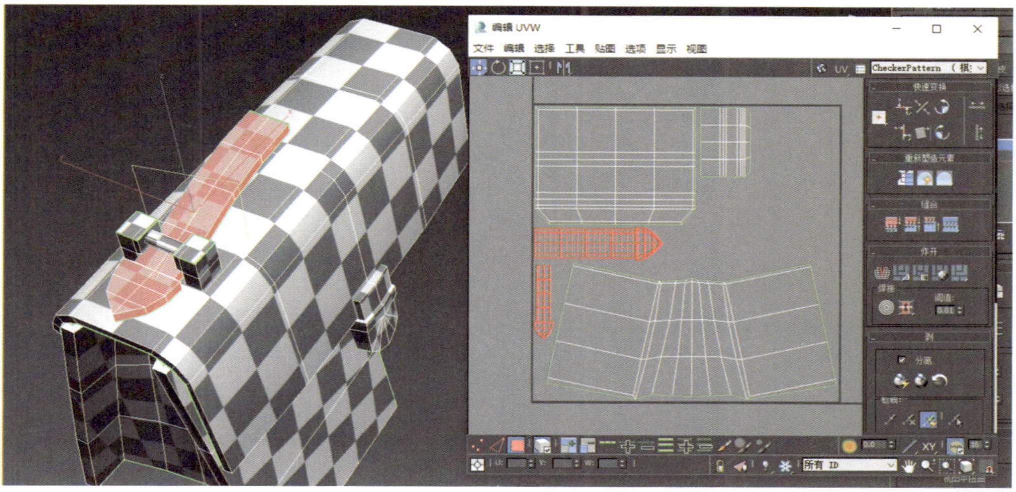

图 4-1-50　手挽 UV 摆放示例

第六步，手提包金属的 UV 摆放。单击并选择手提包金属的四部分 UV，用“移动”工具将 UV 移动到 UV 框内，并用“缩放”工具进行大小比例调整，摆放示例如图 4-1-51 所示。

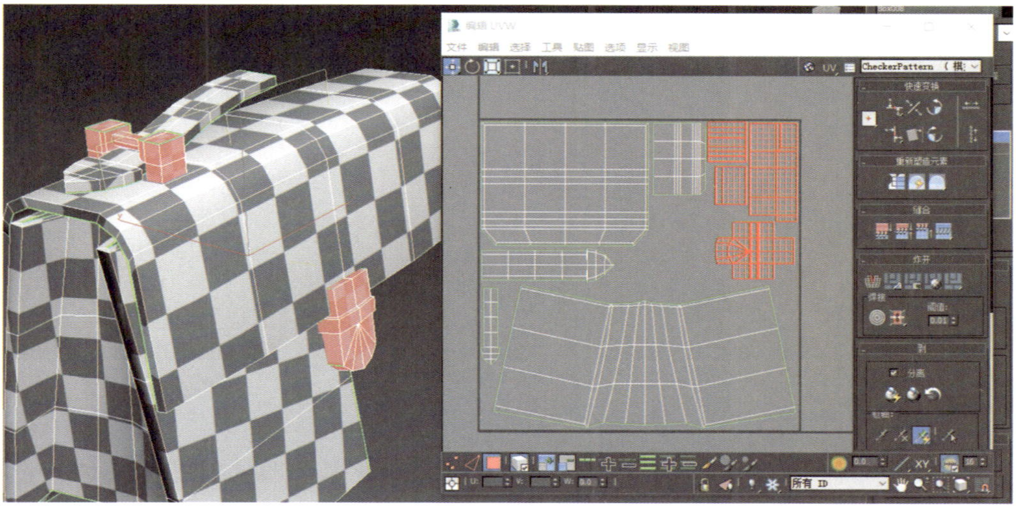

图 4-1-51　金属 UV 摆放示例

第七步，手提包包底面和里面的 UV 摆放。单击并选择手提包包底面和里面的两部分 UV，用“移动”工具将 UV 移动到 UV 框内，并用“缩放”工具进行大小比例调整，摆放示例如图 4-1-52 所示。

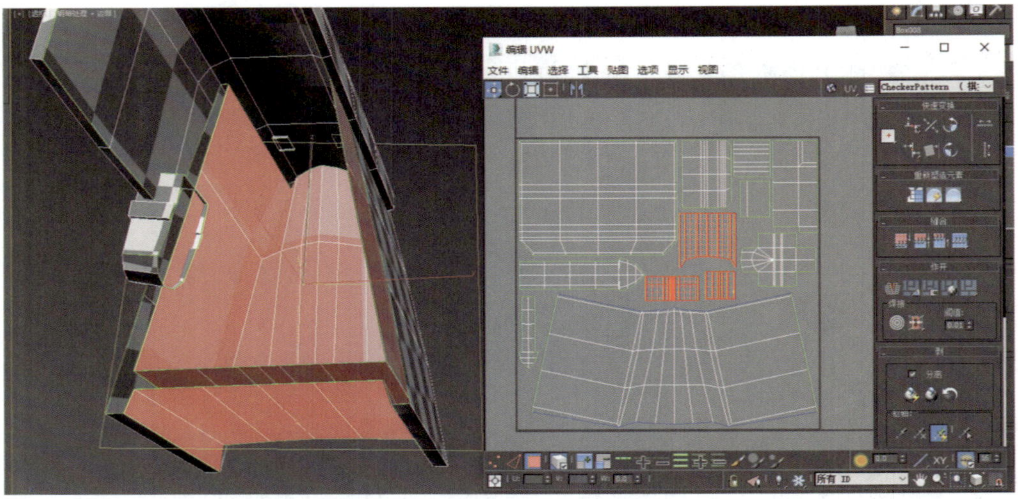

图 4-1-52　包底和包内 UV 摆放示例

手提包整体 UV 摆放示例如图 4-1-53 所示。

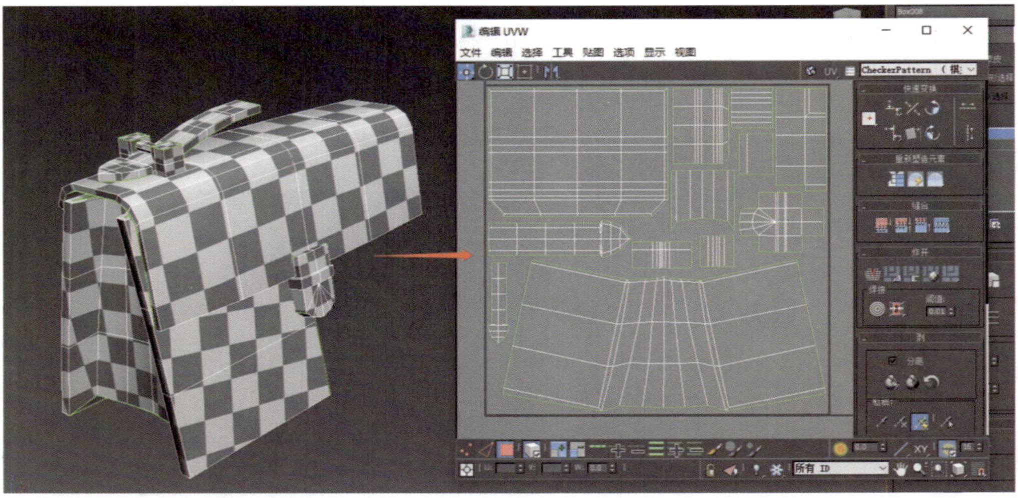

图 4-1-53　手提包整体 UV 摆放效果示例

第八步，模型整理。进入元素层级，选择需要镜像复制的模型，单击“分离”工具对模型进行分离。再单击“镜像”工具，镜像轴为 x 轴，“克隆当前选择”为“复制”，将另外一半模型复制出来，如图 4-1-54 所示。

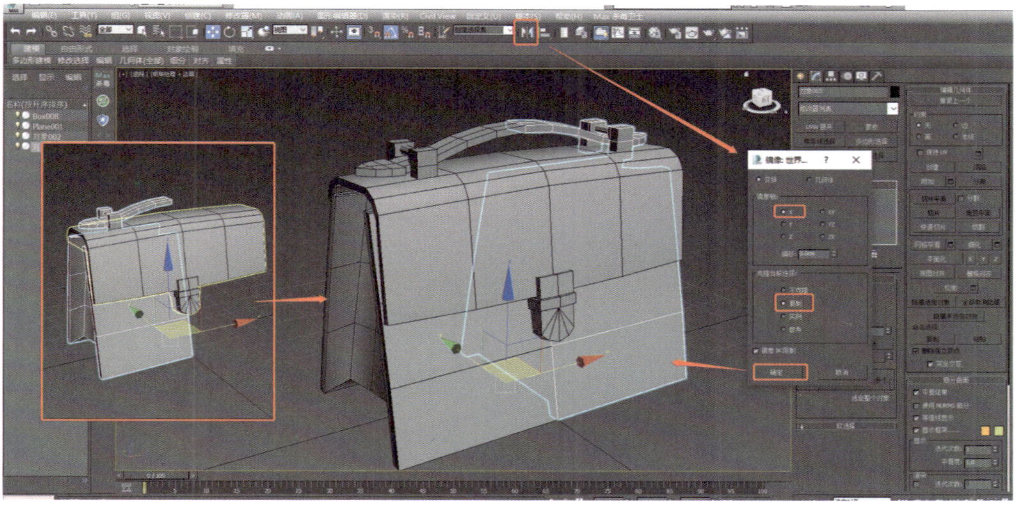

图 4-1-54　手提包模型镜像操作示例

选择其中一部分模型，单击“附加”工具，将两部分附加在一起；进入顶点层级，单击并框选镜像复制后重合的中间点，单击“焊接”工具，并对其参数进行调整，对需要重合的点进行焊接，如图 4-1-55 所示。

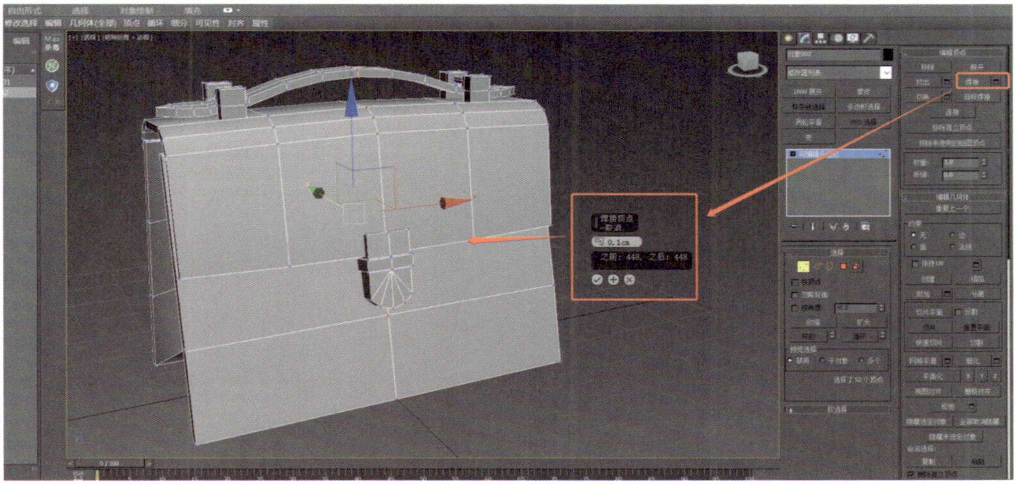

图 4-1-55　顶点焊接操作示例

第九步，导出模型的 OBJ 格式，为后期的贴图绘制做准备。

首先，选择模型，进入元素层级，选择所有金属部件的模型，单击“分离”工具，将金属部件与手提包主体进行分离；再选择手挽的模型，单击“分离”工具，同样将手挽与手提包主体进行分离。这样就将整个手提包模型分为三大部分，如图 4-1-56所示。

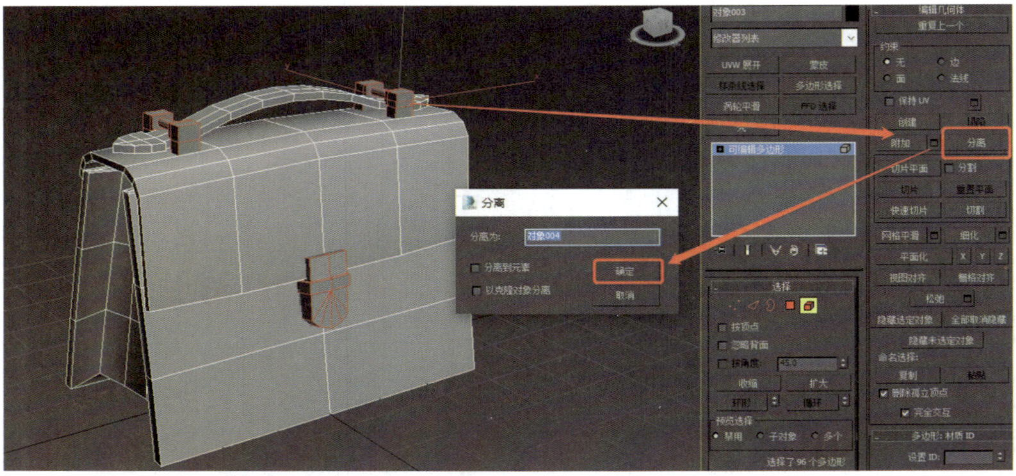

图 4-1-56　模型分离示例

然后,单击并框选所有的模型,单击“文件”→“导出”→“导出选定对象”,在弹出的对话框中设置保存的位置为 max 源文件的位置,文件名为“shoutibao”,保存类型为 OBJ 格式;单击“保存”→“导出”→“确定”,导出模型的 OBJ 格式,如图 4-1-57所示。

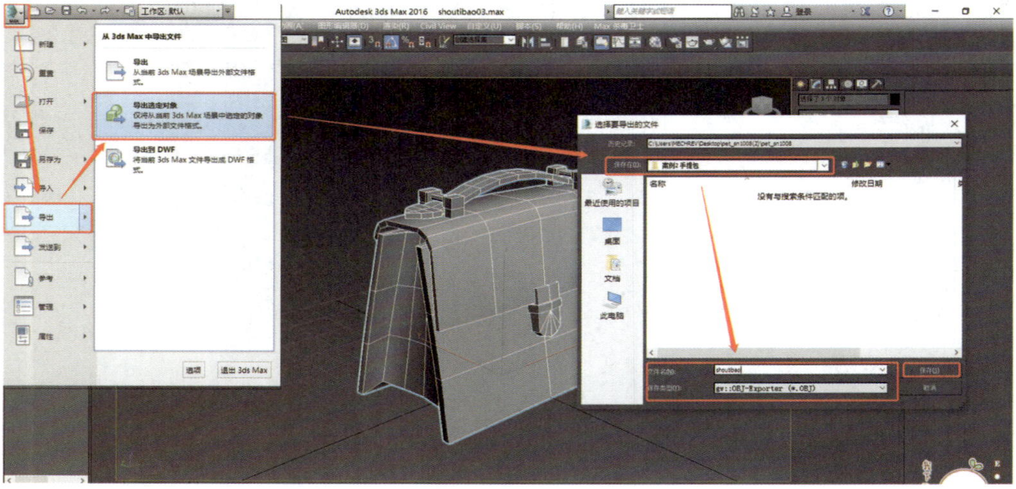

图 4-1-57　模型 OBJ 格式导出示例

4.2 产品基础贴图制作

4.2.1 贴图模板导出

单击并选择整个手提包模型，在修改器列表下选择“UVW 展开”→“打开 UV 编辑器”，在“编辑 UVW”的菜单栏中单击“工具”→“渲染 UVW 模板”，如图 4-2-1 所示。

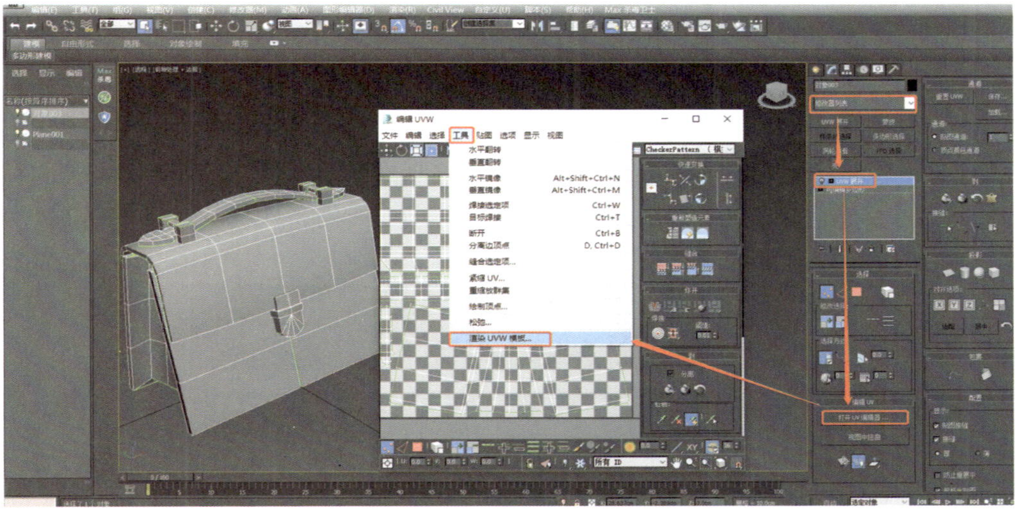

图 4-2-1　UVW 模板渲染示例

接下来在弹出的“渲染 UVs”框中进行参数设置，其中宽度设置为 1024，高度设置为 1024，其他设置可采用默认数值，然后单击“渲染 UV 模板”进行贴图模板的渲染，如图 4-2-2 所示。

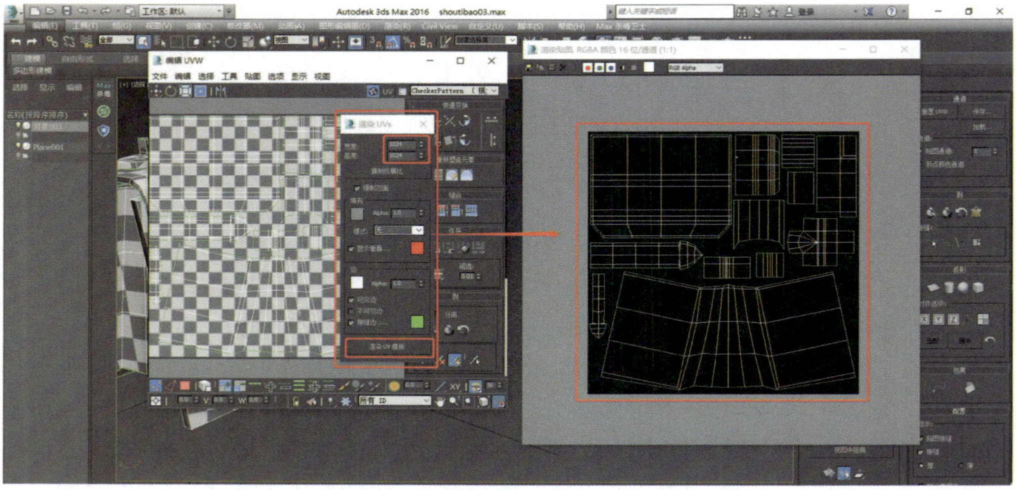

图 4-2-2　UVW 模板渲染设置与出图示例

单击“保存”按钮，在弹出的对话框中，文件保存的位置可设置在 max 源文件位置处，文件名为“shoutibao”，保存的类型为 Targa 图像文件，如图 4-2-3 所示。

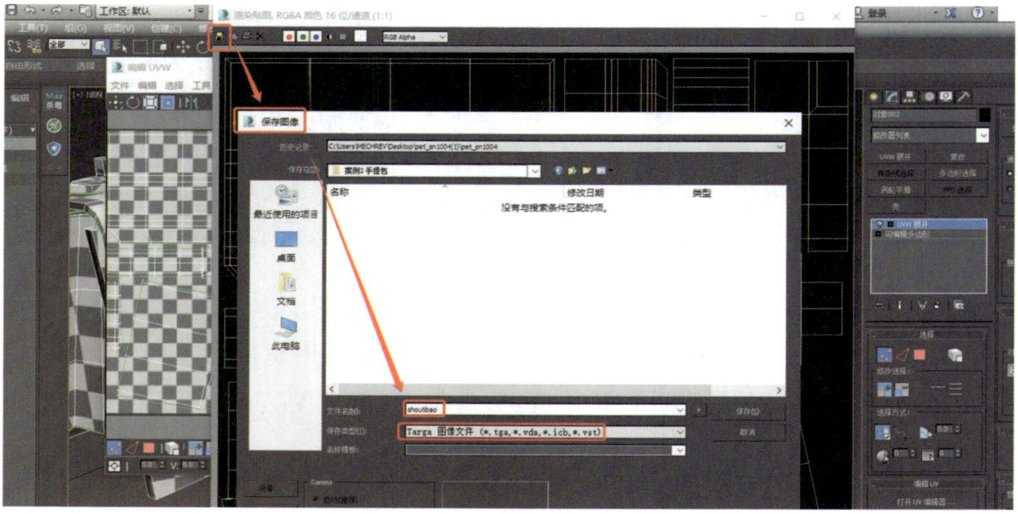

图 4-2-3　UV 模板效果图保存示例

4.2.2　Photoshop CS6 软件介绍

Photoshop CS6 是一款图片处理与二维绘图软件，是贴图制作中最常用的绘图软件之一，软件界面如图 4-2-4 所示。

图 4-2-4　Photoshop CS6 软件界面

Photoshop CS6 的工作界面由菜单栏、工具选项栏、工具箱、控制面板、选项卡和状态栏等组成，如图 4-2-5 所示。

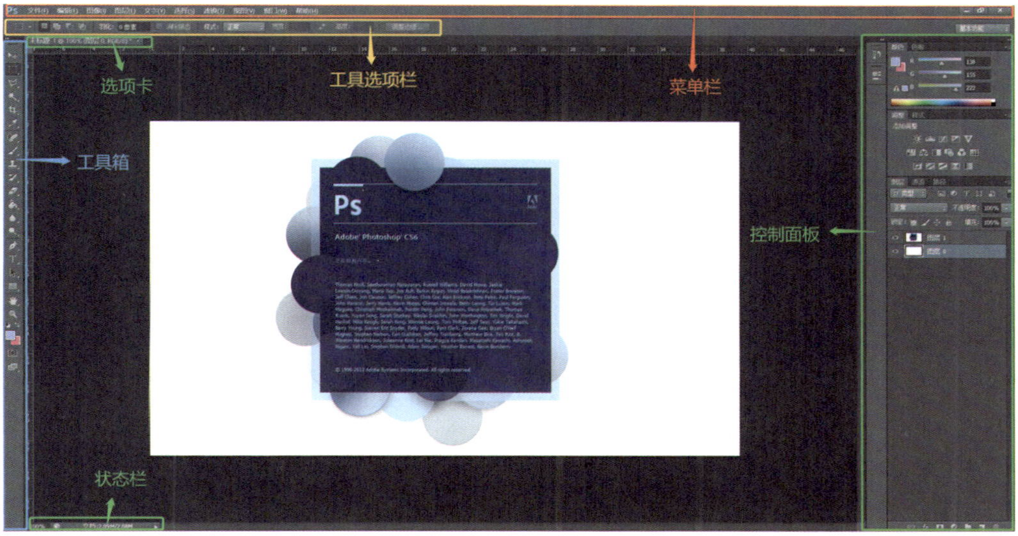

图 4-2-5　Photoshop CS6 的工作界面

（1）菜单栏包含文件、编辑、图像、图层、文字、选择、滤镜、视图、窗口和帮助等菜单选项，每个菜单选项下都有相应的下拉菜单，单击选择即可执行相应的命令。

（2）工具箱中包含移动、选框、套索、魔棒、裁剪、吸管、修复、画笔、仿制图章、橡皮、油漆桶、渐变、模糊、钢笔、文字等多种工具。

(3)在工具箱中选择工具时，工具选项栏中就会出现对应的工具参数设置。

(4)控制面板中包含颜色、色板、调整、样式、历史记录、属性、图层、通道、路径等面板，每个面板在使用时都可以进行编辑。

(5)选项卡显示在 Photoshop CS6 软件中打开的文档，单击选项卡中的文档名称即可选中该文件。

(6)状态栏显示已打开文档的大小等。

4.2.3 贴图的格式调整与转换

将保存 Targa 贴图格式文件转换为 PSD 格式：双击运行 Photoshop CS6 软件，单击“文件”→“打开”，在弹出的对话框中通过“查找范围”找到 Targa 贴图文件保存的位置并选择贴图，然后单击“打开”，将此贴图在 Photoshop 中打开，如图 4-2-6 所示。

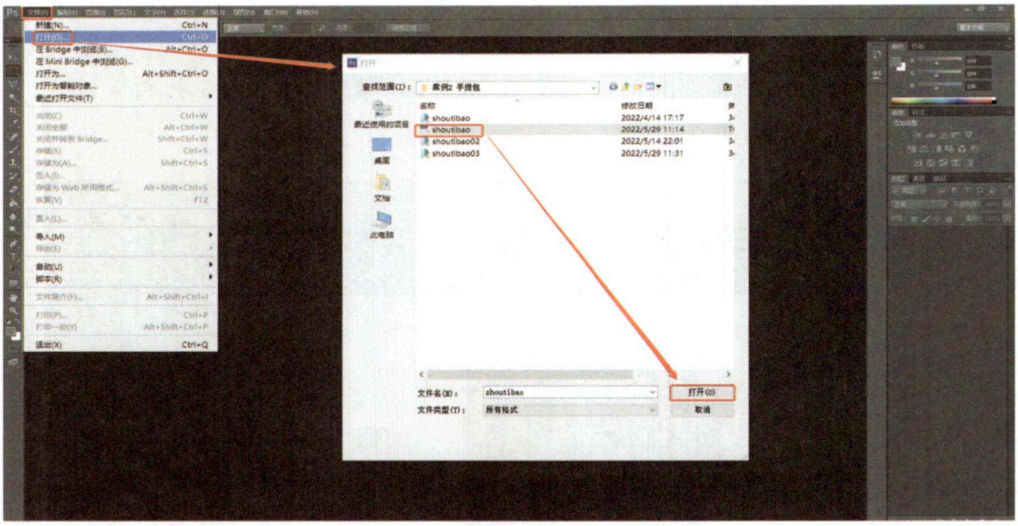

图 4-2-6 PS 中打开图片示例

双击图层上的小锁进行解锁，单击“图像”→“调整”→“反相”(快捷键：Ctrl+I)，如图 4-2-7、图 4-2-8 所示。

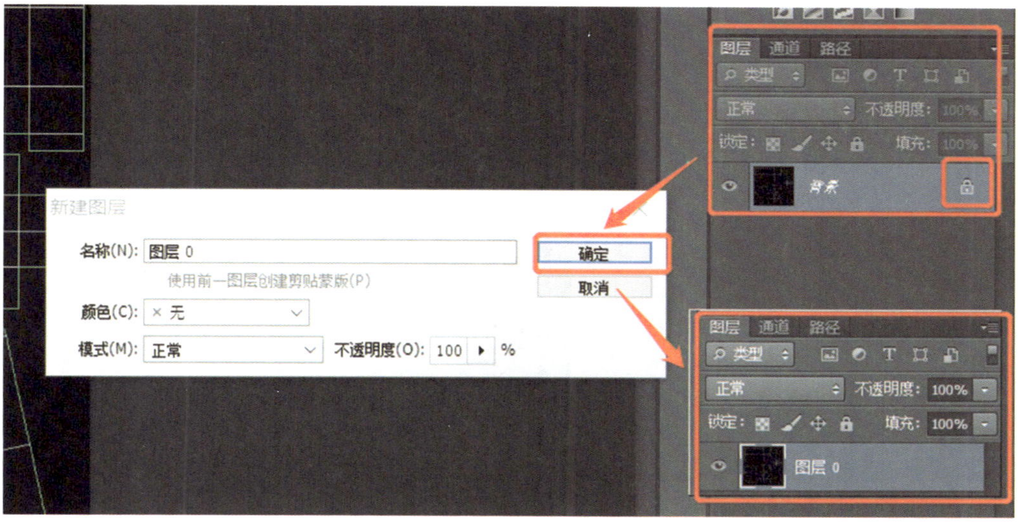

图 4-2-7 图层解锁示例

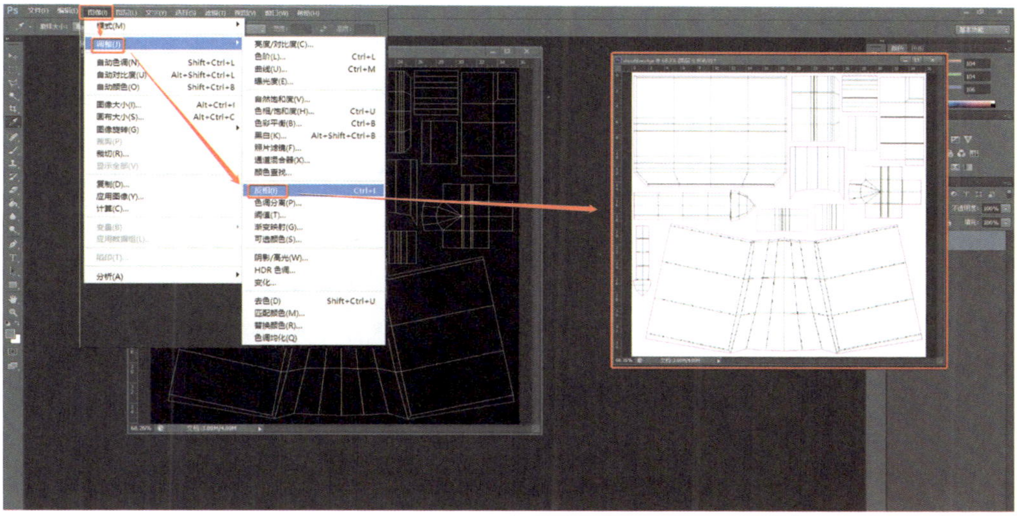

图 4-2-8 反相操作示例

用魔棒选择空白处，右击鼠标后单击“选取相似”，按 Delete 键删除空白区域，然后取消选择。此时，整个图层中只剩下 UV 线，可将该图层命名为“UV”，方便观察，如图 4-2-9 所示。

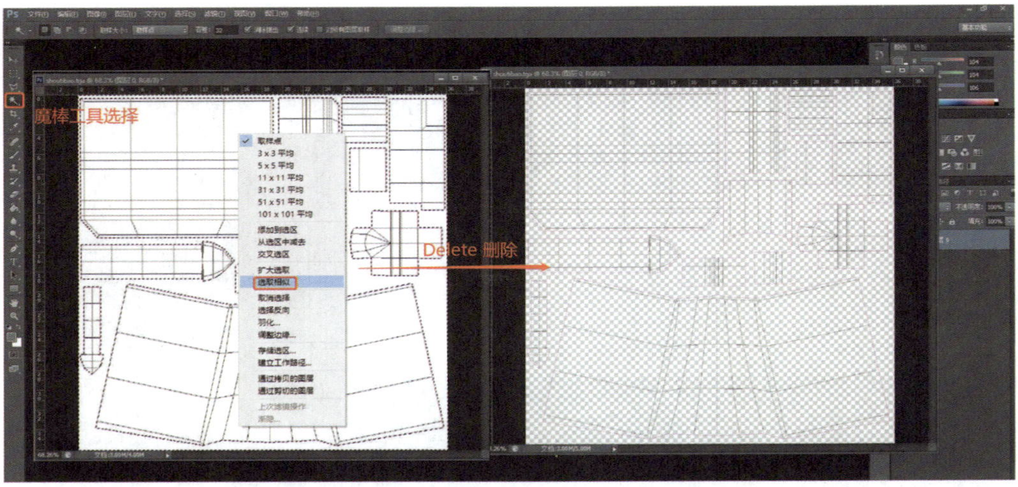

图 4-2-9　底色色块删除示例

创建新图层，将新建图层移至 UV 图层下面，单击“填充”工具进行底色填充，一般用灰色调即可，如图 4-2-10 所示。

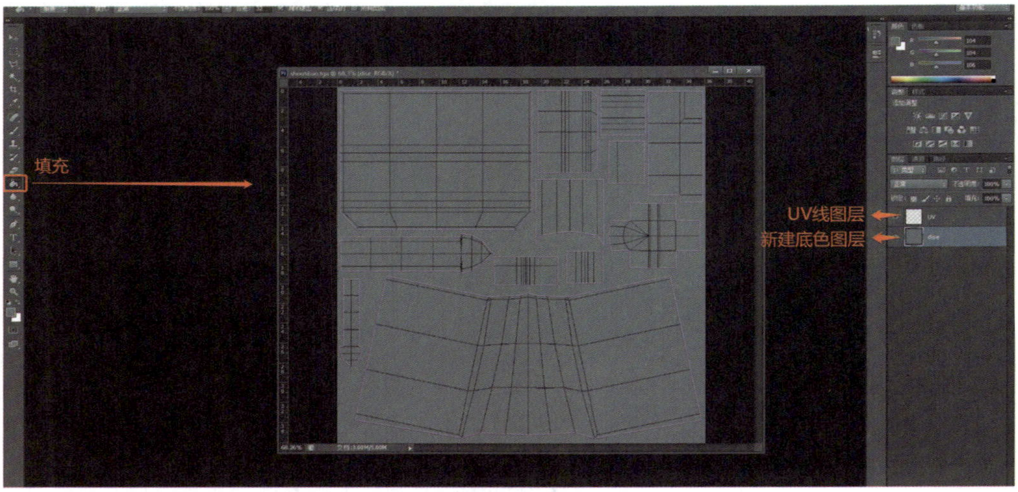

图 4-2-10　新底色图层创建与填色

接下来，单击“通道”，将“Alpha 1”通道拖入垃圾桶进行删除，如图 4-2-11 所示。

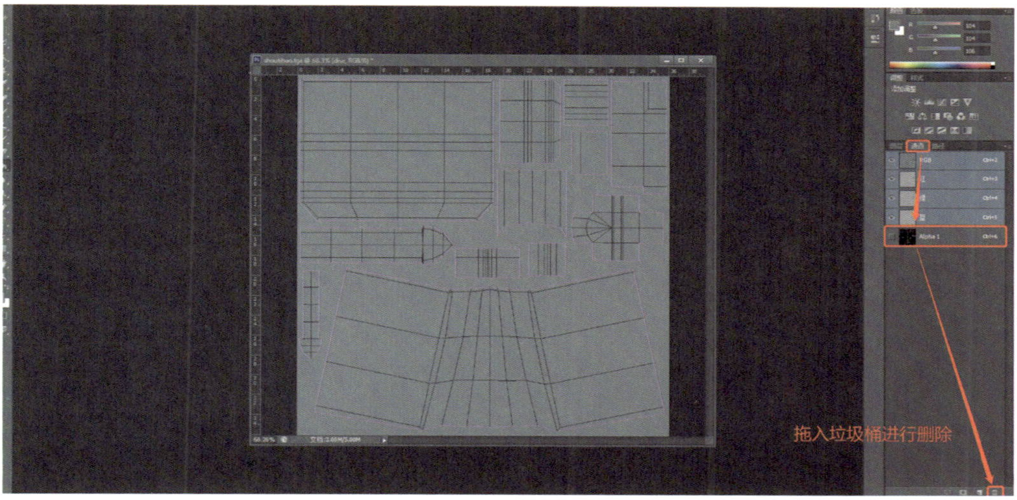

图 4-2-11　通道删除示例

最后，进行文件保存。单击“文件”→“存储”，保存的位置与 Targa 文件相同，文件名不变，格式为 PSD，如图 4-2-12 所示。文件保存完成后关闭 Photoshop。

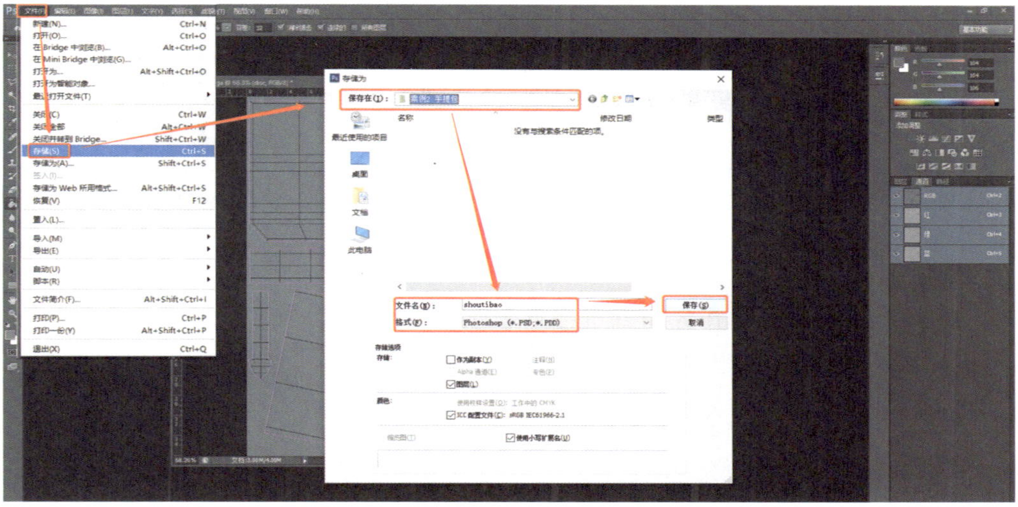

图 4-2-12　贴图文件保存示例

4.3 产品细节纹理贴图制作

4.3.1 BodyPaint 3D 软件介绍

BodyPaint 3D 软件是一款专业的三维贴图绘制软件，也是 UV 编辑软件，支持透明、颜色、凹凸、高光等多种贴图通道和 3Ds Max 等三维软件，界面展示如图 4-3-1所示。

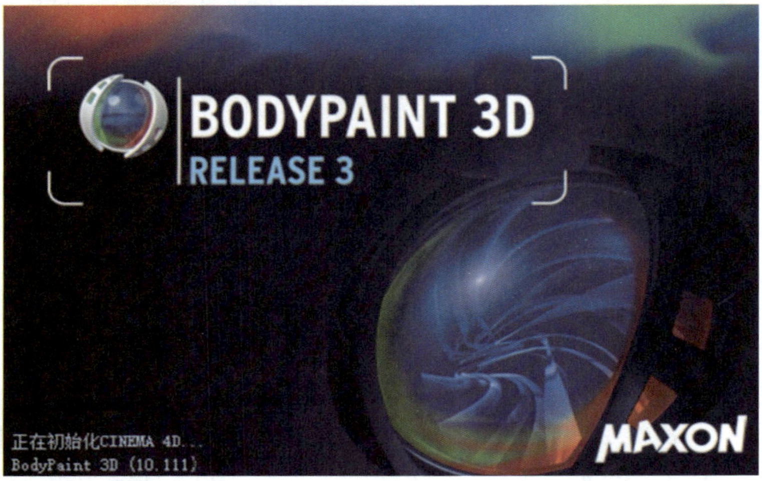

图 4-3-1 BodyPaint 3D 软件界面展示

BodyPaint 3D 的工作界面基本接近于 3Ds Max 软件和 Photoshop 软件的融合体，操作也基本相似，由标题栏、命令菜单栏、工具面板、调整面板、管理器面板以及视图区与纹理区等六大部分组成，如图 4-3-2 所示。

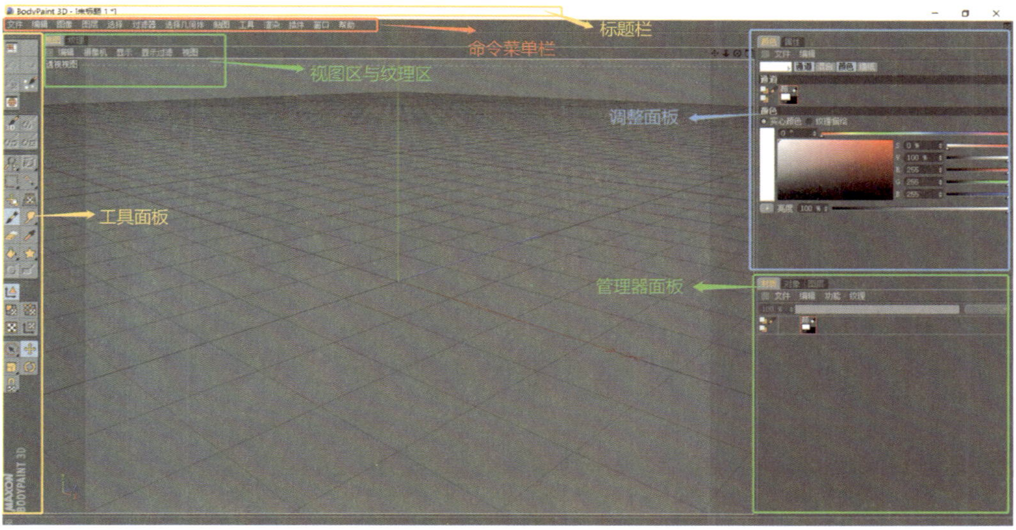

图 4-3-2　BodyPaint 3D 软件工作界面展示

(1)标题栏可显示当前创建场景文件的名字。

(2)命令菜单栏包含文件、编辑、图像、图层、选择、过滤器、选择几何体、贴图、工具、渲染、插件、窗口和帮助等菜单选项,每个菜单选项下都有相应的下拉菜单,单击即可执行相应的命令。

(3)工具面板包含套索、魔棒、移动、橡皮、吸管、笔刷、填充等多种工具。套索与魔棒工具主要用于选择模型与色块,移动工具主要用于移动模型,橡皮工具主要用于擦除色彩、结构等,吸管工具主要用于吸取颜色,笔刷工具主要用于绘制色彩、结构等,填充工具主要用于选区中填充颜色。

(4)调整面板为颜色及工具属性调整面板。

(5)管理器面板包含材质、对象以及图层三大面板,主要用于模型材质与图层的编辑。

(6)在视图区与纹理区中,视图区为工作界面,纹理区为贴图显示区域。视图视口默认的有透视视图、顶视视图、右视视图和正视视图等 14 个视图。

4.3.2　贴图选区色块填充

第一步,模型与贴图导入。

双击打开 BodyPaint 3D 软件,然后单击"文件"→"打开",打开第四章第 1 节中导出的 OBJ 文件(shoutibao.OBJ);单击软件右侧编辑栏中"材质"→"文件"→"新建材质",新建一个材质球;双击材质球,在纹理处导入 PSD 格式贴图,如图 4-3-3 所示。

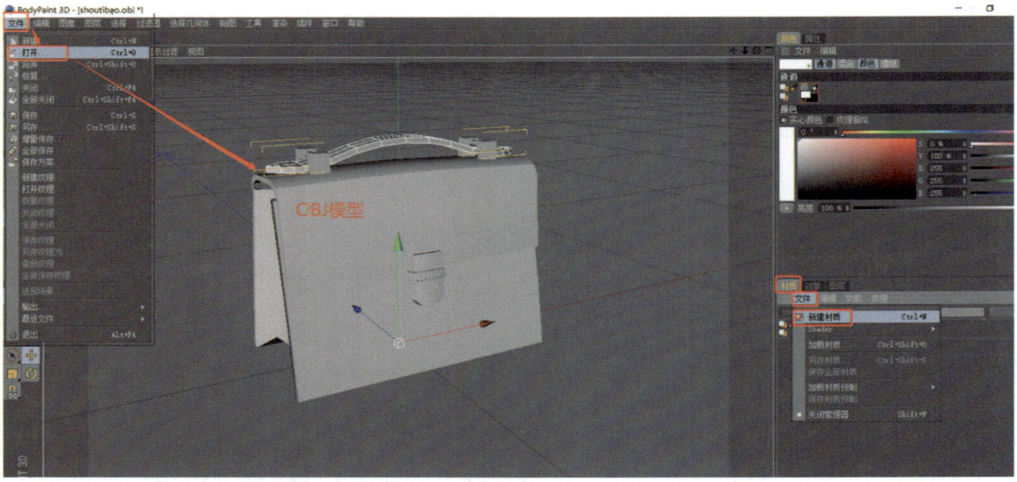

图 4-3-3　模型与贴图导入

单击材质球旁边的“×”号，它会变成一个小笔刷，在笔刷状态下就可以对材质球进行编辑。双击材质球，在弹出的对话框中单击纹理右侧的图标，查找到第四章第 2 节中保存好的 PSD 格式贴图(shoutibao.psd)，并在纹理处导入。此时材质球贴图被赋予到材质球上，最后将材质球拖到模型上进行赋予即可，如图 4-3-4 所示。

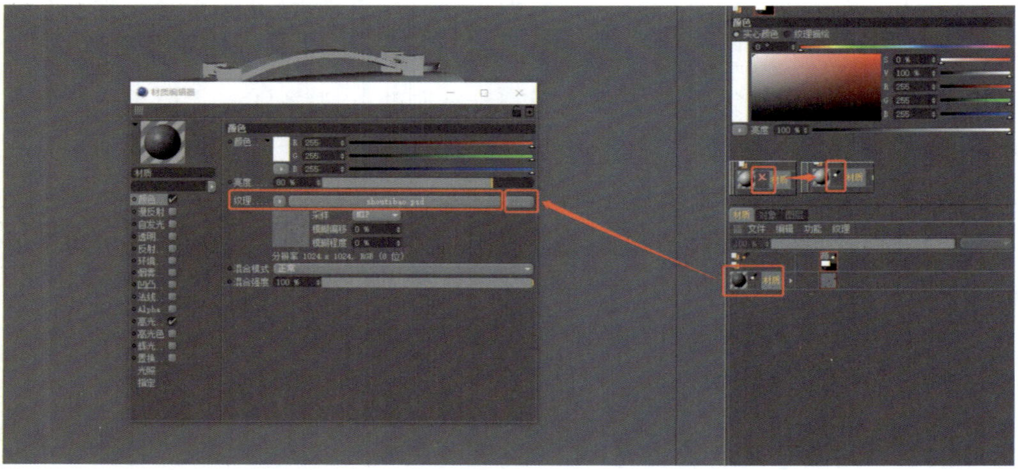

图 4-3-4　材质球中贴图赋予示例

第二步，UV 的选择与扩展。

选择 01 材质球，进入纹理层级，选择 UV 图层，用“魔棒”工具选择纹理空白处，单击“选择”→“全部反转”，选中所有的 UV，如图 4-3-5 所示。

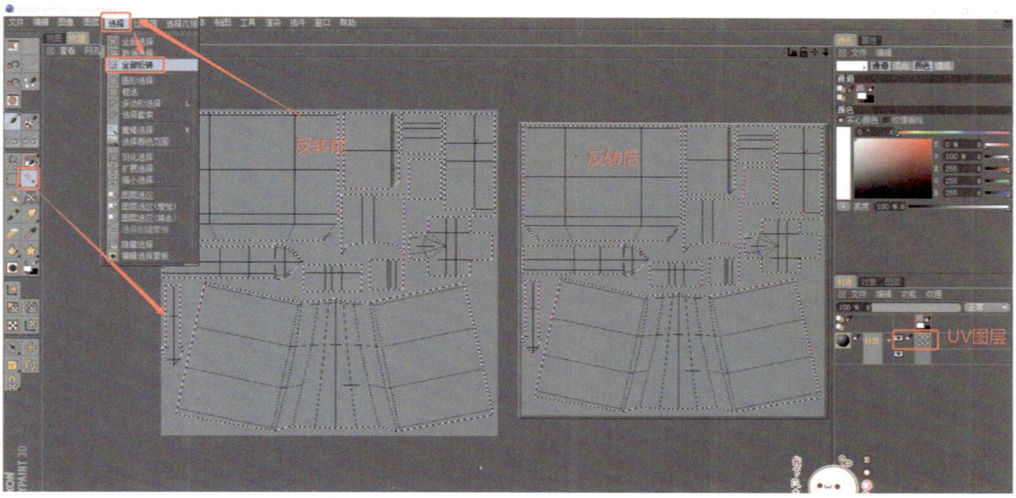

图 4-3-5　反转选择操作示例

再依次单击“选择”→“扩展选择”→“扩展选区”(半径为 1 或 2)→“确定”,如图 4-3-6 所示。

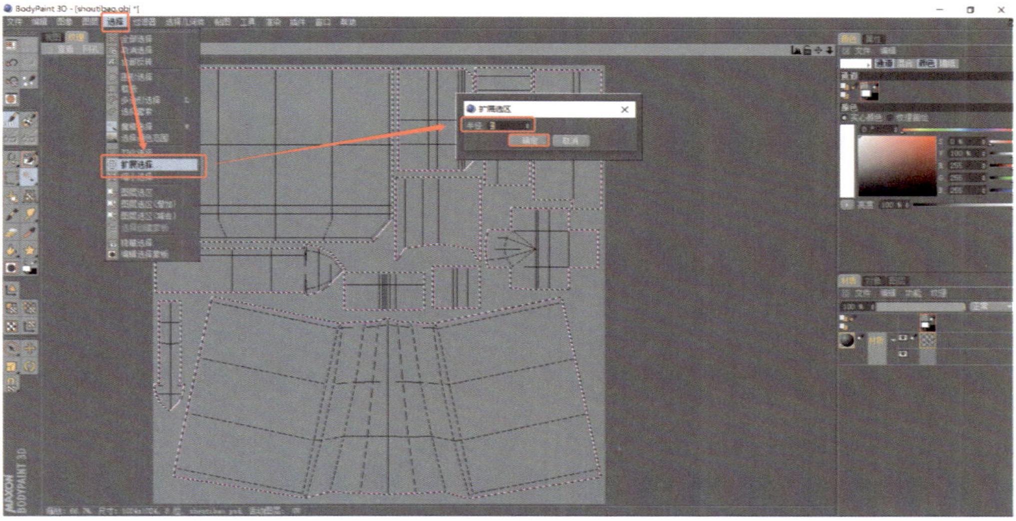

图 4-3-6　扩展选择操作示例

第三步,色块填充。

在 UV 图层下新建图层作为选区层,在右侧“颜色”栏中选取与手提暗部颜色相同的颜色,再用“填充”工具进行颜色填充,如图 4-3-7 所示。

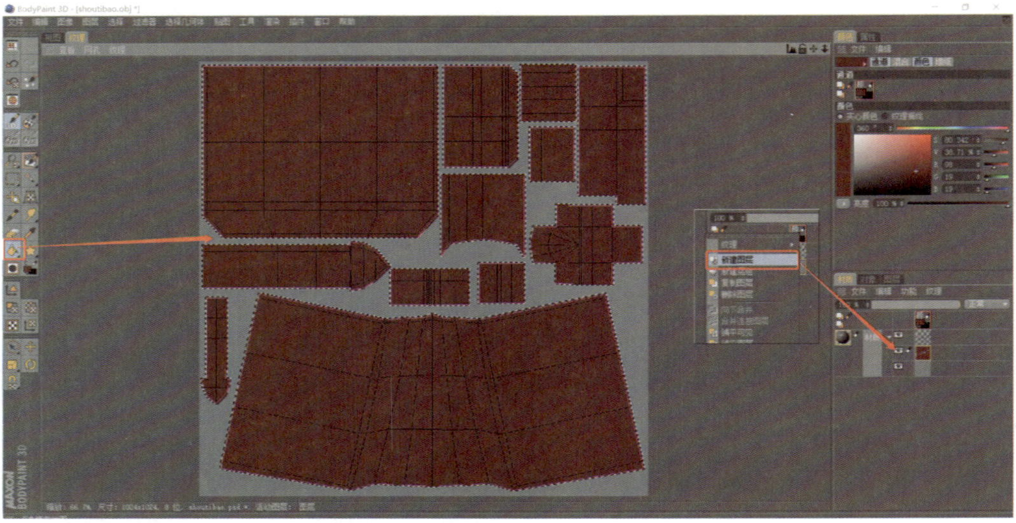

图 4-3-7　选区色块填充操作

借助选区图层，用“魔棒”工具选择所有金属的 UV，并在“颜色”栏中选择黄色，再用“填充”工具填充为黄色，这样，手提包中涉及的所有颜色就填充完成了。

最后单击“视图”，回到视图中，单击“显示”→“快速着色”，将填充的效果显示出来，如图 4-3-8 所示。

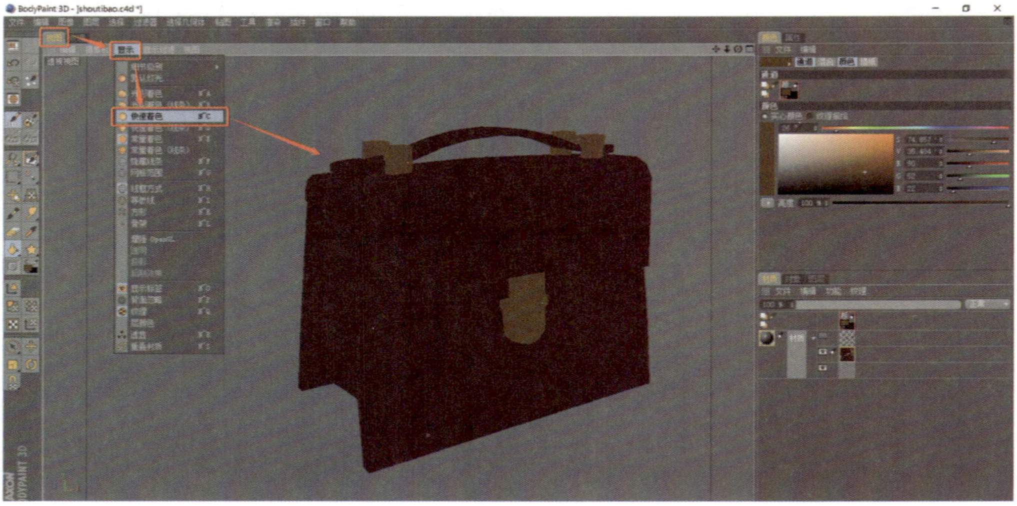

图 4-3-8　模型常量着色效果显示

4.3.3 贴图明暗关系的绘制

手提包的明暗关系贴图制作分为包盖、包身、手挽、金属的明暗关系绘制等多个部分。

1.包盖的明暗关系绘制

单击选择选区图层，用“魔棒”工具选择包盖的模型。再回到选区图层，右击鼠标后选择“新建图层”，重建一个图层用来绘制明暗关系，如图 4-3-9所示。

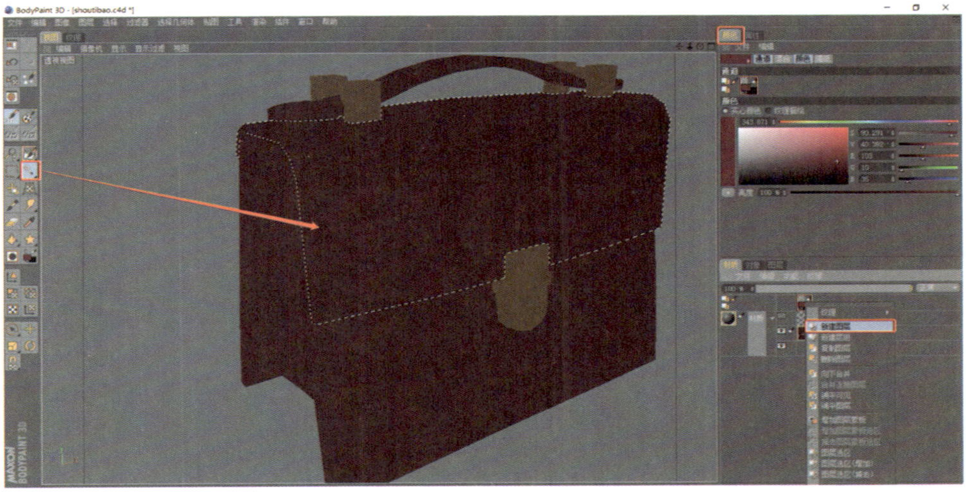

图 4-3-9 魔棒选择示例

由于明暗关系过渡比较柔和，这里采用笔刷里面的第二个笔刷进行绘制，通过调整压力和硬度来调整笔刷的柔和度，如图 4-3-10 所示。

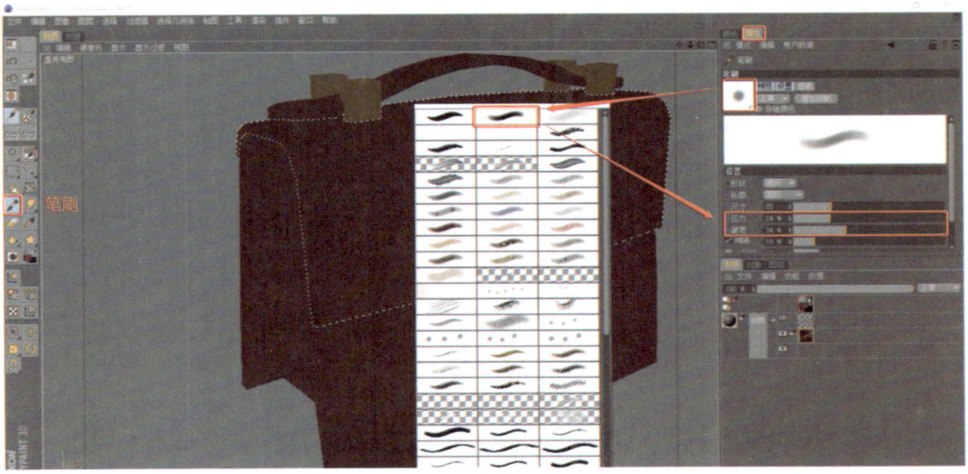

图 4-3-10 笔刷选择与设置

在“颜色”编辑状态下，选择包盖的亮部色，用“画笔”工具进行亮部色彩过渡，过渡要均匀，在有结构遮挡的地方生成阴影，侧面厚度用暗部色体现，如图 4-3-11 所示。

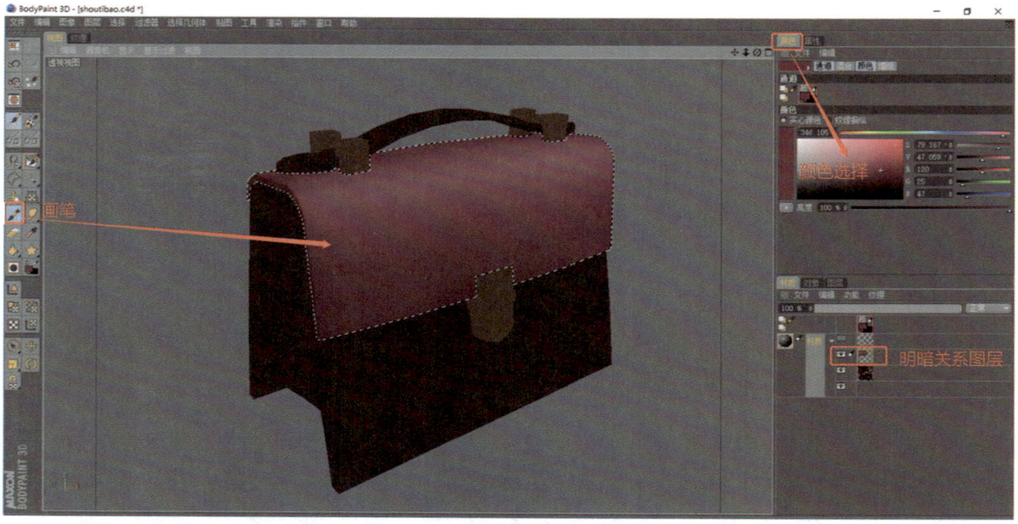

图 4-3-11　包盖明暗关系绘制示例

2.包身的明暗关系绘制

单击选择选区图层，用“魔棒”工具选择包身的模型，在明暗关系图层中绘制明暗关系，如图 4-3-12 所示。

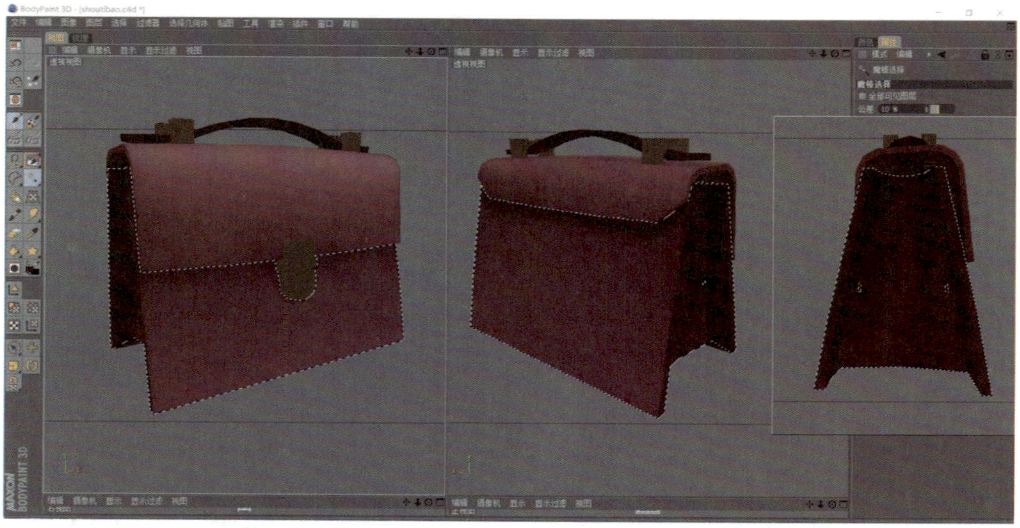

图 4-3-12　包身明暗关系绘制示例

3.手挽的明暗关系绘制

单击选择选区图层，用“魔棒”工具选择手挽的模型，在明暗关系图层中绘制明暗关系，如图 4-3-13 所示。

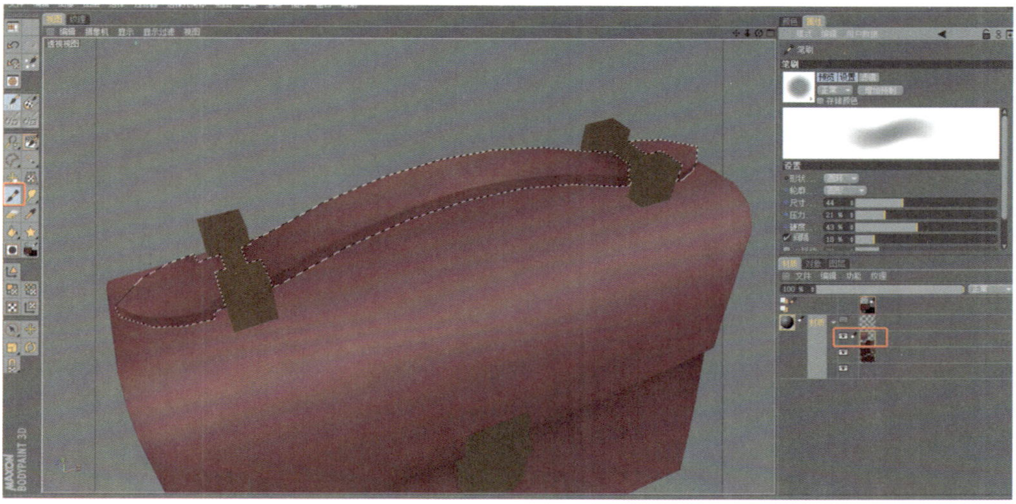

图 4-3-13　手挽明暗关系绘制示例

4.金属的明暗关系绘制

单击选择选区图层，用“魔棒”工具选择金属的模型，在明暗关系图层中绘制明暗关系，如图 4-3-14 所示。

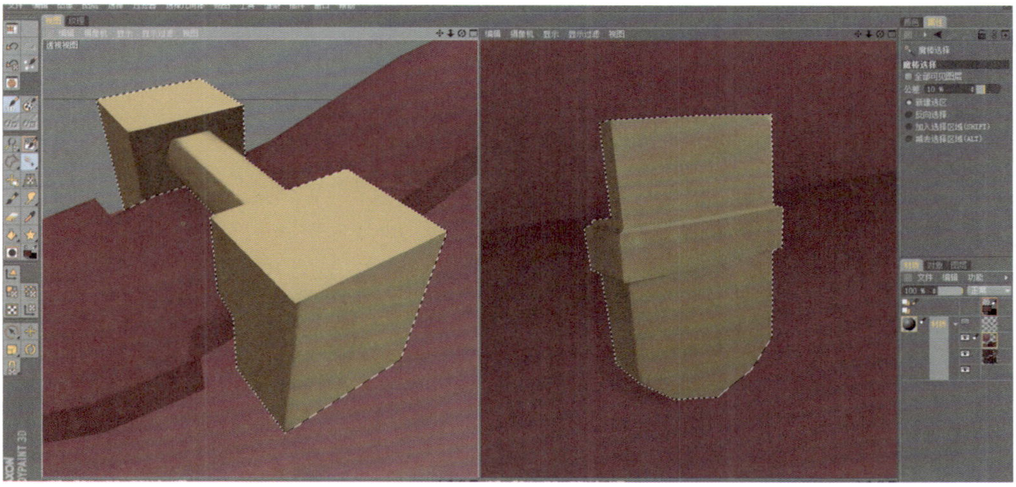

图 4-3-14　金属明暗关系绘制示例

手提包整体的明暗关系绘制效果如图 4-3-15 所示。

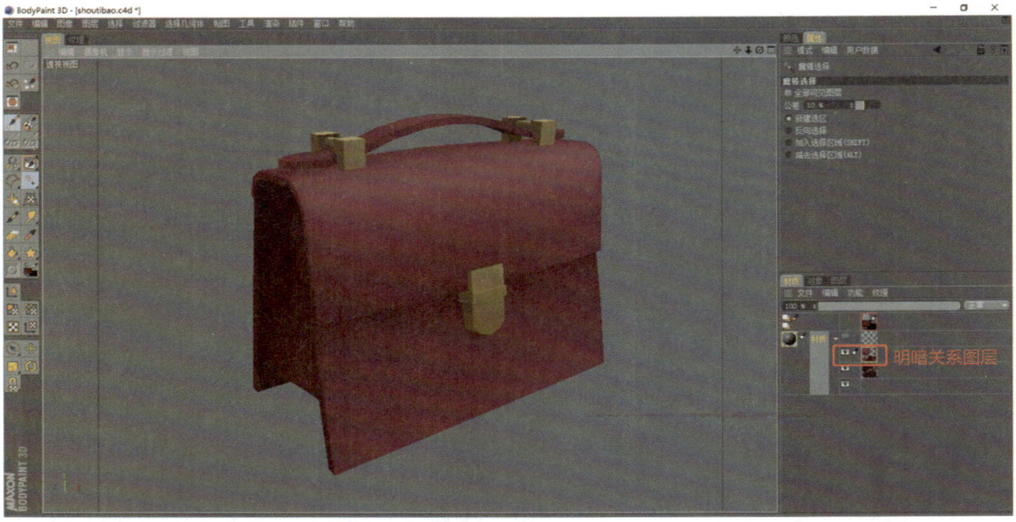

图 4-3-15　手提包整体明暗关系效果展示

4.3.4　贴图材质纹理的制作

手提包的材质纹理贴图绘制同样也分为包盖、包身、手挽、金属的材质纹理绘制等多个部分。

1.包盖的材质纹理绘制

(1)结构绘制:在明暗关系图层上方新建图层,用来绘制结构。用"魔棒"工具选择包盖,再单击图层,然后右击鼠标选择"新建图层"。根据手提包参考图中的边缘结构效果,在"颜色"区域选取一个暗红色,用笔刷绘制出结构大形,效果如图 4-3-16 所示。

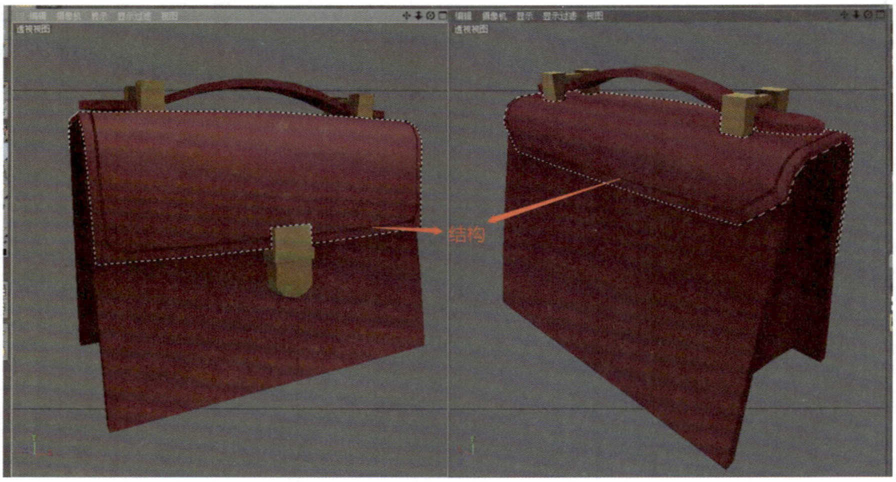

图 4-3-16　包盖结构绘制示例

(2)细节绘制:在“颜色”区域选取一个亮红色,在每个小结构的亮部进行提亮绘制,体现出结构的立体感与质感。最后选取暗部色,在结构的两侧进行阴影绘制,使小结构与包盖的整个架构融合在一起,从而体现出结构之间的层次感,如图4-3-17所示。

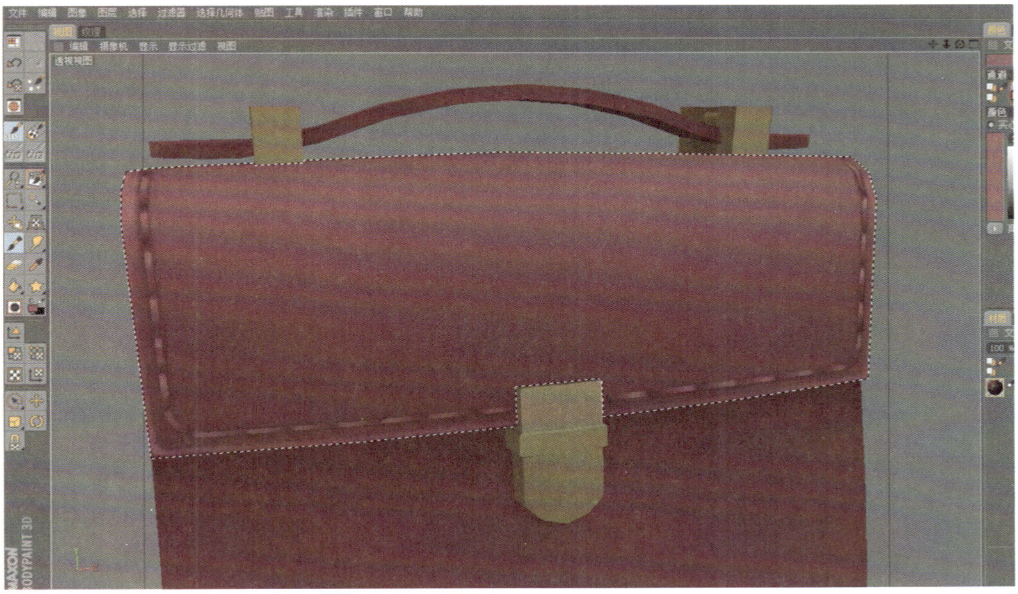

图 4-3-17　包盖细节绘制示例

2.包身的材质纹理绘制

(1)结构绘制:根据手提包包身参考图中的边缘结构效果,在“颜色”区域选取一个暗红色,用笔刷绘制出结构大形,效果如图4-3-18所示。

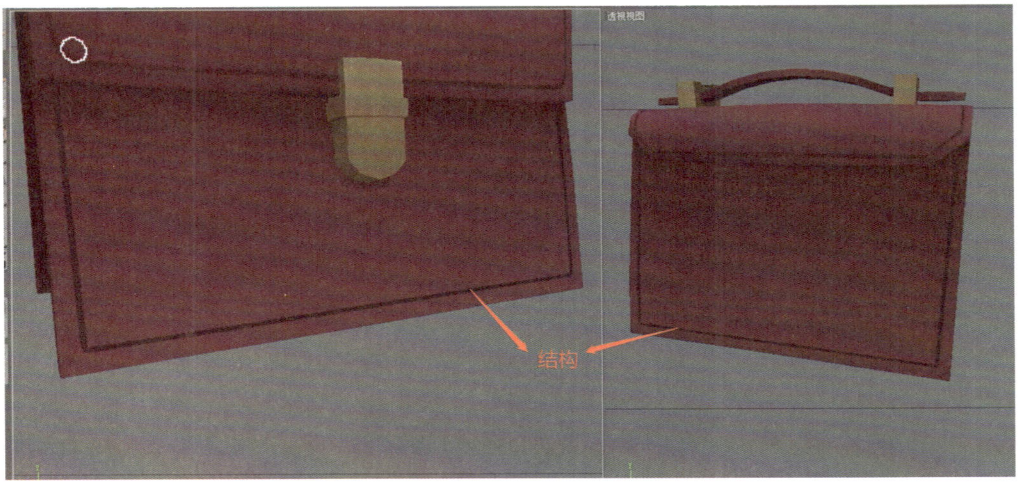

图 4-3-18　包身结构绘制示例(1)

在"颜色"区域选取一个中间色调，进行单个小结构的绘制，将整个大结构划分为多个小结构，小结构的长短尽量保持一致，如图 4-3-19 所示。

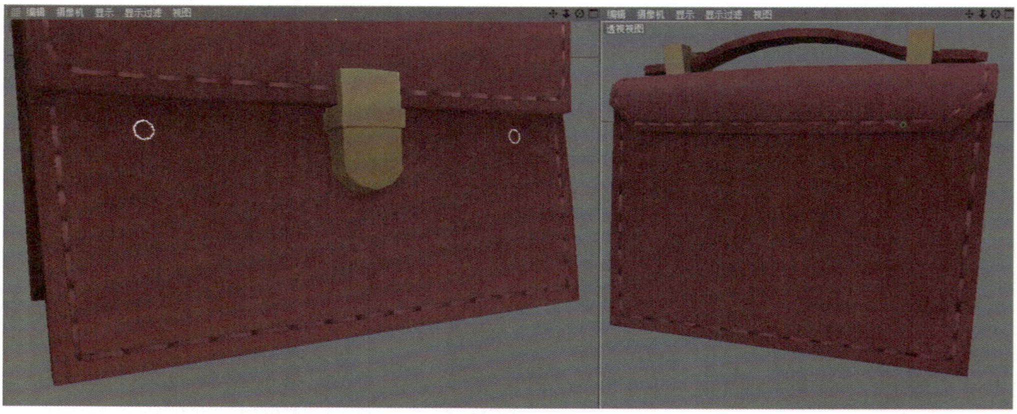

图 4-3-19 包身结构绘制示例(2)

(2)细节绘制：在"颜色"区域选取一个亮红色，在每个小结构的亮部进行提亮绘制，体现出结构的立体感与质感。最后选取暗部色，在结构的两侧进行阴影的绘制，使小结构与包身的整个架构融合在一起，从而也体现出结构之间的层次感，如图 4-3-20 所示。

图 4-3-20 包身细节绘制示例

3.手挽的材质纹理绘制

(1)结构绘制：根据手提包手挽参考图中的边缘结构效果，在"颜色"区域选取一个暗红色，用笔刷绘制出结构大形，效果如图 4-3-21 所示。

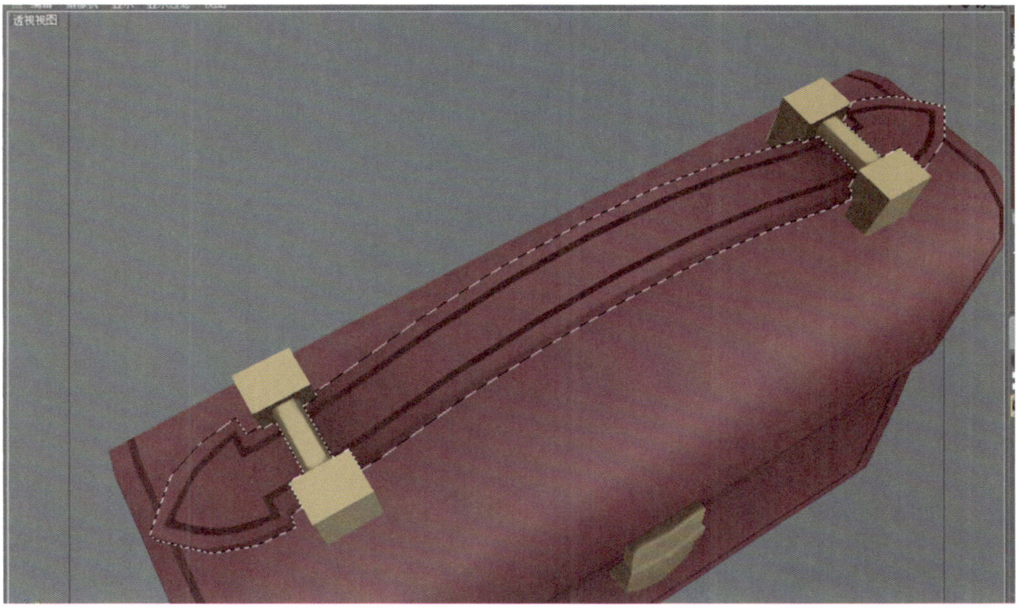

图 4-3-21　手挽结构绘制示例(1)

在“颜色”区域选取一个中间色调,进行单个小结构的绘制,将整个大结构划分为多个小结构,小结构的长短尽量保持一致,如图 4-3-22 所示。

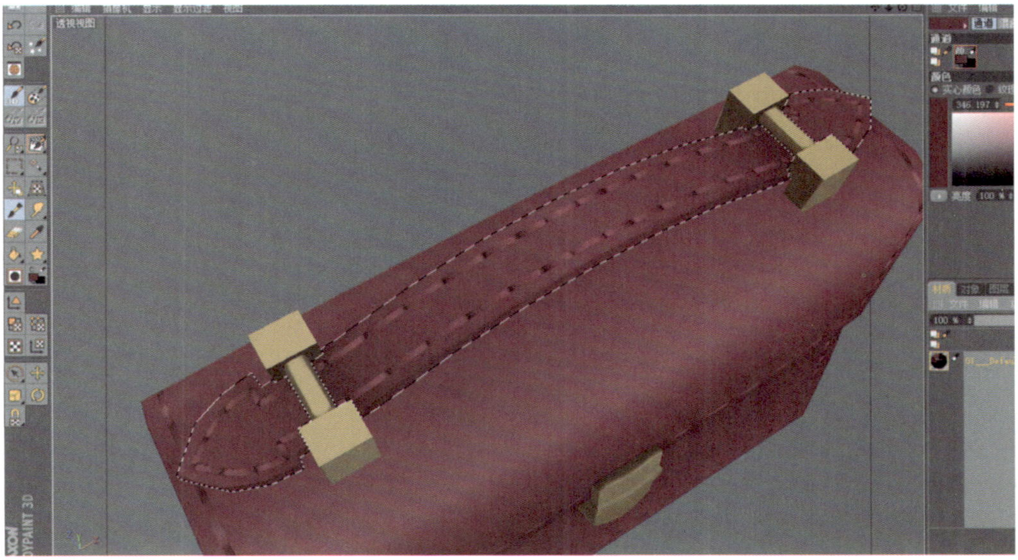

图 4-3-22　手挽结构绘制示例(2)

(2)细节绘制:在“颜色”区域选取一个亮红色,在每个小结构的亮部进行提亮绘制,体现出结构的立体感与质感。最后选取暗部色,在结构的两侧进行阴影的绘制，使小结构与手挽的整个架构融合在一起，如图 4-3-23 所示。

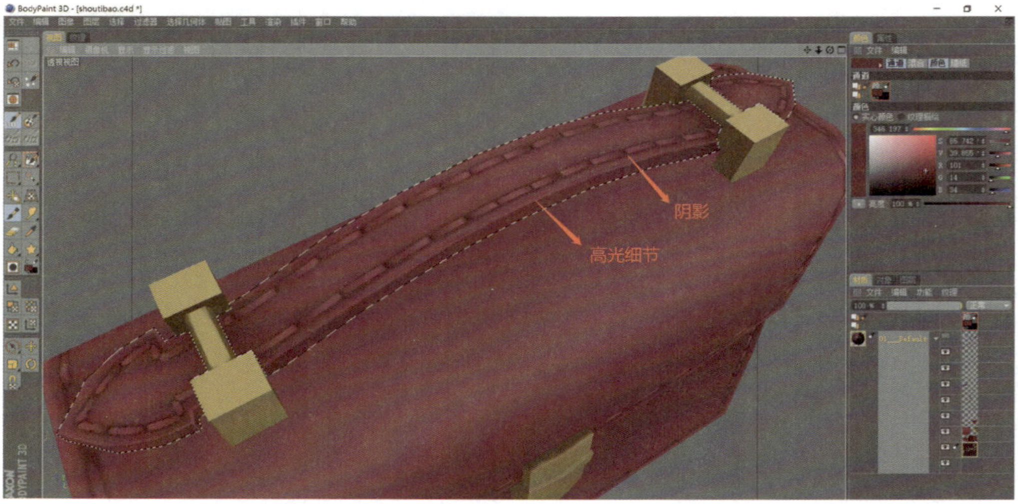

图 4-3-23　手挽细节绘制示例

4.金属的材质纹理绘制

(1)金属扣结构绘制：用“魔棒”工具，选择金属扣，再单击图层，然后右击鼠标选择“新建图层”，在新图层中绘制金属扣的结构，并根据光源的方向，在“颜色”区域选取一个相应的亮部色，将金属扣上每个面的明暗关系绘制出来，效果如图 4-3-24所示。

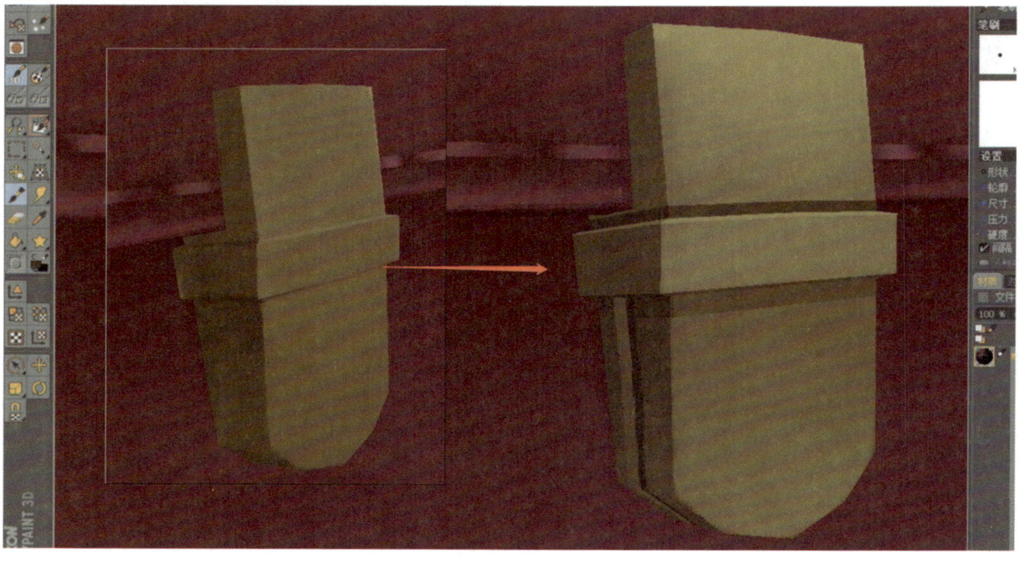

图 4-3-24　金属扣结构绘制示例

(2)细节绘制:在“颜色”区域选取一个高光色,在结构的转折处进行高光的绘制,转折角处高光效果最亮,左侧面与下面过渡时慢慢减弱高光效果,如图 4-3-25 所示。

图 4-3-25 金属扣细节绘制示例

(3)顶部金属:手提包顶部的金属制作方法跟上述金属扣的制作方法相同,其效果如图 4-3-26所示。

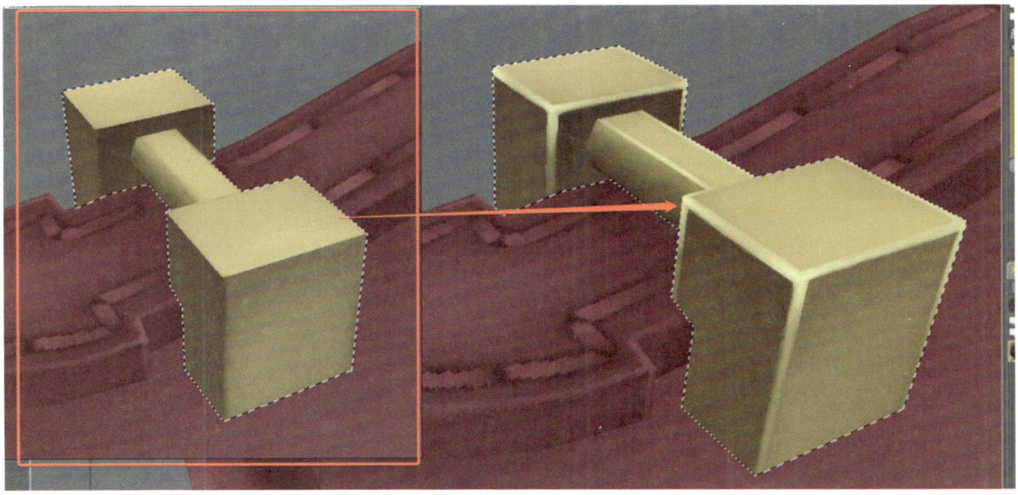

图 4-3-26 顶部金属绘制效果示例

5.材质纹理的叠加

第一步，打开 Photoshop 软件，然后打开皮材质纹理图，此时这张材质纹理图是带有色彩的，为方便后期的使用，可对其进行去色处理。依次单击“图像”→“调整”→“去色”(快捷键：Shift＋Ctrl＋U)，如图 4-3-27 所示。

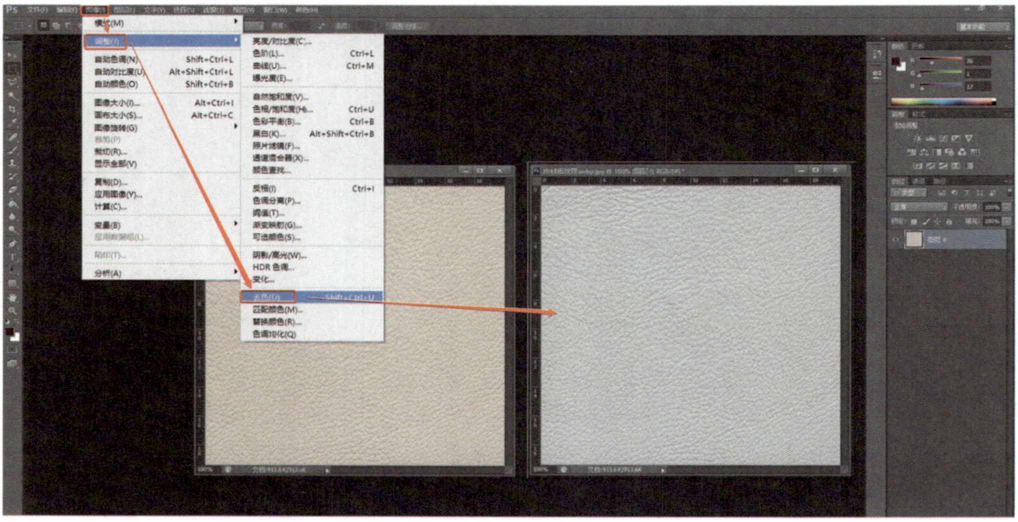

图 4-3-27　皮材质纹理去色操作示例

第二步，打开绘制完成的手提包贴图，用“移动”(快捷键：V)工具将皮质纹理移动到手提包贴图上。为了便于区分，可将该图层命名为“皮材质”，如图 4-3-28 所示。

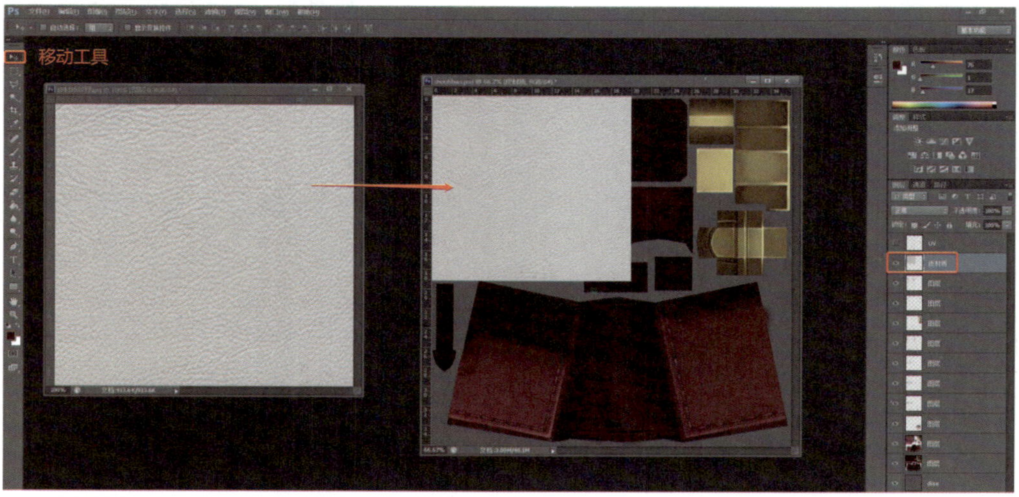

图 4-3-28　添加皮材质示例

选择皮材质图层进行复制，需要叠加皮材质的地方都要进行覆盖；复制完成后，选择复制出来的图层，右击鼠标并选择“合并图层”，将所有皮材质图层进行合并，如图 4-3-29 所示。

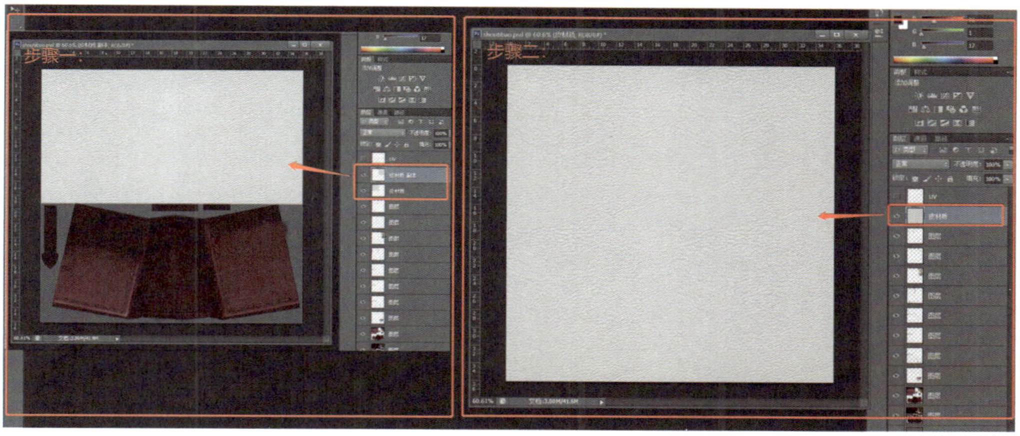

图 4-3-29　材质图层的复制与合并示例

第三步，皮材质图层叠加。选择图层模式为“叠加模式”，不透明度调整为 20%左右，如图 4-3-30 所示。

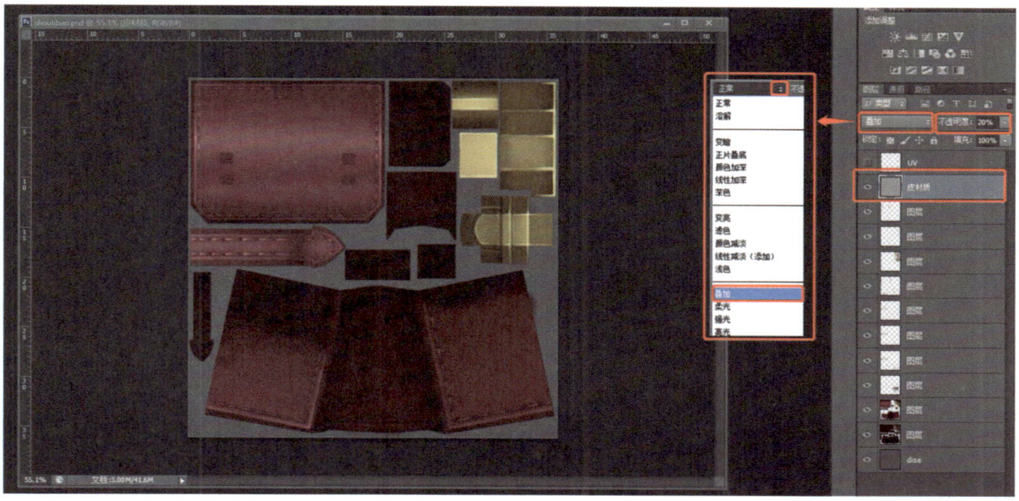

图 4-3-30　图层叠加示例

贴图中的金属材质与皮质不相同，需要分开添加材质。用“套索”或“魔棒”工具选择金属部分，并选择皮材质图层，按 Delete 键进行删除，如图 4-3-31 所示。

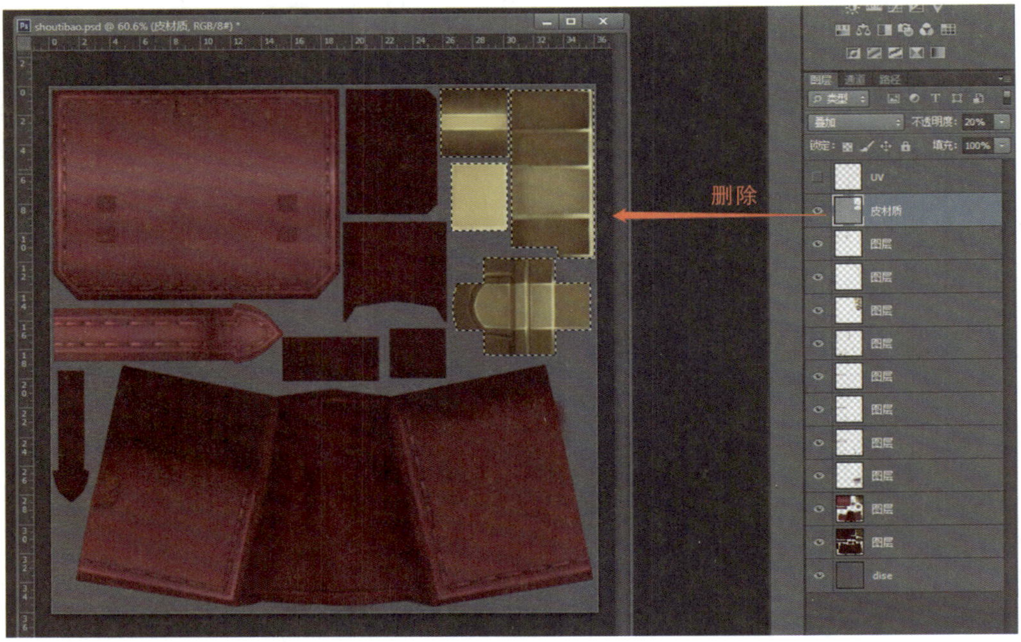

图 4-3-31　非皮材质区域的材质删除

第四步，金属的材质制作方法与皮质的制作方法相同，用“移动”工具将材质拖至贴图中，只留取金属部分就可以，将此图层命名为“金属材质”，如图 4-3-32 所示。

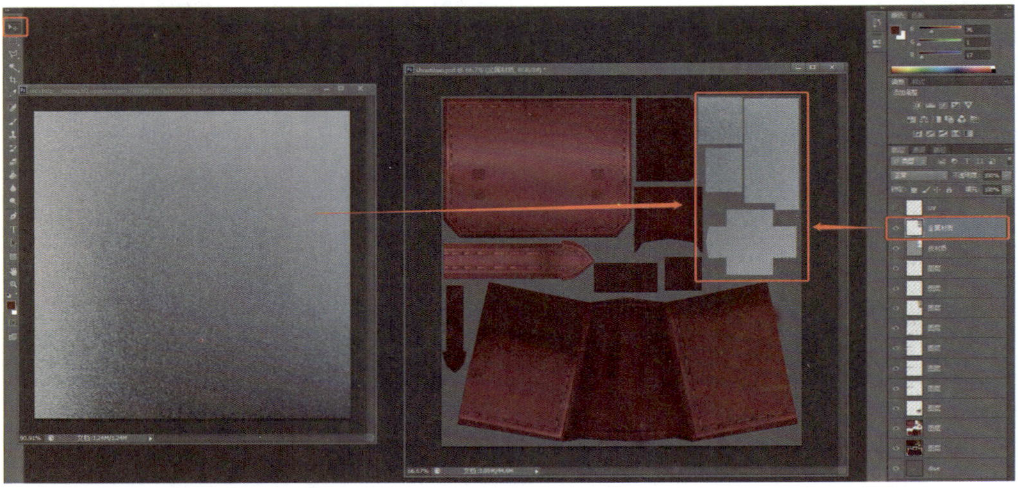

图 4-3-32　添加金属材质示例

第五步，金属材质图层叠加。选择图层模式为“叠加模式”，不透明度调整为 25％左右，如图 4-3-33 所示。

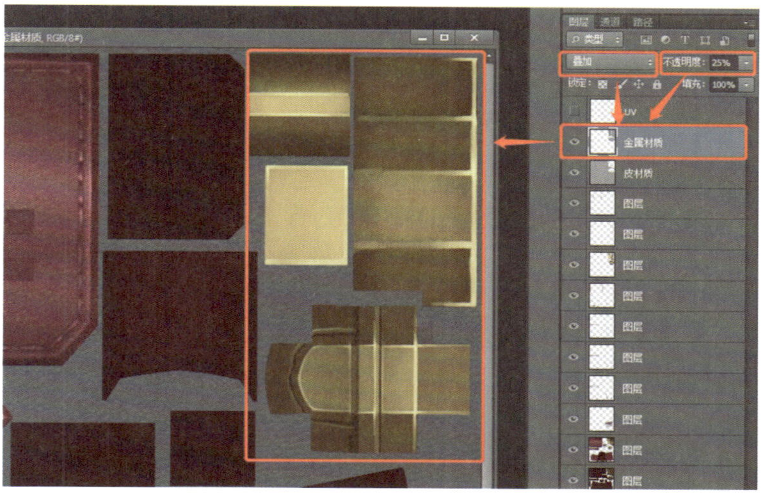

图 4-3-33　图层叠加示例

第六步,贴图保存。依次单击“文件”→“存储为”,在弹出的对话框中选择保存的位置,文件命名为“shoutibao”,格式为 Targe(TGA),单击“保存”按钮,如图 4-3-34 所示。

图 4-3-34　贴图保存示例

4.4 文件整理

4.4.1 3Ds Max 软件中模型的贴图赋予

打开手提包的 3Ds Max 源文件，单击“材质编辑器”（快捷键：M），在弹出的编辑器中选择一个材质球，将材质球的名称改为“shoutibao”。再单击“漫反射”后面的“设置”按钮，打开“材质/贴图浏览器”，选择“位图”，单击“确定”，添加位图，如图 4-4-1所示。

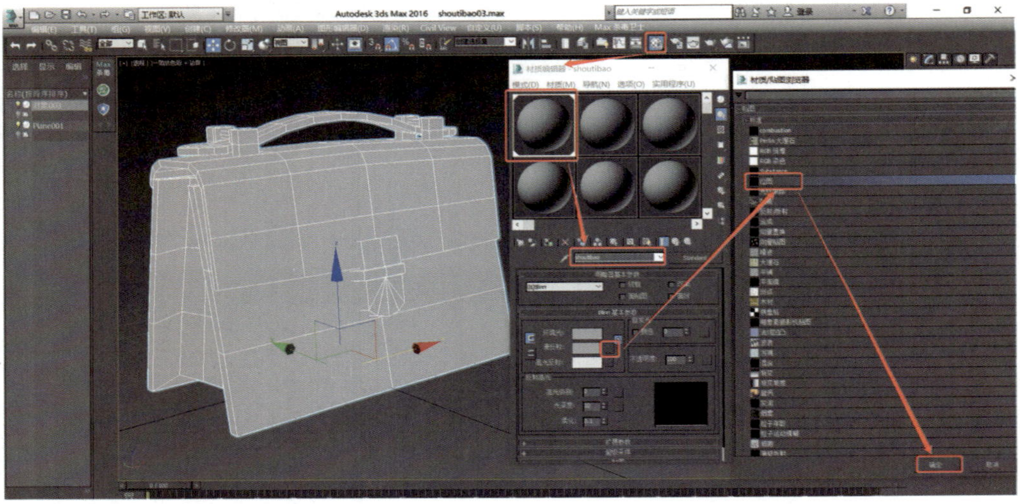

图 4-4-1 材质球中添加贴图示例

在弹出的位图图像对话框中选择之前保存好的贴图文件（shoutibao.tga），单击“打开”按钮，将贴图添加在材质球的位图参数中，并将上方的贴图命名为“shoutibao”。最后选择模型，单击材质球下的图标“将此安置指定给选定对象”，将贴图赋予模型上，如图 4-4-2 所示。

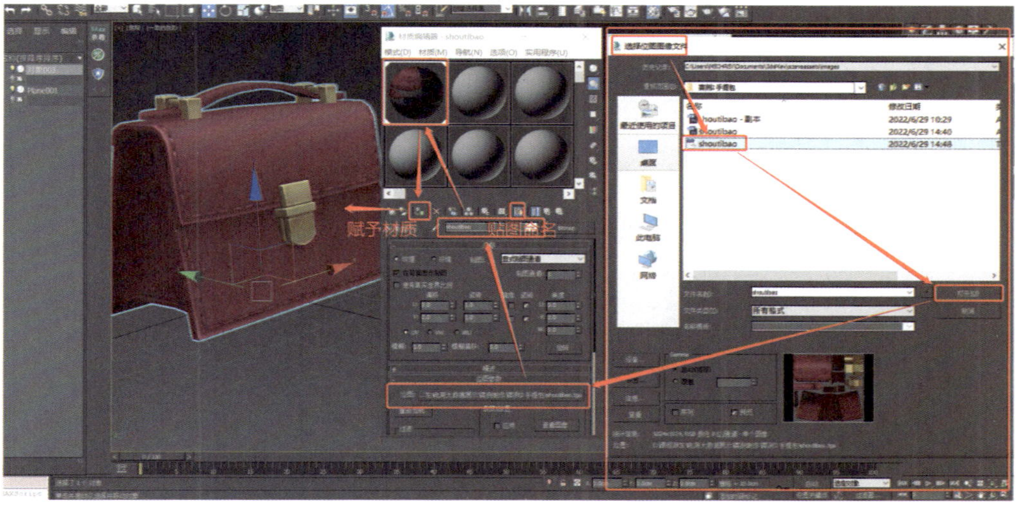

图 4-4-2 材质球赋予模型示例

最终模型与贴图的呈现效果如图 4-4-3 所示。

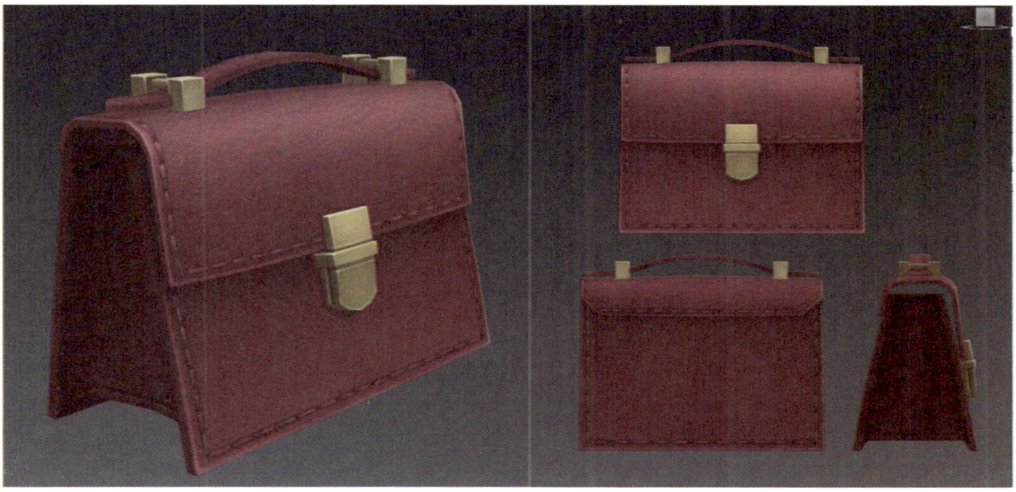

图 4-4-3 手提包最终效果展示

4.4.2 文件的保存

文件保存前需要先对模型进行整理检查，选择手提包模型，单击“实用程序”图标，选择“重置变换”→“重置选定内容”，此时可编辑多边形上自动添加了“X 变换”，查看坐标等是否准确，检查无误后将其转换为可编辑多边形即可，如图 4-4-4所示。

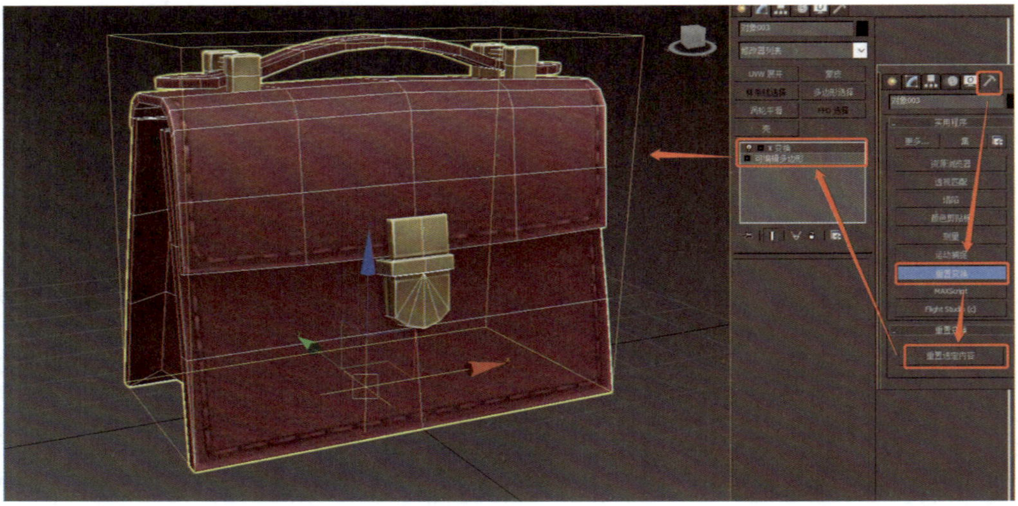

图 4-4-4　模型重置变换操作示例

接下来单击“修改器”，选择“网络编辑”下的“编辑法线”，查看模型的法线。若法线颜色显示不同，需对参数进行调整；若法线颜色显示相同，则法线准确，如图 4-4-5 所示。

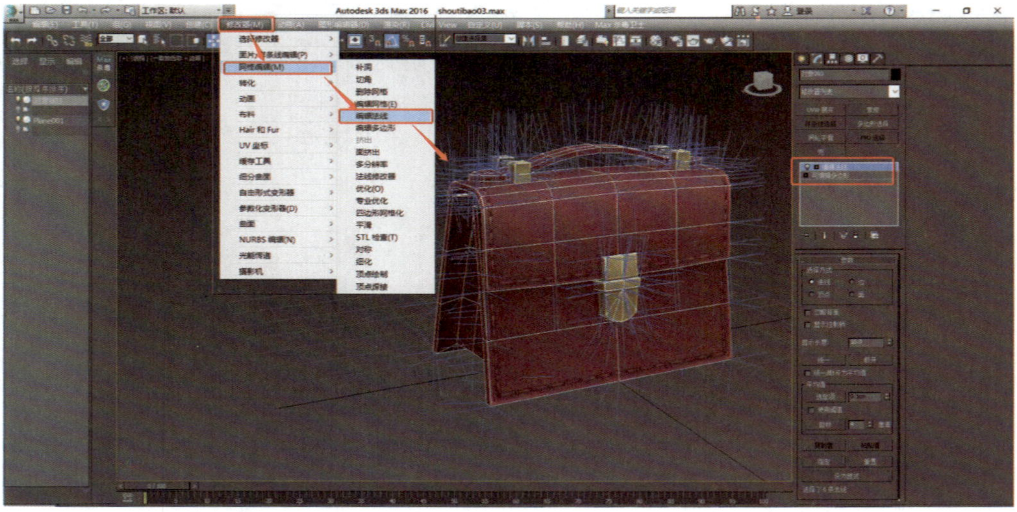

图 4-4-5　编辑法线示例

最后依次单击“文件”→“另存为”，选择“归档”进行保存。归档保存后的文件为压缩文件，对压缩文件进行解压，解压后会自动生成一个贴图文件夹，将贴图剪切出来，与 3Ds Max 源文件放在一起，并将其他没用的文件删除，只保留 shoutibao.3dsMax 文件和 shoutibao.tga 文件，如图 4-4-6 所示。

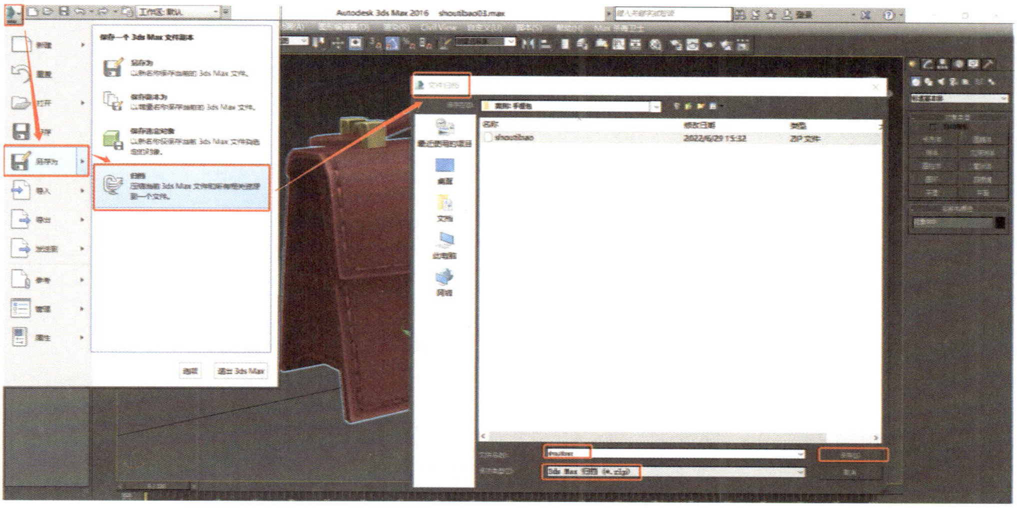

图 4-4-6　文件归档示例

4.4.3　FBX 文件导出

为了便于文件应用于程序开发制作，一般会使用模型的 FBX 格式文件进行制作。

选择模型，依次单击“文件”→“导出”，选择“导出选定对象”，在弹出的对话框中找到需要保存的文件位置，文件名命名为“shoutibao”，格式为 FBX，单击“保存”按钮，在后续弹出的框中单击“OK”即可导出，如图 4-4-7 所示。

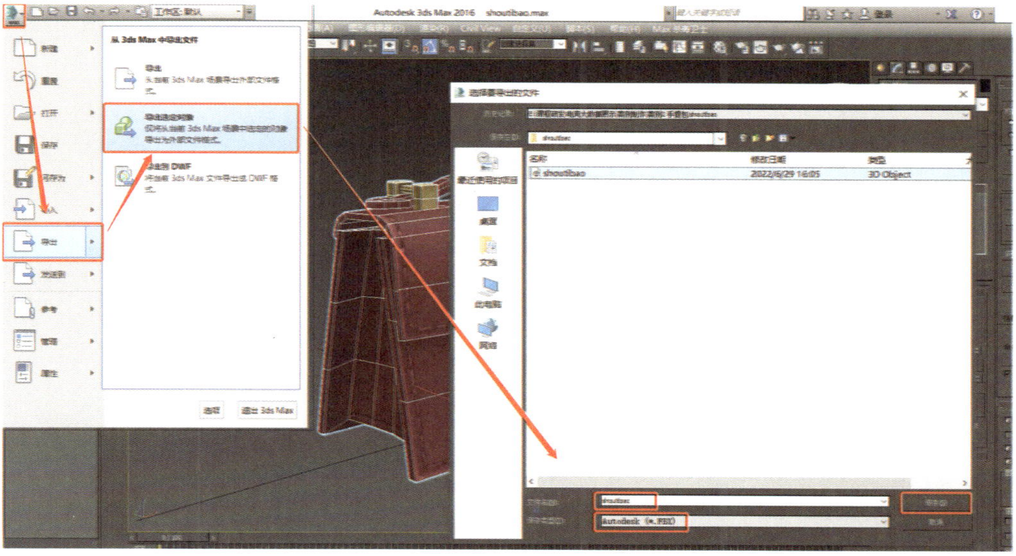

图 4-4-7　FBX 格式文件导出示例

章节练习

根据本章所学知识点，完成如下图“手提包示例”中所示手提包模型的 UVW 制作和贴图制作。

手提包示例

第五章

跨境电商 Web 展示技术

学习目标

1.了解跨境电商 Web 展示技术。

2.熟悉场景的创建。

3.掌握加载器的使用。

能力目标

1.能够使用 Three.js 创建基本的三维场景。

2.能够使用鼠标操控三维场景。

3.能够使用加载器导入模型信息到三维场景。

思政目标

通过代码的编写,锻炼学生的探索能力和动手能力。

学习重点

1.用鼠标操控三维场景。

2.模型加载器的使用。

随着 WebGL 技术与 5G 技术的持续推广,各种产品的在线 3D 展示将会变得越来越普及。比如,我们可以在官网上在线预览一家汽车公司的新款轿车,电商平台在展示商品时会用 3D 模型替代 2D 的商品图片。

本章要实现的目标是在独立站中使用 3D 模型取代 2D 的商品图片,以三维立体的形式向客户展示商品的各个细节。想要使用 3D 模型展示,我们需要一个三维引擎,本章即将对三维引擎 Three.js 进行基本介绍。至于独立站的创建,在这里我们不作重点讲解。

Three.js 是基于原生 WebGL 封装运行的三维引擎。在所有 WebGL 引擎中,Three.js 是目前国内文献资料最多、使用最广泛的三维引擎。

5.1 创建 3D 场景

如果要借助 Three.js 完成场景设计,那么需要在 HTML 文件中引入Three.js,就像前端经常使用任何一个第三方 js 文件一样引入即可,具体代码如下:

```
<! --相对地址加载-->
<script src="./three.js"></script>
```

接下来利用 Three.js 完成场景的渲染。一个 Three.js 场景中包括场景对象、相机和渲染器,其中场景对象又包含网格模型和光源。

先构建一个简单场景,基本代码如下:

```
/**
  *创建场景对象 Scene
  */
  var scene = new THREE.Scene();
  /**
  * 创建网格模型
  */
  var geometry = new THREE.BoxGeometry(100, 100, 100); //创建一个立方体几何对象 Geometry
  var material = new THREE.MeshLambertMaterial({
    color: 0x0000ff
  });
//材质对象 Material
var mesh = new THREE.Mesh(geometry, material); //网格模型对象 Mesh
```

```
scene.add(mesh); //网格模型添加到场景中
/**
 * 光源设置
 */
//点光源
var point = new THREE.PointLight(0xffffff);
point.position.set(400, 200, 300); //点光源位置
scene.add(point); //点光源添加到场景中
//环境光
var ambient = new THREE.AmbientLight(0x444444);
scene.add(ambient);
```

然后构建一个相机出来，并设定相机的投影方式、视线方向和位置，代码如下：

```
/**
 * 相机设置
 */
var width = window.innerWidth; //窗口宽度
var height = window.innerHeight; //窗口高度
var k = width / height; //窗口宽高比
var s = 200; //三维场景显示范围控制系数，系数越大，显示的范围越大
//创建相机对象
var camera = new THREE.OrthographicCamera(-s * k, s * k, s,
-s, 1, 1000);
camera.position.set(200,300,200); //设置相机位置
camera.lookAt(scene.position); //设置相机方向(指向的场景对象)
```

最后借助渲染器将场景在相机的视角中渲染出来，代码如下：

```
/**
 *创建渲染器对象
 */
varrenderer = new THREE.WebGLRenderer();
renderer.setSize(width, height);//设置渲染区域尺寸
renderer.setClearColor(0xb9d3ff, 1); //设置背景颜色
document.body.appendChild(renderer.domElement); //body 元素中插入
Canvas 对象
//执行渲染操作，指定场景、相机作为参数
renderer.render(scene, camera);
```

整体代码详见附录中第一个 3D 场景源码。代码运行得到的第一个 3D 场景情况，如图 5-1-1 所示。

图 5-1-1　3D 场景效果图

通过以上简单实例可以看出，Three.js 3D 引擎的程序结构由场景、相机和渲染器组成，如图 5-1-2 所示。其中，场景包括网格模型和光照；相机具有位置、视线方向和投影方式三个主要属性；渲染器的使用步骤包括渲染器创建、开始渲染和借助 domElement 属性将内容渲染到 Canvas 对象中。

读者可以随意修改实例代码中的参数信息来查看场景显示效果，以此来熟悉 Three.js 的代码结构及构建 3D 场景的方式。

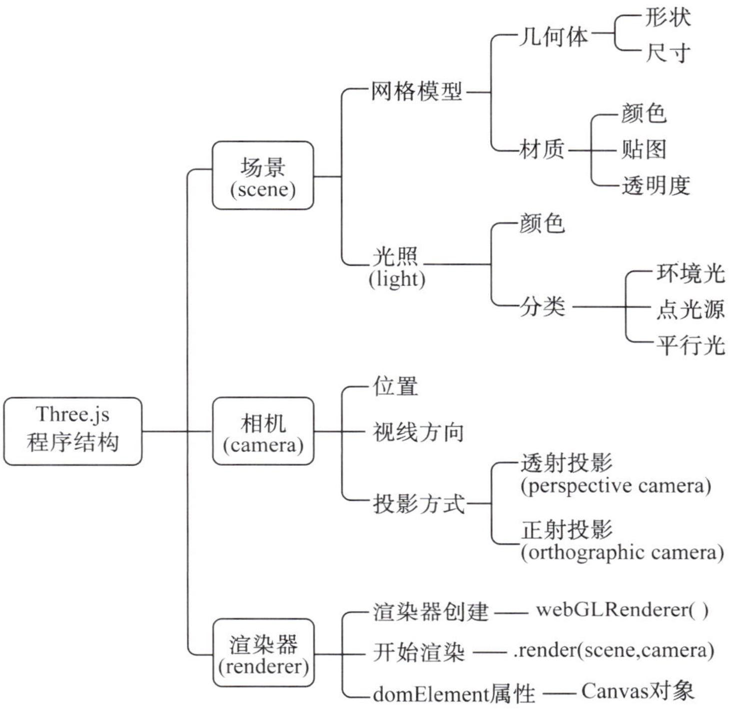

图 5-1-2　Three.js 程序结构图

5.2　动画与周期性渲染

如果在线展示商品模型的时候需要进行动画展示，如商品的自动旋转动画，那么就要了解 Three.js 的基本动画知识，本节在 5.1 节编写的立方体模型代码基础上进行更改，制作一个简单的立方体旋转动画。

5.2.1　周期性渲染

通过 5.1 节我们已经了解，每执行一次渲染器对象 WebGLRenderer 的渲染方法 render，浏览器就会渲染出一帧图像并显示在 Web 页面上。也就是说，如果按照一定的周期不停地调用渲染方法，就可以不停地生成新的图像来覆盖原来的图像。换句话说，只要一边旋转立方体，一边执行渲染方法进行重新渲染，就可以实现立方体的旋转效果。

周期性渲染可以借助浏览器全局对象 window 的周期性函数 setInterval()实

现，该方法可以设定每隔多少毫秒执行一次函数；或者使用 setTimeout()函数进行周期性渲染。具体方法可以自行选择，但是要注意 setTimeout()函数和 setInterval()函数的区别。setInterval()函数执行代码如下：

```
// 间隔 20ms 周期性调用函数 render()
setInterval("render()",20)
```

为了实现立方体旋转动画效果，也可直接使用下面的代码替换 5.1 节代码中的 renderer.render(scene，camera)。

```
// 渲染函数
function render() {
    renderer.render(scene,camera);//执行渲染操作
mesh.rotateY(0.01);//每次绕 Y 轴旋转 0.01 rad
}
//间隔 20 ms 周期性调用函数，则刷新频率是 50 fps(1 s/20 ms)，每秒渲染
50 次
setInterval("render()",20);
```

上面代码定义了一个渲染函数 render()，并通过 setInterval("render()",20)调用，可以实现每间隔 20 ms 调用一次 render()。每次调用渲染函数时，执行 renderer.render(scene，camera)语句渲染出一帧图像，执行 mesh.rotate Y(0.01)语句使立方体网格模型绕 Y 轴旋转 0.01 rad。

5.2.2 渲染频率

渲染的频率不能太低，比如执行 setInterval("render()",200)语句，间隔 200 ms调用渲染函数渲染一次，相当于每秒渲染 5 次，动画显示效果比较卡顿。渲染的频率也不能过高，太高的话，计算机的硬件性能不足，函数 setInterval()设定的渲染方式也未必能够正常实现。调用渲染函数 render()进行渲染的渲染频率一般控制在 30～60 次/s，人的视觉效果都很正常，也可以兼顾渲染性能。

5.2.3 匀速旋转的基本方式

在实际开发中，为了更好地利用浏览器渲染，可以使用函数 requestAnimationFrame()代替 setInterval()函数，requestAnimationFrame()和

setInterval()一样都是浏览器全局对象 window 的函数。

requestAnimationFrame()使用被调用的函数作为参数，被调用的函数不是立即执行的，而是向浏览器发起一个执行某函数的请求，执行时间由浏览器决定，一般默认保持 60 fps 的频率。这是一种理想的情况，大约每 16.7 ms 调用一次 requestAnimationFrame()指定的函数。如果渲染的场景比较复杂或者说硬件性能有限，则调用频率可能会低于这个频率。程序代码如下：

```
function render() {
renderer.render(scene,camera);//执行渲染操作
        mesh.rotateY(0.01);//每次绕 Y 轴旋转 0.01 rad
        requestAnimationFrame(render);//请求再次执行 render 函数
    }
render();
```

在实际执行程序的时候，requestAnimationFrame(render)请求的函数并不一定能按照理想的频率(60 fps)执行，两次执行渲染函数的时间间隔也不一定相同。如果执行旋转命令的 rotateY()的时间间隔不同，则旋转运动就不均匀。为了解决这个问题，需要记录两次执行渲染函数的时间间隔。

使用下面的渲染函数替换原来的渲染函数即可，rotateY()的参数是 $0.001t$，意味着在两次调用渲染函数执行渲染操作的间隔 t(单位为 ms)时间内，立方体旋转了 $0.001t$ rad，很显然立方体的角速度是 0.001 rad/ms(0.0001 rad/ms = 1 rad/s = 180°/s)。CPU 和 GPU 执行一条指令时间是纳秒(ns)级，比毫秒(ms)低了6 个数量级，所以一般不用考虑渲染函数中计时语句占用的时间，除非程序是要精确到纳秒(ns)级的标准时钟。程序代码如下：

```
let T0 = new Date();//上次时间
function render() {
        let T1 = new Date();//本次时间
        let t = T1-T0;//时间差
        T0 = T1;//把本次时间赋值给上次时间
        requestAnimationFrame(render);
renderer.render(scene,camera);//执行渲染操作
        mesh.rotateY(0.001 * t);//旋转角速度 0.001 rad/ms
    }
render();
```

5.2.4 鼠标操作三维场景

大多数时候，用户希望自己来控制商品的展示，可以借助 Three.js 引擎的众多控件之一 OrbitControls.js 来实现鼠标操作三维场景。OrbitControls.js 控件的引入方式和 Three.js 文件引入方式一样。

OrbitControls.js 控件支持鼠标左、中、右键操作和键盘方向键操作，可使用下面的代码替换 5.1 节代码中的 renderer.render(scene，camera)。

```
function render() {
  renderer.render(scene，camera)；//执行渲染操作
}
render()；
//创建控件对象
var controls = new THREE.OrbitControls(camera，renderer.domElement)；
  controls.addEventListener('change', render)；//监听鼠标、键盘事件
```

当把一个相机对象作为参数时，执行代码 new THREE. OrbitControls (camera，renderer.domElement)，浏览器会自动检测鼠标和键盘的变化，并根据鼠标和键盘的变化更新相机对象的参数。比如，按位鼠标左键并拖动鼠标，浏览器会检测到鼠标事件，把鼠标平移的距离按照一定算法转化为相机的旋转角度。这可以联系到生活中相机拍照的场景，若相机拍摄角度发生了变化，即使景物没有变化，拍出的照片也会有所变化。通过定义监听事件 controls.addEventListener ('change', render)，如果连续操作鼠标，相机的参数不停地变化，同时会不停地调用渲染函数 render()进行渲染。

执行构造函数 THREE.OrbitControls()，浏览器会同时做两件事：一是给浏览器定义一个鼠标、键盘事件，自动监测鼠标、键盘的变化，如果监听到变化就会自动更新相机的参数；二是返回一个对象，并给该对象添加一个监听事件，只要鼠标或键盘发生了变化，就会触发渲染函数。

场景操作如下：

缩放：滚动鼠标中键

旋转：按住鼠标左键并拖动

平移：按住鼠标右键并拖动

如果使用 requestAnimationFrame()实现渲染函数 render()的周期性调用，则

当通过 OrbitControls()操作改变相机状态时，没必要再通过 controls.addEventListener('change', render)监听鼠标事件调用渲染函数，因为 requestAnimationFrame()会不停地调用渲染函数。程序代码如下：

```
function render() {
  renderer.render(scene,camera);//执行渲染操作
  // mesh.rotateY(0.01);//每次绕 Y 轴旋转 0.01 rad
  requestAnimationFrame(render);//请求再次执行渲染函数 render()
}
render();
//创建控件对象
var controls = new THREE.OrbitControls(camera,renderer.domElement);
// 已经通过 requestAnimationFrame(render)周期性执行 render()函数，没必要再通过监听鼠标事件执行 render()函数
```

需要注意的是，不要同时使用 controls.addEventListener('change', render)或 requestAnimationFrame()调用同一个函数，否则会出现冲突。

5.2.5 Three.js 光源

为了更好地渲染场景，Three.js 提供了生活中常见的一些光源的应用程序接口(API)。我们可以自行测试前面几节案例中的光源代码，比如删除所有的光源代码，则会发现场景中的物体是黑色的，就像在生活中一样，如果没有光，物体都是黑色的。本节不会对 Three.js 各类光源进行深入介绍，仅仅予以简单展示。常见光源类型如表 5-1-1 所示。

表 5-1-1 常见光源类型

光源	简介
AmbientLight	环境光
PointLight	点光源
DirectionalLight	平行光，如太阳光
SpotLight	聚光源

环境光创建代码如下：

```
//环境光
var ambient = new THREE.AmbientLight(0x444444);
scene.add(ambient);
```

点光源创建代码如下：

```
//点光源
var point = new THREE.PointLight(0xffffff);
point.position.set(400, 200, 300); //点光源位置
scene.add(point); //点光源添加到场景中
```

光源通过 add()函数插入场景，若不插入，渲染时程序不会获取光源的信息进行光照计算。

在仅使用环境光的情况下，整个立方体没有任何棱角感，这是因为环境光只设置了整个空间的明暗效果。如果需要让渲染具有立体效果，应该使用具有方向性的点光源、平行光源等。

光源的颜色可以通过光源构造函数的参数进行设置，一般设置明暗程度不同的白光，那么 RGB 三个分量值是一样的。如果把 THREE.AmbientLight(0x444444)的光照参数 0x444444 改为 0xffffff，则场景中的立方体渲染效果会更明亮。

光源位置设置代码如下：

```
//点光源
var point = new THREE.PointLight(0xffffff);
point.position.set(400, 200, 300); //点光源位置
scene.add(point); //点光源添加到场景中
```

把点光源的位置设置为(0,0,0)，然后不使用其他任何光源，这时候场景中立方体渲染效果是黑色。其原因很简单，立方体是有大小并且占用一定空间的，如果光源位于立方体里面，而不是外部，自然无法照射到立方体外表面。在仅设置一个点光源的情况下，通过鼠标旋转操作整个三维场景时，会发现立方体点光源无法照射的地方相对较暗，可以通过下面的代码在新的位置插入一个新的点光源。新的点光源的位置是(－400，－200，－300)，相当于把立方体夹在两个点光

源之间。

```
// 点光源 2,位置和 point 关于原点对称
var point2 = new THREE.PointLight(0xffffff);
point2.position.set(-400, -200, -300); //点光源位置
scene.add(point2); //点光源添加到场景中
```

5.3 Three.js 导出模型信息

本节将在前面相关操作的基础上,借助 Three.js 将已经做好的三维模型展示到独立站的商品详情页上,用 3D 商品模型来替代传统电商平台中的普通商品图片。

至于 3D 模型文件的来源,实际开发中的大多数项目通常是由 3D 美术设计师借助 3Ds MAX 等软件创建的。

为了理解 3D 模型文件的本质,在学习外部模型导入之前,需要先学会导出模型信息。通过下面代码导出模型的各类信息,在浏览器上控制台打印模型数据,然后复制到 JSON 文件中,最后尝试加载解析这些文件。

查看 Three.js 文件中 Geometry、Material、Light、Object3D 等类,可以发现它们都提供了一个方法.toJSON(),通过这个方法可以导出 3D 模型的各类数据,该方法的功能就是把 Three.js 的几何体、材质、光源等对象转化为 JSON 格式导出。

导出几何体信息代码如下:

```
var geometry = new THREE.BoxGeometry(100, 100, 100);
// 控制台查看立方体数据
console.log(geometry);
// 控制台查看 geometry.toJSON()结果
console.log(geometry.toJSON());
// JSON 对象转化为字符串
console.log(JSON.stringify(geometry.toJSON()));
// JSON.stringify()方法内部会自动调用参数的 toJSON()方法
console.log(JSON.stringify(geometry));
```

导出材质信息代码如下：

```
var material = new THREE.MeshLambertMaterial({
  color: 0x0000ff,
}); //材质对象 Material
console.log(material);
console.log(material.toJSON());
console.log(JSON.stringify(material));
```

导出场景信息代码如下：

```
var mesh = new THREE.Mesh(geometry, material); //网格模型对象 Mesh
scene.add(mesh); //网格模型添加到场景中
console.log(scene);
console.log(scene.toJSON());
```

5.4 Three.js 加载外部模型

Three.js 提供了一系列的加载器，用户可以通过加载器加载各种特定格式的模型文件，如图 5-4-1 所示。这些加载器本质上都是解析模型文件的字符串，通过正则表达式提取相关的顶点、材质等信息转化为 Three.js 自身的类表示的对象。

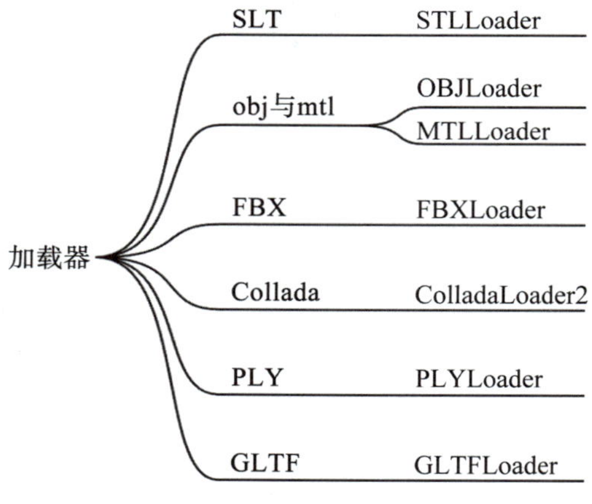

图 5-4-1 Three.js 各种模型加载器

本节的目标是通过 Three.js 加载器将已经设计好的商品三维模型展示到网页中，这样用户就可以在网页中通过鼠标来控制商品的旋转、缩放，以此来查看商品细节，同时在单击模型的时候，会在单击处出现当前商品的基本介绍。

5.4.1 Three.js 加载导出的模型数据

本小节展示的是最基本的模型加载示例，利用加载器加载 5.3 节导出的模型。通过本小节的学习，我们可以了解加载器在加载过程中的基本工作情况。各个示例加载的 JSON 文件分别对应 5.3 导出的模型数据文件。

下面代码可以实现利用缓冲几何体数据加载器进行模型数据加载。

```
/获取缓冲几何体数据加载器对象
var loader = new THREE.BufferGeometryLoader();
// 进行加载
loader.load('bufferGeometry.json',function (geometry) {
  // 控制台查看加载放回的 Three.js 对象结构
  console.log(geometry);
  //定义材质对象 Material
  var material = new THREE.MeshLambertMaterial({
    color: 0x0000ff,
  });
  //定义网格模型对象 Mesh
  var mesh = new THREE.Mesh(geometry, material);
  //网格模型添加到场景中
  scene.add(mesh);
})
```

下面代码可以实现网格模型 Mesh 加载，Mesh 对象包含几何体（Geometry）和材质（Material）。

```
    var loader = new THREE.ObjectLoader();
    loader.load('model.json',function (obj) {
      console.log(obj);
    console.log(obj.type);
      obj.scale.set(100,100,100)
      scene.add(obj)
  })
```

下面代码可以实现加载场景对象的基本过程。

```
loader.load('scene.json',function (obj) {
    console.log(obj);
    console.log(obj.type);
    obj.scale.set(100,100,100)
    scene.add(obj)
})
```

5.4.2 加载 FBX 三维模型

本小节通过 Three.js 的加载器以 FBX 格式为例进行 VR 产品展示，要展示的三维模型如图 5-4-2 所示。

图 5-4-2 FBX 格式三维模型图

1.引入 FBX 加载器相关文件

引入 FBX 加载器相关文件的代码如下：

```
<! -- 引入 FBX 模型加载库 FBXLoader -->
<script
src="http://www.yanhuangxueyuan.com/versions/threejsR92/examples/js/loaders/FBXLoader.js"></script>
<! -- 辅助文件 -->
<script
src="http://www.yanhuangxueyuan.com/versions/threejsR92/examples/js/libs/inflate.min.js"></script>
```

2.加载 FBX 模型文件

加载器相关文件加载完成后，如果模型显示位置不符合要求，可以通过 Three.js 程序进行平移、缩放等操作，代码如下：

```
var loader = new THREE.FBXLoader();//创建一个 FBX 加载器
loader.load("baobao.fbx", function(obj) {
  // console.log(obj);//查看加载后返回的模型对象
  scene.add(obj)
  // 适当平移 FBX 模型位置
  obj.translateY(-80);
})
```

3.Three.js 全屏/局部渲染

通过 Three.js 开发 Web3D 应用的时候，渲染窗口可能是全屏效果占满 Web 页面整个 body 区域，也可能是 Web 页面上一个特定位置特定区域，比如渲染区域是一个特定位置、特定宽高的 div 元素所在区域。

(1)全屏渲染：直接通过 Three.js 的渲染器 WebGLRenderer 的.setSize()方法将渲染尺寸设置为浏览器 body 区域的宽度、高度，代码如下：

```
  var width = window.innerWidth; //浏览器窗口宽度
  var height = window.innerHeight; //浏览器窗口高度
// 相机参数设置
var k = width / height;
```

```
var s = 150;
//正投影相机设置
var camera = new THREE.OrthographicCamera(-s * k, s * k, s, -s, 1, 1000);
//透视投影相机设置
// var camera = new THREE.PerspectiveCamera(60, width / height, 1, 1000);
var renderer = new THREE.WebGLRenderer();
//设置渲染区域尺寸
renderer.setSize(width, height);
// body 元素中插入 Three.js 渲染结果:Canvas 对象
document.body.appendChild(renderer.domElement);
```

(2)局部渲染:Three.js 渲染区域尺寸是 300 px×300 px,渲染结果借助 domElement(Canvas 元素)插入到一个 div 元素中,代码如下:

```
<! -- 把 Three.js 渲染结果一个 canvas 元素插入到 div 中 -->
<div id="pos"></div>
<script>
// 注意相机参数设置
var width = 300; //窗口宽度
var height = 300; //窗口高度
var k = width / height; //窗口宽高比
var s = 150; //三维场景显示范围控制系数,系数越大,显示的范围越大
//正投影相机设置
var camera = new THREE.OrthographicCamera(-s * k, s * k, s, -s, 1, 1000);
//透视投影相机设置
// var camera = new THREE.PerspectiveCamera(60, width / height, 1, 1000);
...
var renderer = new THREE.WebGLRenderer();
// 设置渲染区域尺寸,本质就是设置输出 Canvas 的尺寸
renderer.setSize(300, 300);
// 把渲染器的渲染结果插入到 pos 对应的 div 元素中
document.getElementById('pos').appendChild(renderer.domElement);
</script>
```

可以通过渲染结果的父元素 div 来控制渲染区域在浏览器上的显示位置，代码如下：

```
<!-- 控制 div 位置 绝对定位  距离上方 100px  距离左侧 30px -->
<div id="pos" style="position: absolute;left: 30px;top: 100px;"></div>
```

4.domElement 属性

Three.js 的渲染器 WebGLRenderer 的 domElement 属性是 Three.js 执行 render()的渲染结果，本质上就是一个 HTML 元素 Canvas。如果通过原生 WebGL 渲染一个场景，需要手动创建一个 Canvas 画布获得 WebGL 的上下文。如果使用 Three.js 的框架，Three.js 会自动创建一个 Canvas 画布，然后把渲染结果呈现在该 Canvas 画布上。

那么，如何使用 domElement 属性，就变成前端问题，我们可以把 domElement 属性表示的 Canvas 画布插入到 Web 页面中任何一个 HTML 元素中。

5.setSize()函数

Three.js 渲染器的 setSize()函数用于设置渲染结果的尺寸范围，本质上就是设置 domElement 属性表示的 Canvas 画布的尺寸。

6.相机控件 OrbitControls 的作用范围

如果渲染区域变化了，不仅要改变 WebGL 渲染器 WebGLRenderer 的相关参数；如果使用的其他扩展库与 Three.js 渲染范围有关，如 OrbitControls.js，还需要设置控件的鼠标作用范围。通过 OrbitControls 创建一个相机控件对象时，在默认情况下，浏览器窗口整个内容区域发生鼠标事件时都会旋转、平移或缩放三维场景。如果进行局部渲染，需要注意设置构造函数 THREE.OrbitControls 的参数，代码如下：

```
// 局部渲染设置 OrbitControls 空间作用范围
var controls = new THREE.OrbitControls(camera, renderer.domElement);
```

5.4.3 Three.js 中鼠标单击场景对象获取对象信息

上述操作已经将外部的商品模型展示到页面中，但是还需要添加一步操作，让商品三维模型能够与用户进行交互。比如，单击场景中的商品，就能出现当前商品的基本介绍。

要完成这一任务，需要做两件事情：一是能够检测鼠标是否单击商品，二是当鼠标单击商品时，需要在单击处出现当前商品的介绍信息。下面，完成第一件事，检测鼠标是否单击商品：使用 THREE.Projector 和 THREE.Raycaster 来检测是否使用鼠标点击了某个对象。在屏幕上单击商品时，要做如下工作：

(1)基于屏幕上的单击位置，创建一个 THREE.Vecor3 向量。

(2)使用 vector.unproject()函数将屏幕上的单击位置转换成 Three.js 场景中的坐标。换句话说，就是将屏幕坐标转换成三维场景中的坐标。

(3)创建 THREE.Raycaster，使用 THREE.Raycaster 向场景中发射光线。这里是指，从相机的位置(camera.position)向场景中鼠标的单击位置发射光线。

(4)使用 Raycaster 的 intersectObjects()函数来判断鼠标是否单击了模型上面。

具体示例代码如下：

```
document.addEventListener('click', onMouseClick, false);
functiononMouseClick (event) {// 单击屏幕创建一个向量
var vector = new THREE.Vector3((event.clientX / window.innerWidth)
* 2 - 1, -(event.clientY / window.innerHeight) * 2 + 1, 0.5);
vector = vector.unproject(camera); // 将屏幕坐标转换成三维场景中的
坐标
var raycaster = new THREE.Raycaster(camera.position,
vector.sub(camera.position).normalize());
var intersects = raycaster.intersectObjects(mesh, true);
if (intersects.length > 0) {
    // 鼠标单击到三维模型后要做的操作。半透明块显示模型介绍，
并且让半透明块出现的位置为鼠标单击处
  }else{
    // 鼠标单击到三维模型之外要做的操作。取消半透明块的页面显示
  }
```

接下来完成第二件事：当鼠标单击到商品三维模型时，页面内立刻以半透明形式出现当前商品的介绍。这里借助的是 JavaScript 操纵 DOM 模型，创建新的页面元素实现的，具体示例代码如下：

```
functiononMouseClick(event) {
    //将鼠标点击位置的屏幕坐标转换成 Three.js 中的标准坐标
    mouse.x = (event.clientX / 600) * 2 - 1
    mouse.y = -((event.clientY / 500) * 2 - 1)
    console.log("mouse:" + mouse.x + "," + mouse.y)
    // 通过鼠标点的位置和当前相机的矩阵计算出 raycaster
    raycaster.setFromCamera(mouse, camera);
    // 获取 raycaster 直线和所有模型相交的数组集合
    var intersects = raycaster.intersectObjects(scene.children, true);
    console.log("相交的数组", intersects);
     let rE = document.getElementById("divE");
      if (rE ! = undefined) {
        document.getElementById("pos").removeChild(rE);
      }
    if (intersects.length ! = 0) {
      let divE = document.createElement("div");
      divE.id = "divE";
      divE.style.position = 'fixed';
      divE.style.left = event.clientX + "px";
      divE.style.top = event.clientY + "px";
      let divT = document.createTextNode("这款包包是优雅和高贵的最
佳注解。");
      divE.appendChild(divT);
      document.getElementById("pos").appendChild(divE);
    }
  }
```

需要注意的是，如果完全按照上面的步骤进行操作，依然会发现打开网页后三维模型显示不出来。这时，浏览器控制台提示的是出现跨域问题，因此需要搭建一个本地的静态服务器，并将所有资源都放到一个域中。

创建静态服务器的方法有很多，这里选择使用 Node.js 来快速搭建一个本地静态服务器。使用 Node.js 搭建本地静态服务器很简单，首先在电脑上安装配置好 Node.js，然后使用 npm 安装 live-server 模块。下面将展示 Node.js 及 Live-server 的安装步骤。

(1)Node.js 的安装：下载对应操作系统的 Node.js 版本，下载界面如图 5-4-3 所示，下载完成后双击进行安装即可。需要注意，在安装的过程中要记住 Node.js 的安装目录。

图 5-4-3　Node.js 官网下载界面

(2)Node.js 的配置：添加 Node.js 的安装路径到环境变量中的系统变量 path 中。

检验 Node.js 的安装情况，打开命令行，分别输入 node-v 和 npm-v 来查看本机 Node.js 的安装版本和 npm 的版本，只要出现对应的版本，就说明安装成功，如图 5-4-4 所示。

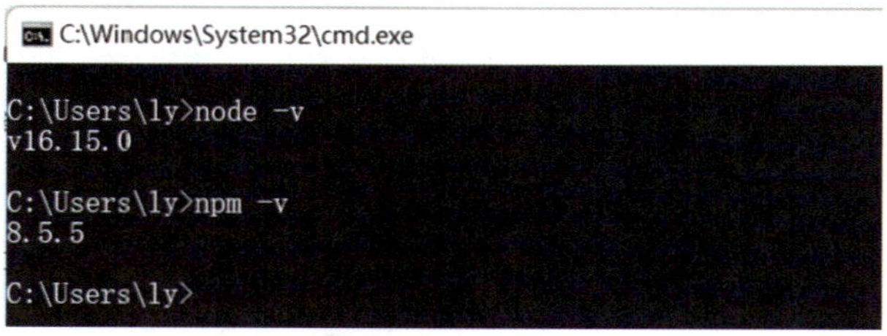

图 5-4-4　Node.js 安装检测界面

接下来借助 npm 安装 live-server 模块。在命令行中输入 npm install -g live-server，等执行完成 live-server 模块，安装也就完成了。

下面通过安装好的 live-server 模块开启一个静态服务器。打开命令行，进入上一小节案例所在的文件目录，然后执行 live-server 命令即可，如图 5-4-5 所示。执行完成后，通过浏览器访问 http://localhost:8080 或 http://127.0.0.1:8080 地址，找到目录中对应的 HTML 文件，直接打开就可以看到三维场景渲染效果。通过 live-server 模块搭建的本地静态服务器，便可以实现代码的热加载。也就是说，修改一段代码，然后保存 HTML 文件，对应的 Three.js 案例就会重新渲染。

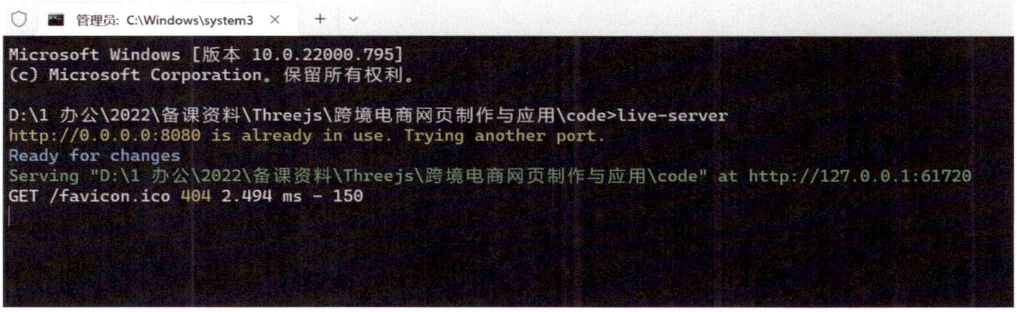

图 5-4-5　本地静态服务器的启动示例

本节展示的示例源码详见附录中的 VR 产品展示源码，效果展示如图 5-4-6 所示。

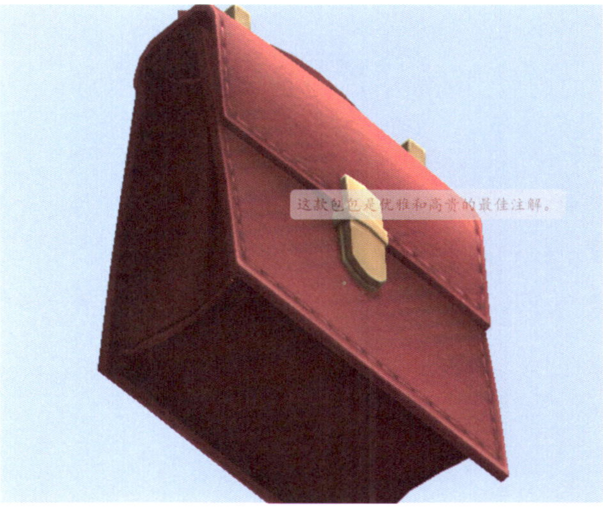

图 5-4-6　VR 产品网页展示效果

最后，将商品渲染到独立站商品详情页面。独立站页面风格仿照京东，具体的建站及网页编写过程在这里不做详细讲解。独立站使用当前渲染的 3D 模型展示商品的三维信息，如图 5-4-7 所示。

图 5-4-7　VR 产品独立站展示效果

章节练习

1.请简要描述一个 Three.js 场景中包含的三个基本内容。

2.常见的光源种类有哪些，请将基本的创建代码分别列出来。

3.请简述在 Three.js 场景中导入外部模型的基本步骤。

4.请简单描述在 VR 产品展示过程中，检测鼠标是否单击模型表面的方法。

第六章 数据可视化技术

学习目标

1.了解数据可视化技术对跨境电商的重要性。

2.了解可视化技术的常用图表。

3.熟练掌握 Echarts 的使用方法。

能力目标

1.能够根据具体目标选择合适的图表类型。

2.能够使用 Echarts 工具进行数据可视化表述。

思政目标

通过 Echarts 官网图表类型的学习，锻炼学生的自学能力和容错能力。

学习重点

1.数据可视化的重要性。

2.Echarts 工具的使用。

6.1 数据可视化概述

对于跨境电商类企业来说，针对商品展开数字化的分析运营是日常必要的工作。要通过数据分析来制定一系列的销售策略，这就要求电商企业对挖掘销售数据有较高的灵敏度和准确度。若相同的数据运用不同的表达方式予以呈现，则能产生不同的效果。在展现跨境电商数据时，一张清晰而独特的数据图表能够让人更加直观且准确地理解所要表达的信息和意图，同时也可以让想要表达的信息看上去更加具有说服力，让商务数据的价值最大化。

数据可视化是将原始数据转换为可视化表示（如地图或图形）的技术，以使数据更易于理解和提取有用的信息。数据可视化的主要目标是将大型数据集转换为可视化表示。

如何选择最佳数据可视化技术？挑选何种最佳数据可视化技术完全取决于在各种数据集之间实现的可视化类型，如查看数据之间的关系、分布、组成以及进行数据之间的比较。

1.关系

如果数据可视化的主要目标是显示两组或多组数据之间的关系，最好的选择是散点图或者气泡图。

（1）散点图：在两个变量或维度的情况下，用两组数据构成多个坐标点，考察坐标点的分布，判断两变量或维度之间是否存在某种关联或总结坐标点的分布模式。散点图将序列显示为一组点，数据值由点在图中的位置表示，数据类别由图中的不同标记表示，散点图示例如图 6-1-1 所示。散点图通常用于比较跨类别的聚合数据。

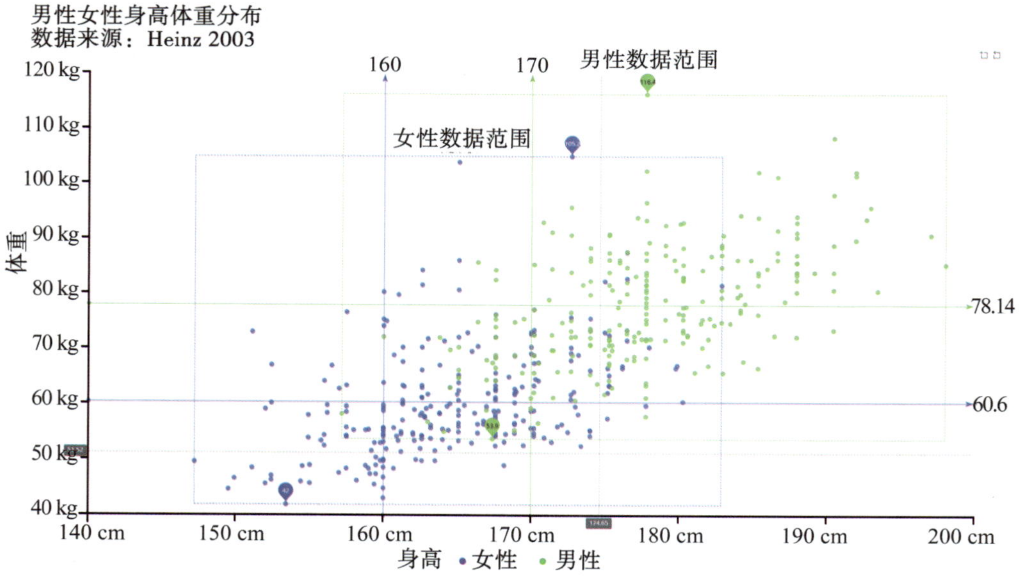

图 6-1-1　散点图示例

(2)气泡图:气泡图与散点图是非常类似的,都可以反映数据之间的关系;不同之处在于气泡图反映的是三个变量(X、Y、Z)之间的关系,Z 在图中反映的是球的大小,示例如图 6-1-2 所示。这样就解决了在二维图中比较难以表达三维关系的问题。

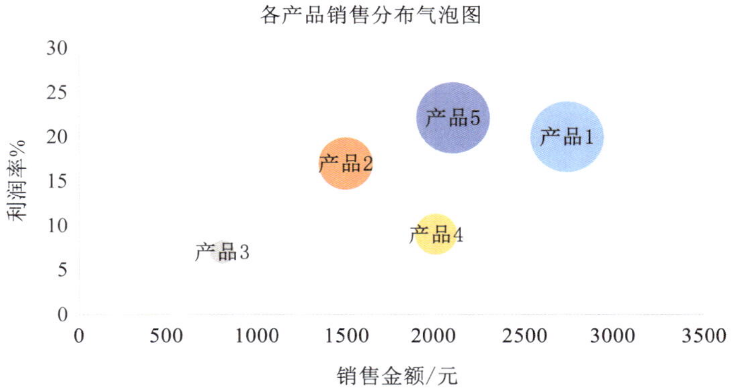

图 6-1-2 气泡图示例

2.分布

如果数据可视化的主要目标是显示数据点的分布,最好的选择是散点图、柱形图(数据点较少)、直方图(数据点较多)。

(1)柱形图:柱形图又称长条图、柱状图、条状图、棒形图,是一种以长方形的长度为变量的统计图。柱形图用来比较两个或两个以上的价值(不同时间或者不同条件),只有一个变量,通常用于较小的数据集分析柱形图示例如图 6-1-3 所示。柱形图亦可横向排列,或用多维方式表达。

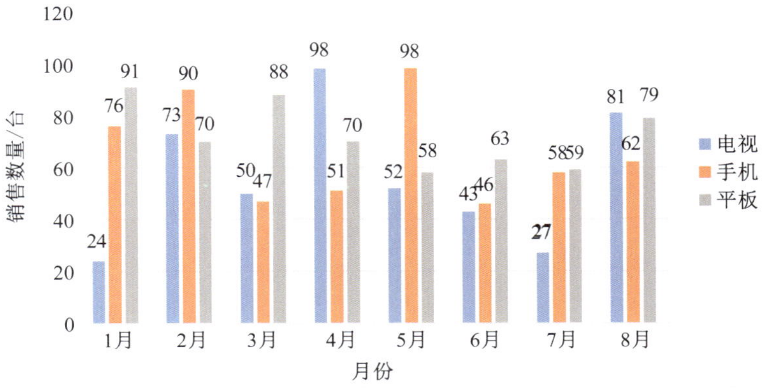

图 6-1-3 柱形图示例

(2)直方图:直方图又称质量分布图,是一种统计报告图,由一系列高度不等的纵向条纹或线段表示数据分布的情况。一般用横轴表示数据类型,纵轴表示分布情况。构建直方图,第一步是对数据值的范围进行分段,即将整个值的范围分成一系列间隔,然后计算每个间隔中的分布。这些值通常被指定为连续的不重叠的变量间隔,而间隔必须相邻并且通常大小相等,示例如图 6-1-4 所示。

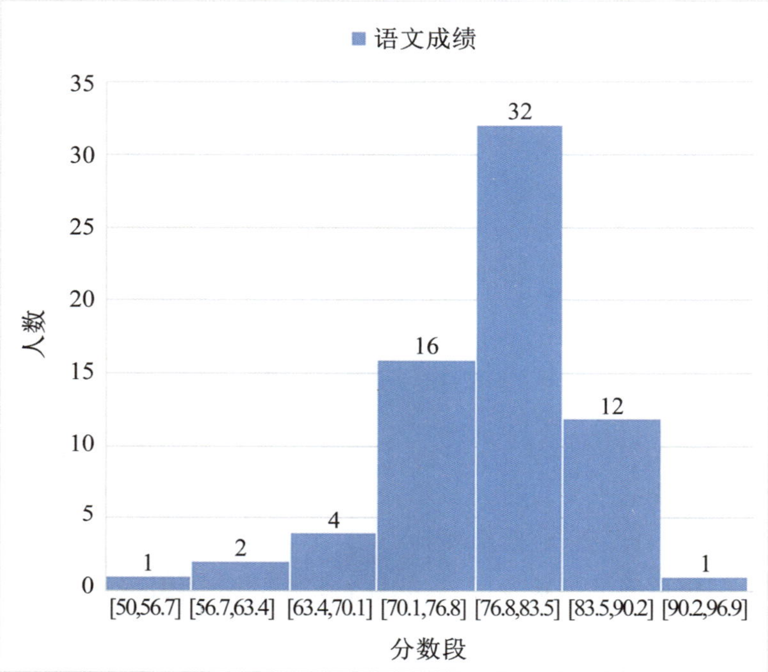

图 6-1-4　直方图示例

3.组成

如果数据可视化的目标是突出数据的组成,要查看数据构成的动态性质,那么应该选择堆积柱形图或者堆积面积图;要查看数据成分的静态性质,那么应该选择饼图或者瀑布图。

（1）饼图：显示一个数据系列中各项数据在总数据量中的比例，示例如图 6-1-5 所示。

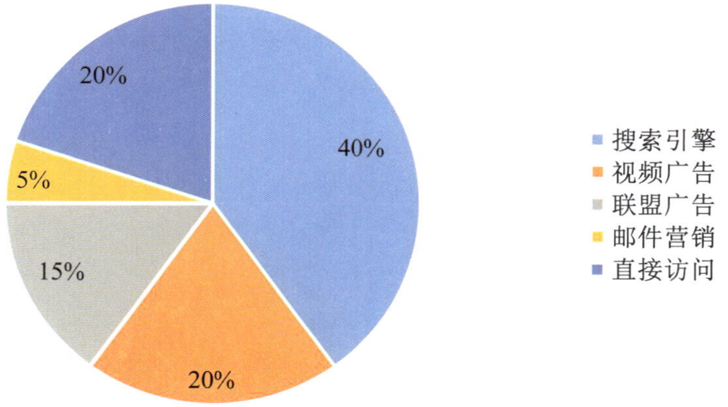

图 6-1-5　饼图示例

（2）堆积柱形图：堆积柱形图也称堆积条形图，是柱形图与堆积的叠加，示例如图 6-1-6 所示。从柱形图的角度来看，其主要用于表示趋势、排序、分布、相关性等数据分析的含义。从堆积的角度来看，堆积是一种叠加，用来展示叠加之后局部与整体的成分关系。

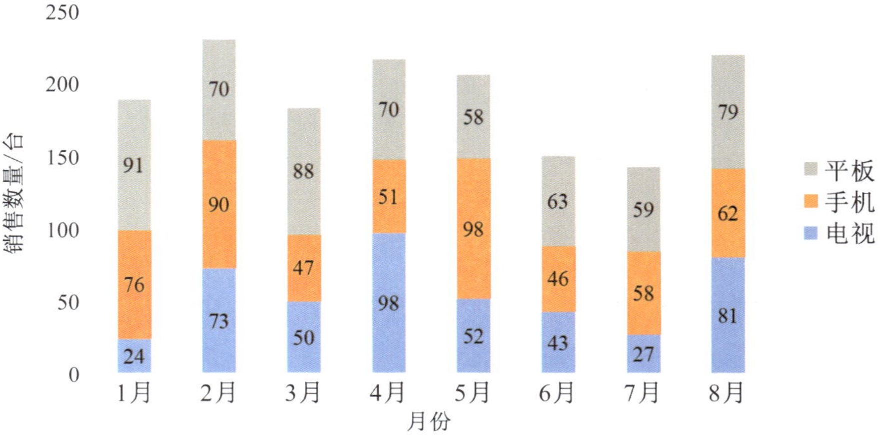

图 6-1-6　堆积柱形图示例

4.比较

如果数据可视化的主要目标是显示两个或多个数据点或信息集之间的直接

比较，那么最好选择蜘蛛图（数据量少）或者柱状图（数据量多）。

蜘蛛图也叫雷达图，起源于日本企业界，是将企业经营收益性、安全性、流动性、生产性、成长性等五个方面的原始数据用比率方式表示，然后填写到一张能表示各自比率关系的等比例图形上，其形状非常像一张蜘蛛网，因此称为蜘蛛图，示例如图 6-1-7 所示。

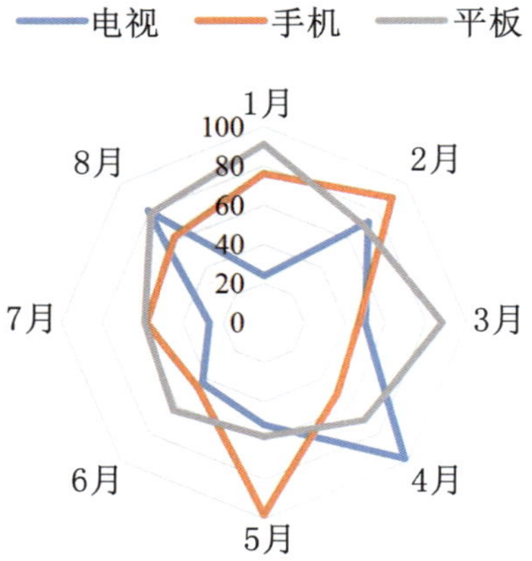

图 6-1-7 蜘蛛图示例

6.2 跨境电商中的数据分析

跨境电商运营数据分析是指通过数字工具、运用相关技术，通过相应方法的操作，科学分析跨境电商的运营过程，并基于数据为用户提供专业、准确的行业数据解决方案，以达到最佳的运营效果和效率，同时降低运营成本、提高效率。跨境电商运营数据分析主要涵盖以下几个方面：

1.基于数据的选品

每个国家都有自己的文化传统，每个人都有自己的生活方式和消费习惯。满足不同买家的需求而选择相应商品，是数据分析在跨境电商应用中的基本目的。选择是数据操作的基础。在科学选择的过程中，有必要通过数据分析来判断商品的潜力。

2.基于数据的引流

流量对电子商务至关重要，没有流量，一切都无从谈起。跨境电商经营者必须学会使用数据分析来为店铺引流，包括通过关键词优化来实现平台引流，通过数据分析来了解平台类目的分配，优化商品标题、价格、主图等因素，以提高搜索流量。

3.提高流量转化率

流量转化率是跨境电商运营中的重要指标，是卖家最终能否营利的核心，每个卖家都需要关注转化率。提高网站转化率是卖家综合运营的结果。在相同流量的情况下，转换率越高，总营收越高。通过数据分析，可以提高每个环节的转化率。如果曝光率较低，则应优化访问流量以提高曝光率。

6.3 跨境电商中数据可视化方法

在网站中，Echarts是目前使用最为广泛的数据可视化工具之一，它几乎包含了所有常用的数据可视化表格。当然，除了Echarts之外，还有很多其他可视化工具，如 Excel、Dydata、Ploly、JpGraph、FusionCharts、JavaScript InfoVis ToolKit等。

Echarts是Enterprise Charts（商业级数据图表）的缩写，是百度提供的一个开源的数据可视化工具，能流畅地运行在计算机和移动设备上，能兼容当前绝大部分浏览器。Echarts底层依赖轻量级的Canvas类库ZRender，提供直观、生动、可交互、可高度个性化定制的数据可视化图表。如果想用Echarts进行数据可视化处理，那么首先就要导入Echarts。本书选择的Echarts导入方式是在线制定，具体如下：

Echarts的在线制定方式可以只下载需要的组件。首先找到Echarts官网的下载界面，然后找到在线定制下载按钮，单击进入在线定制界面（见图6-3-1），在当前界面选择Echarts版本、图表类型、坐标系、组件及其他选项，选择好需要的选项后单击“下载”按钮，完成Echarts定制下载。

图 6-3-1　Echarts.js 定制下载界面

得到需要的 Echarts.js 文件后，在 HTML 文件中以外部文件的形式导入就可以直接使用了。程序代码如下：

```
<script type="text/javascript" src="js/echarts.min.js"></script>
```

6.4　跨境电商数据可视化案例

本节将通过两个简单的案例来讲解使用 Echarts 进行数据可视化的方法，一个是商品价格走势图，另一个是网站用户访问来源图。两个案例主要用到了折线图和饼状图。至于其他丰富的可视化图表的呈现方法，可以参考 Echarts 官方网站的使用手册，网址为 https://echarts.apache.org/handbook/zh/get-started/，这里不做深入讲解。

6.4.1 商品价格走势图

2021 年 11 月，市场监管总局发布《关于规范“双十一”网络促销经营活动的工作提示》，禁止采取“先提价后打折”、虚构原价、不履行价格承诺等违法方式开展促销。针对“双十一”前后消费者反映的网购问题进行调查发现，2021 年 11 月 20 日某品牌大米开展满 1 件 5 折促销活动，标价 88.8 元，折后价 44.4 元。实际上，该商品促销活动前原价为 44.4 元。同样在 2021 年 11 月 1 日，某品牌卷纸开展满减促销活动，标价 79.9 元，而这款商品在 11 月 2 日的销售价格为 77.9 元。对于上述不正当促销行为，市场监管总局给予了相应的处罚。但是，越来越多的消费者对网购的不信任感已经严重威胁交易的成功率。为了挽回消费者的信任，也为了确保商家自证活动的真实性，价格趋势折线图成为一个有力的工具。价格趋势图能够很清楚地展现某一时间段内商品价格的走势情况。

本节通过商品详情页中的价格趋势图来展示 Echarts 中折线图的基本使用方法。以第 5 章中的女士手提包为例。该商品于 2022 年 3 月发布，发布价为 3499 元。随着气温的逐渐升高，手提包需求增大，4 月价格为 3599 元；后来随着边际效益递减，5 月的价格为 3499 元；到了 6 月份，在 618 大促销期间，价格为 3399 元，促销结束后，价格恢复到 3599 元；七夕节前后，该商品参加“秒杀活动”，价格为 3199 元，秒杀活动结束后，价格恢复到 3499 元。下面借助 Echarts 工具来展示该女式手提包的价格趋势，具体操作步骤如下：

第一步：初始化操作。

在 HTML 中先定义一个<div>节点，将图表展示到当前元素上，同时通过层叠样式表(CSS)使得该节点具有一定宽度和高度。初始化的时候，导入该节点，图表的大小默认为该节点的大小。

```
<div id="main" style="width: 600px;height:400px"></div>
<script type="text/javascript">
//使用这种方法在调用 echarts.init 时需保证容器已经有一定宽度和高度了
  varmyChart = echarts.init(document.getElementById('main'));
</script>
```

在有些场景下，当容器大小改变时，图表的大小也会相应地改变。比如，图表容器是一个高度为 400 px、宽度为页面宽度 100%的节点，在浏览器宽度改变的时候，始终保持图表宽度是页面宽度的 100%。在这种情况下，可以监听页面的

window.onresize 事件获取浏览器大小改变的事件，然后调用 Echarts 示例对象的 resize()方法改变图表的大小。程序代码如下：

```
<div id="main"></div>
<script type="text/javascript">
  varmyChart = echarts.init(document.getElementById('main'));
//监听页面的 window.onresize 事件
  window.onresize = function() {
myChart.resize();
  };
</script>
```

第二步：准备数据，选择合适的 Echart 图表展示即可。

X 轴显示时间，*Y* 轴显示价格，*X*、*Y* 轴的数据使用数组形式表示。*X* 轴数据：3 月新品、4 月、5 月、6 月、618 大促销、7 月、七夕、8 月；*Y* 轴数据是对应 *X* 轴时间节点的价格：3499、3599、3499、3499、3399、3599、3199、3499。

```
let option;
          option = {
  // 设定 X 轴显示类别，并且告知具体要显示的数据。
  xAxis: {
                  type: 'category',
                  data: ['3 月新品','4 月','5 月','6 月','618 大促销','7 月',
'七夕','8 月']
              },
  // 设定 Y 轴显示值，具体数据及显示样式在 Series 中指定
  yAxis: {
                  type: 'value'
              },
  // 指定数据的值，并且设定显示的类型
        series: [{
    data: [3499, 3599, 3499, 3499,3399, 3599, 3199, 3499],
          type: 'line'
                }]
          };
```

第三步：将数据以 option 的形式告知 Echarts，并使其正确地显示到页面上。程序代码如下：

```
myChart.setOption(option);
```

得到的价格趋势图如图 6-4-1 所示。

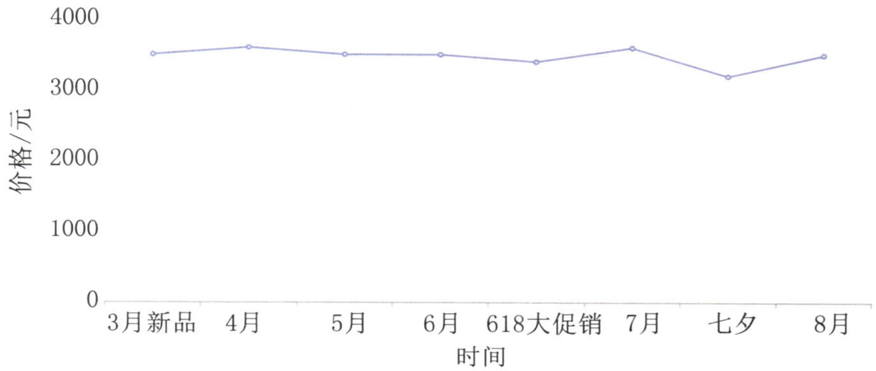

图 6-4-1　女士手提包价格趋势图

最后，将价格趋势图移植到独立站中。当单击商品详情上的价格趋势时，页面弹出价格趋势图，最终实现的效果如图 6-4-2 所示。

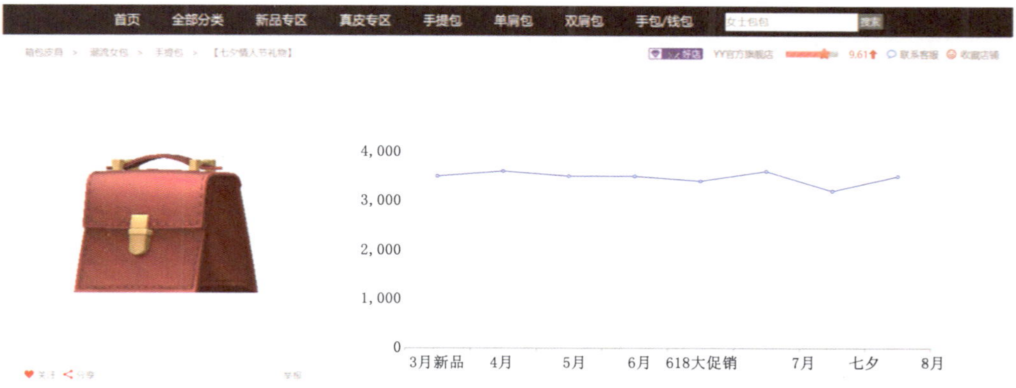

图 6-4-2　最终实现的效果图

6.4.2　网站用户访问来源图

本部分通过图表的形式来展示网站用户访问来源。通过 6.4.1 节的介绍，我们已经了解 Echarts 可视化技术的基本使用方式，本节使用饼形图来提高我们对

Echarts 可视化技术的熟练使用程度，同时借助事件与行为来增加图表与用户的互动。

访问者来源是指用户到达网站所使用的手段，也就是访问网站的用户是如何到达网站的。访问网站的用户是通过什么方式进入到页面的？怎样让更多的人进入网站？哪些搜索引擎对于进入网站是有帮助的？哪些关键字的价值更高？交换链接的效果好不好？广告的投入起作用了吗？这些问题对于网站的运营有非常重要的意义。

在 Echarts 的图表中，用户的操作将会触发相应的事件。开发者可以跟踪这些事件，然后通过回调函数做相应的处理，如跳转到其他网页、弹出对话框等。Echarts 中的事件名称对应 DOM 事件名称，下面是一个绑定单击操作的示例，参考代码如下：

```
myChart.on('click', function(params) {
  // 控制台打印数据的名称
  console.log(params.name);
});
```

在 Echarts 中，事件分为两种类型：一种是用户操作鼠标单击(click)或者悬停(hover)到图表时触发的事件；另一种是用户在使用可交互的组件后触发的行为事件，如在切换图例开关时触发的 legendselectchanged 事件，数据区域缩放时触发的 datazoom 事件等。

本节实例中，在显示 tooltip 过程中通过鼠标悬停轮流高亮显示饼图的每个扇形。其中初始化步骤参见 6.4.1 节，这里不再复述。假设本周网站用户访问来源分为五种：直接访问、邮件营销、联盟广告、视频广告、搜索引擎，各自的访问量为 500、310、400、130、2000。若使用饼状图来呈现这些数据，基本步骤如下所示。

首先，设定饼状图基本的 option，参考代码如下：

```
option = {
            //图表标题及位置设置
            title: {
                text: '网站访问来源饼状图',
                left: 'center'
            },
            // 提示条设置
```

```
tooltip：{
        trigger：'item',
        formatter：'{a} <br/>{b} ：{c} ({d}%)'
    },
    // 图表设置
    legend：{
        orient：'vertical',//垂直显示
        left：'left',//居左对齐
        data：['直接访问', '邮件营销', '联盟广告', '视频广告', '
搜索引擎']//分类
    }
}
```

然后将准备的数据呈现到 option 中，参考代码如下：

```
series：[
    {
        name：'访问来源',
        type：'pie',//饼状图类
        radius：'55%',//饼状图半径
        center：['50%', '50%'],//圆点所在位置
        data：[
            { value：500，name：'直接访问' }，
            { value：310，name：'邮件营销' }，
            { value：400，name：'联盟广告' }，
            { value：130，name：'视频广告' }，
            { value：2000，name：'搜索引擎' }
        ],
// 强调的项使用半透明的灰色阴影显示，阴影长度 10
        emphasis：{
itemStyle：{
shadowBlur：10，
shadowOffsetX：0，
```

```
shadowColor: 'rgba(0, 0, 0, 0.5)'
                                        }
                                }
                        }
                ]
```

最后，将组织好的 option 对象赋值给图表对象，得到最终的带有交互功能的饼状图。当鼠标移到某一块数据上的时候，数据块高亮显示，并且出现通过 tooltip 展示的提示信息，如图 6-4-3 所示。

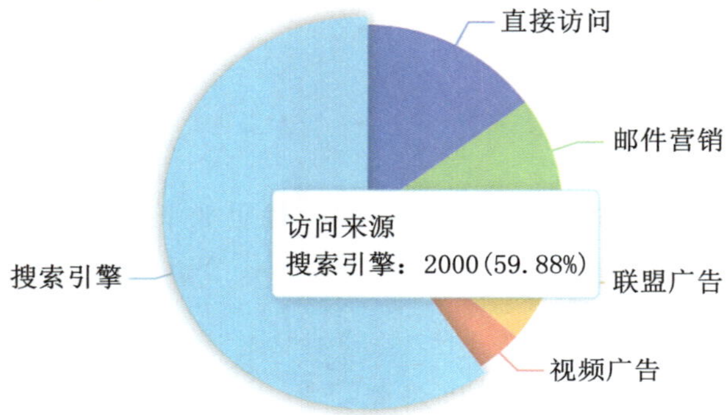

图 6-4-3　网站访问来源饼状图

章节练习

1.在 Echarts 图表自适应 div 问题中，当 div 宽度或者高度发生改变后，如何调整 Echarts 图表使其发生相应的改变？

2.简述 Echarts 的基本用法。

附　录

1.第一个 3D 场景源码

```
<! DOCTYPE html>
<html lang="en">
<head>
  <meta charset="UTF-8">
  <title>第一个 Three.js 文件_WebGL 三维场景</title>
  <style>
    body {
      margin: 0;
      overflow: hidden;
      /* 隐藏 body 窗口区域滚动条 */
    }
  </style>
  <!--引入本地 Three.js 三维引擎,Three.js 代码在配套的参考资料中-
->
  <script src="js/three.js"></script>
</head>

<body>
  <script>
    /**
```

```
  * 创建场景对象 Scene
  */
var scene = new THREE.Scene();
/**
  * 创建网格模型
  */
// var geometry = new THREE.SphereGeometry(60, 40, 40); //创建一个球体几何对象
var geometry = new THREE.BoxGeometry(100, 100, 100); //创建一个立方体几何对象 Geometry
var material = new THREE.MeshLambertMaterial({
  color: 0x0000ff
}); //材质对象 Material
var mesh = new THREE.Mesh(geometry, material); //网格模型对象
scene.add(mesh); //网格模型添加到场景中
/**
  * 光源设置
  */
//点光源
var point = new THREE.PointLight(0xffffff);
point.position.set(400, 200, 300); //点光源位置
scene.add(point); //点光源添加到场景中
//环境光
var ambient = new THREE.AmbientLight(0x444444);
scene.add(ambient);
/**
  * 相机设置
  */
var width = window.innerWidth; //窗口宽度
var height = window.innerHeight; //窗口高度
var k = width / height; //窗口宽高比
var s = 200; //三维场景显示范围控制系数,系数越大,显示的范围越大
```

```
    //创建相机对象
    var camera = new THREE.OrthographicCamera(-s * k, s * k, s,
-s, 1, 1000);
    camera.position.set(200, 300, 200); //设置相机位置
    camera.lookAt(scene.position); //设置相机方向(指向的场景对象)
    /**
     * 创建渲染器对象
     */
    var renderer = new THREE.WebGLRenderer();
    renderer.setSize(width, height);//设置渲染区域尺寸
    renderer.setClearColor(0xb9d3ff, 1); //设置背景颜色
    document.body.appendChild(renderer.domElement); //body 元素中插入
Canvas 对象
    //执行渲染操作   指定场景、相机作为参数
    renderer.render(scene, camera);
  </script>
</body>
</html>
```

2.VR 产品展示源码

```
<! DOCTYPE html>
<html lang="en">

<head>
  <meta charset="UTF-8">
  <title>女士香包</title>
  <style>
    body {
      margin: 0;
      overflow: hidden;
      /* 隐藏 body 窗口区域滚动条 */
    }
```

```
    #divE{
      background-color：gainsboro；
      font-size：16px；
      font-family：'楷体'；
      color：brown；
      opacity：0.5；
      padding：6px；
      border-radius：5px；

    }
  </style>
  <!--引入 Three.js 三维引擎-->
  <script src="http://www.yanhuangxueyuan.com/versions/threejsR92/build/three.js"></script>
  <!-- 引入 Three.js 扩展控件 OrbitControls.js -->
  <script src="http://www.yanhuangxueyuan.com/versions/threejsR92/examples/js/controls/OrbitControls.js"></script>
  <!-- 引入 FBX 模型加载库 FBXLoader -->
  <script src="http://www.yanhuangxueyuan.com/versions/threejsR92/examples/js/loaders/FBXLoader.js"></script>
  <!-- 辅助文件 -->
  <script src="http://www.yanhuangxueyuan.com/versions/threejsR92/examples/js/libs/inflate.min.js"></script>

</head>

<body>
  <div id="pos" style="position:absolute;width:400px;height: 400px;"></div>
  <script>
    /**
     * 创建场景对象 Scene
```

```
 */
var scene = new THREE.Scene();
var mixer = null;//声明一个混合器变量
var loader = new THREE.FBXLoader();//创建一个 FBX 加载器
loader.load("baobao.FBX", function (obj) {
  console.log(obj)
  scene.add(obj)
})
/**
 * 光源设置
 */
//点光源
var point = new THREE.PointLight(0xffffff);
point.position.set(1000, 1000, 1000); //点光源位置
scene.add(point); //点光源添加到场景中
//环境光
var ambient = new THREE.AmbientLight(0xffffff);
scene.add(ambient);
/**
 * 相机设置
 */

var width = window.innerWidth; //窗口宽度
var height = window.innerHeight; //窗口高度
var k = width / height; //窗口宽高比
var s = 30; //三维场景显示范围控制系数,系数越大,显示的范围越大
//创建相机对象
var camera = new THREE.OrthographicCamera(-s * k, s * k, s, -s, 1, 4000);
camera.position.set(1000, 1000, 1200); //设置相机位置
camera.lookAt(scene.position); //设置相机方向(指向的场景对象)
/**
```

```
  * 创建渲染器对象
  */
 var renderer = new THREE.WebGLRenderer();
 renderer.setSize(600, 500); // //设置渲染区域尺寸
 renderer.setClearColor(0xb9d3ff, 1); //设置背景颜色
 // 局部渲染
 document.getElementById("pos").appendChild(renderer.domElement);
 // 渲染函数
 function render() {
   renderer.render(scene, camera); //执行渲染操作
   requestAnimationFrame(render); //请求再次执行渲染函数 render,渲染下一帧
 }
 render();
 //创建控件对象,相机对象作为参数,控件可以监听鼠标的变化,改变相机对象的属性
   var controls = new THREE.OrbitControls(camera, renderer.domElement);
 var raycaster = new THREE.Raycaster()
 var mouse = new THREE.Vector2()
 window.addEventListener("click", onMouseClick);

 function onMouseClick(event) {

   //将鼠标单击位置的屏幕坐标转换成 Three.js 中的标准坐标
   mouse.x = (event.clientX / 600) * 2 - 1
   mouse.y = -((event.clientY / 500) * 2 - 1)
   console.log("mouse:" + mouse.x + "," + mouse.y)
   // 通过鼠标单击的位置和当前相机的矩阵计算出 raycaster
   raycaster.setFromCamera(mouse, camera);
   // 获取 raycaster 直线和所有模型相交的数组集合
   var intersects = raycaster.intersectObjects(scene.children, true);
```

```
        console.log("相交的数组", intersects);
         let rE = document.getElementById("divE");
           if (rE ! = undefined) {
             document.getElementById("pos").removeChild(rE);
           }
        if (intersects.length ! = 0) {
           let divE = document.createElement("div");
           divE.id = "divE";
           divE.style.position = 'fixed';
           divE.style.left = event.clientX + "px";
           divE.style.top = event.clientY + "px";
           let divT = document.createTextNode("这款包包是优雅和高贵的最
佳注解。");
           divE.appendChild(divT);
           document.getElementById("pos").appendChild(divE);
        }
      }
    </script>

</body>

</html>
```

3.商品价格趋势图源码

```
<! DOCTYPE html>
<html>
<head>
    <script src="js/echarts.min.js"></script>
    <style>
        #main,
        html,
        body {
```

```
                width: 100%;
            }
            #main {
                height: 400px;
            }
        </style>
    </head>
        <body>
        <div id="priceImg" class="info_three info_2" style="height:
400px;"></div>
        <script type="text/javascript">
            varmyChart = echarts.init(document.getElementById('priceImg'));
            window.onresize = function () {
    myChart.resize();
            };
            var option;

            option = {
    xAxis: {
                    type: 'category',
            data: ['3 月新品', '4 月', '5 月','6 月' ,'618 大促销', '7 月', '七夕',
'8 月']
                },
    yAxis: {
                    type: 'value'
                },
                series: [
                    {
                data: [3499, 3599, 3499, 3499,3399, 3599, 3199, 3499],
                        type: 'line'
                    }
                ]
```

```
        };
myChart.setOption(option);
    </script>
</body>
</html>
```

4.网站用户来源饼状图源码

```
<! DOCTYPE html>
<html>
<head>
    <script src="js/echarts.min.js"></script>
    <style>
        #main,
        html,
        body {
            width: 100%;
        }
        #main {
            height: 400px;
        }
    </style>
</head>

<body>
    <div id="main"></div>
    <script type="text/javascript">
        varmyChart = echarts.init(document.getElementById('main'));
        window.onresize = function () {
myChart.resize();
        };
        var option;
        option = {
```

```
            //图表标题及位置设置
            title：{
                text：'网站访问来源饼状图',
                left：'center'
            },
            // 提示条设置
    tooltip：{
                trigger：'item',
                formatter：'{a} <br/>{b} ：{c} ({d}%)'
            },
            // 图表设置
            legend：{
                orient：'vertical',//垂直显示
                left：'left',//居左对齐
                data：['直接访问', '邮件营销', '联盟广告', '视频广告',
'搜索引擎']//分类
            },
            series：[
                {
                    name：'访问来源',
                    type：'pie',//饼状图类
                    radius：'55%',//饼状图半径
                    center：['50%', '50%'],//圆点所在位置
                    data：[
                        { value：500, name：'直接访问' },
                        { value：310, name：'邮件营销' },
                        { value：400, name：'联盟广告' },
                        { value：130, name：'视频广告' },
                        { value：2000, name：'搜索引擎' }
                    ],
                // 强调的项使用半透明的灰色阴影显示,阴影长度 10
                    emphasis：{
```

```
itemStyle：{
shadowBlur：10，
shadowOffsetX：0，
shadowColor：'rgba(0，0，0，0.5)'
                                    }
                               }
                          }
                     ]
                }；
myChart.setOption(option)；
     </script>
</body>
</html>
```

参考文献

[1]马述忠,卢传胜,丁红朝,等.跨境电商理论与实务[M].杭州:浙江大学出版社出版,2018.

[2]陈道志,卢伟.跨境电商导论[M].北京:人民邮电出版社,2018.

[3]张彦红.跨境电商物流[M].北京:电子工业出版社,2021.

[4]钟雪梅.跨境电商理论务实[M].北京:清华大学出版社,2017.

[5]吴亚东.人机交互技术及应用[M].北京:机械工业出版社,2020.

[6]邵伟,李晔.Unity VR 虚拟现实完全自学教程[M].北京:电子工业出版社,2019.

[7]吕云翔.大数据可视化技术[M].北京:人民邮电出版社,2021.

[8]吕云.虚拟现实:理论、技术、开发与应用[M].北京:清华大学出版社,2019.

[9]徐力.3D 游戏美术设计与制作[M].重庆:西南师范大学出版社,2015.

[10]初树平,张翔.3ds Max & Unreal Engine 4:VR 三维建模技术实例教程[M].北京:人民邮电出版社,2019.

[11]郭隆邦.Three.js 零基础入门[EB/OL].http://www.yanhuangxueyuan.com.2020.

[12]Echarts 官网帮助文档[EB/OL].https://echarts.apache.org.2022.